Elmar Emde

www.emde-fiveko.de

Die strukturierte Ausbeutung

Elmar Emde

Die strukturierte Ausbeutung

Strukturierte Finanzprodukte und deren Wahrscheinlichkeitsrechnungen, die Ausplünderungsinstrumente der Finanzindustrie mit Hilfe der Politik

Stand Juli 2013

Bibliografische Information der Deutschen Nationalbibliothek
Die Deutsche Nationalbibliothek verzeichnet diese Publikation in der
Deutschen Nationalbibliografie; detaillierte bibliografische Daten
sind im Internet über http://dnb.d-nb.de abrufbar.

Elmar Emde
Die strukturierte Ausbeutung
Strukturierte Finanzprodukte und deren Wahrscheinlichkeitsrechnungen,
dieAusplünderungsinstrumente der Finanzindustrie mit Hilfe der Politik

Berlin: Pro BUSINESS 2013

ISBN 978-3-86386-631-0

1. Auflage 2013

© 2013 by Pro BUSINESS GmbH
Schwedenstraße 14, 13357 Berlin
Alle Rechte vorbehalten.
Produktion und Herstellung: Pro BUSINESS GmbH
Gedruckt auf alterungsbeständigem Papier
Printed in Germany
www.book-on-demand.de

Inhaltsverzeichnis

Prolog	7
Kredit bestimmt unser ganzes Leben	22
Finanzindustrie	30
Investmentbanking	41
Vom Investmentbanking ausgelöste Krisen	56
Wahrscheinlichkeitsrechnungen = Insider-Geschäft?	68
Was sind nun strukturierte Finanzprodukte?	81
Mittelstand in Gefahr?	126
Geld und die Politik, und die Folgen	131
Europa – eine Insolvenzverschleppung	163
Kulturwandel der Banken?	175
Kernkapital der Banken, ein unseriöses Lockmittel	221
Wie soll man anlegen?	233
Fazit	254
Leserbriefe	261

Prolog

Man stelle sich vor, den Menschen werden Nahrungsmittel ohne jegliche Kontrollen vorgesetzt, die vielleicht nur äußerst vage bekannt sind und welche Ingredienzien enthalten, die in 40 Seiten langen Fact Sheets, durchsetzt mit nur für Lebensmittelfachleute verständlichen Fremdwörtern, in einem beigefügten „Beipackzettel" beschrieben werden. Man stelle sich dann des Weiteren vor, es gäbe keine Veterinär- und Lebensmittelaufsichtsämter, deren Aufgabe die Überwachung der Lebensmittel produzierenden Betriebe ist, damit den Bürgern keine ungesunden und verderblichen Nahrungsmittel angeboten werden. Und man stelle sich vor, es gäbe nur wenige Großbetriebe ohne Skrupel und Anstand, die solche Nahrungsmittel herstellen und über ihre eigenen Märkte vertreiben.

Das Resultat dieser Struktur wären hohe Lebensmittelpreise, ungesunde, evtl. verstrahlte und aus Kostengründen mit giftigen Zutaten versetzte Nahrungsmittel (leider zeichnet sich das schon ab, wie die vielen Skandale zeigen), die zu hohen unkontrollierten Sterbefällen, Missgeburten, Armut und somit zu einem Kollaps unseres Sozialsystems führen würden.

Nutznießer dieser Struktur wären nur wenige monopolistische Betriebe, die unsäglich reich und mächtig und dadurch über ein hohes Erpressungspotenzial gegenüber der Gesellschaft verfügen würden. Dem hätte die Politik nicht sehr viel entgegenzusetzen, Lobbyisten dieser Großbetriebe würden alles daran setzen, dass es so bliebe. Unsere Demokratie wäre in großer Gefahr, Unruhen wären irgendwann die Folge.

Der geneigte Leser wird sich jetzt schon vorstellen können, auf was ich hiermit anspielen möchte. Richtig. Unser Finanzsystem befand sich vor der großen Finanzkrise in 2008 in einem solchen Stadium und wurde durch die Verschuldungskrise der demokratischen Staaten (anscheinend auch ein Resultat einer Demokratie) im verschärften Maße fortgesetzt.

Strukturierte Finanzprodukte, auch unterstützt und forciert von Plattformen staatlicher Stellen (KfW), halfen in den Jahren 2003 bis 2008/2009 mit nur geringer Abschwächungstendenz danach, um seit einiger Zeit wieder voll in diesen Weg einzuschwenken, diese brenzlige finanzielle und unseriöse Situation zu verschleiern, und beherrschten die Denke der Banker und die der Anleger. Sie wurden und werden immer noch als neue, dynamische und risikolose Innovationen gepriesen und über milliardenschwere Werbekampagnen den Anlegern als Non-Plus-Ultra der Vermögensanlage verkauft.

Geholfen haben diesen Kampagnen zum einen die Unwissenheit und der Lemminge-Effekt, welchen die Finanzindustrie geschickt nutzte, um die eigene unsägliche Gier bewusst auf die Anleger zu übertragen und zum anderen eine nicht vorhandene Kontrolle des strukturierten Marktes. Unsere BaFin fühlte sich zum Beispiel nicht verantwortlich für die Kontrolle des Fondsmarktes, ebenso sowohl die EZB als auch die Bundesbank. Diese trat sogar als Vermögensverwalter der BaFin-Pensionskasse auf und hatte diese Gelder in Papiere der HRE (Hypo Real Estate / musste vom Staat gerettet werden) investiert.

Dies lässt vermuten, dass selbst unsere sehr geschätzte Bundesbank die Tücken der strukturierten Finanzprodukte nicht kannte und auch auf den Mainstream des damaligen Anlagehypes vertraut hatte oder ihre Anlageteams bestanden aus Investmentbankern ohne jegliches Risikoverständnis.

Eigentlich wäre dies die Aufgabe unseres Verbraucherschutzministeriums gewesen, da Millionen von Verbrauchern diese strukturierten Finanzprodukte angedreht wurden und derzeit immer noch werden. Im Internetauftritt des Verbraucherschutzministeriums heißt es:

„Mit moderner Verbraucherpolitik Sicherheit gewährleisten und Selbstbestimmung ermöglichen – über Schutz, Transparenz und Bildung. Verbraucherinnen und Verbraucher sollen ohne Gefahr für ihre Gesundheit und ihre wirtschaftlichen Interessen am Geschäftsleben teilnehmen. Moderne Verbraucherpolitik umfasst daher ihren Schutz vor Gefährdungen, die für sie nicht erkennbar sind wie in der Lebensmittelsicherheit und Produktsicherheit".

Zu Beginn der Boomphase und in den Folgejahren hat man von der damaligen Verbraucherschutzministerin Frau Renate Kühnast (Januar 2001 bis Oktober 2005) bezüglich dieser strukturierten Ausbeutung keinen Mucks gehört, dafür aber in der Rolle als Oppositionspolitikerin gespickt mit großer Kritik an der Untätigkeit der schwarz-gelben Regierung.

Man kann da nur fragen, mit welchen Dingen sie sich in dieser Zeit beschäftigt hat, genauso wie man das dann ihren Nachfolgern, Herrn Horst Seehofer (November 2005 bis Oktober 2008) und Frau Ilse Aigner (Oktober 2008 bis dato) immer noch fragen kann.

Und wie hat sich Frau Aigner in Sachen Pferdefleisch produzierte. Von Sauerei, Etikettenschwindel, Irreführung der Verbraucher und krimineller Energie war in vielen diesbezüglichen Pressekonferenzen die Rede.

Hat man solche Worte in Bezug auf die strukturierten Finanzprodukte schon gehört. Davon haben die gewesenen und derzeit aktuellen Verbraucherschutzminister vermutlich keine Ahnung. Anscheinend beschränkt sich dieses Ministerium nur auf den Lebensmittelsektor und sieht nur dort die Belange der Verbraucher schützenswert. Dann sollten sie sich lieber Lebensmittelschutzminister nennen, denn vom eigentlichen Verbraucherschutz haben sie nur eine nur sehr eingeschränkte Kenntnis, zu dieser Feststellung muss man einfach kommen.

Extrem hohe Summen wurden in strukturierte Finanzprodukte investiert (und werden es noch immer), jeden Tag musste der Markt neue und in ihrem Wesen nach immer kompliziertere, im Risiko schwer zu analysierende strukturierte Finanzprodukte unterbringen. Kurzum, das Rad drehte sich immer und immer schneller und der strukturierte Wahnsinn erklomm ungeahnte Höhen, bis daraus eine strukturierte Ausbeutung der Anleger entstand. An den Bankschaltern wurden nur noch solche Produkte angeboten, zumal dahinter ein bisher nicht gekanntes Ertragspotenzial aus der Unwissenheit der Anleger steckte. Leider hat das wieder extrem zugenommen mit steigender Tendenz und das trotz propagiertem Kulturwandel, eine Lachnummer.

Warnende Stimmen gingen in der Gesamteuphorie völlig unter oder wurden als ewige Pessimisten beschimpft und ins Abseits gedrängt. Selbst maßgebliche Politiker – wie ich später noch zeigen werde – erkannten und erkennen (noch immer) nicht diesen Ausbeutungsmechanismus. Das Vertrauen gegenüber der Finanzindustrie war und ist einfach zu hoch und das erst nach wenigen Jahren des dotcom-Hypes, den ebenfalls die Finanzindustrie maßgeblich zu verantworten hatte.

Ein neues Zeitalter war angebrochen, auch für die Finanzindustrie, welche Unsummen verdiente und Akteure dieser Zunft galten als Übernahmekandidat, wenn man keine Eigenkapitalrentabilität von 25 % erreichte.

Vertreter dieser Nutznießer hatten sehr großen Einfluss auf die Politik, einer davon durfte sogar seinen Geburtstag im Bundeskanzleramt feiern. Und nicht nur da fraß sich die legale strukturierte Ausbeutungsideologie ihren Weg. Hoch angesehene Universitäten, welche selbst über milliardenschwere Stiftungsvermögen in den USA verfügen, wurden von der strukturierten Gier erfasst. Hiesige Universitäten traten als Vertreter dieser neuen Welt auf, Wirtschafts- oder Bankenprofessoren wurden für Workshops, Seminare und Kundeninformationsveranstaltungen verpflichtet, um diese Ideologie weiterzuverbreiten.

Einen davon, Inhaber des Lehrstuhls für Bankwirtschaft und Finanzdienstleistungen, einmal wird er als Bankenprofessor oder Wirtschaftsprofessor betitelt, durfte ich auf einem Convent der baden-württembergischen Landesregierung in Stuttgart Mitte 2008 erleben. In einem integrierten Workshop der Deutsche Bank vertrat er doch tatsächlich die These, man solle doch nur die strukturierten Finanzprodukte kaufen, dann würde der Markt wieder belebt und liquide werden und die Finanzkrise würde abebben(??). Danach, in der Schlange vor dem Buffet, hatte ich die Gelegenheit, ihn auf diese gewagte These kurz anzusprechen, merkte aber auch, dass er sich damit sichtlich unwohl fühlte.

Ob das jetzt ehrliche Überzeugung aufgrund der damals von der Finanzindustrie angelsächsischen Charakters vorherrschenden Finanzideologie oder Honorarvorgabe der Deutsche Bank war, bleibt offen. Hätten die Teilnehmer dieses Workshops aber diesen Rat beherzigt, wären hohe Vermögensverluste die Folge gewesen.

In den Folgejahren der Finanzkrise konnte man diesen Professor in Rundfunk und Fernsehen auf Talkshows vernehmen, wie er die Bankenwelt – und jetzt allerdings zu Recht – analysierte und kritisierte. Jeder macht eben seine praktischen Erfahrungen, auch jeder akademisch Vorgebildete und Vertreter dieser theoretischen Zunft.

Allerdings konnte man nach der Präsentation des katastrophalen Ergebnisses der Deutsche Bank zum IV. Quartal 2012 und damit des Gesamtjahres 2012 wieder kluge Ratschläge von diesem Bankenprofessor aus der Presse entnehmen. „Jain und Fitschen müssen aus dem Prestige Deutschlands in der Welt Kapital schlagen. Es geht darum, ein Gütesiegel „Made in Germany" im Banking zu etablieren – eben etwas teurer, dafür aber auch besser".

Kein Wort davon, wie schädlich das Investment-Banking für die Weltwirtschaft ist, kein Wort davon, wie die Finanzindustrie über ihre Wahrscheinlichkeitsrechnungen die Kunden benachteiligt.

Dieser „Bankenprofessor" schlägt eine Marketingstrategie vor, wie man diese risikoreichen Finanzprodukte besser verkaufen kann, nichts weiter. Vielleicht hofft er auf ein weiteres Beratungsmandat.

Und ob man die Deutsche Bank als Paradebeispiel für „Made in Germany" nehmen sollte, muss aufgrund der vielen Skandale infrage gestellt werden.

Die Aussage vom damaligen Vorstandsvorsitzenden der Deutschen Bank, Herrn Josef Ackermann, während einer Talkshow von Maybrid Illner, passt in diese damalige Welt und lässt ein bezeichnendes Licht auf die damals vorherrschende Finanzideologie werfen. Befragt auf Lösungen zur Finanzkrise antwortete er: „Wenn die Risiken auf dem Markt „allokiert" sind, ist die Finanzkrise vorbei". Übersetzt heißt das, wenn die (unwissenden) Anleger die Risiken (= strukturierte Finanzprodukte) in ihre Depots genommen haben und darüber nicht mehr reden, ist die Finanzkrise und das Gerede darüber vorbei.

Jetzt werden sich viele Leser fragen, was denn eigentlich strukturierte Finanzprodukte sind.

Die meisten Anleger kennen das Sparbuch, den Sparvertrag, die Staats- oder Unternehmensanleihe oder evtl. auch die Aktien. Diese von den Bankern teilweise als langweilig bezeichneten Anlageprodukte (warum? Weil sie daran nichts verdienen) haben eines gemeinsam, nämlich die Identität des

Emittenten = Schuldners ist bekannt. Beim Sparbuch oder Sparvertrag ist es die jeweilige Bank, bei Staats- und Unternehmensanleihen der Staat oder das Unternehmen, ebenso bei den Aktien. Das sind so genannte direkte Anlagen, d. h., man kann nachlesen, wie es mit der jeweiligen Bonität des Schuldners steht, wie sich seine Bilanz oder Gewinn- und Verlustrechnung zusammensetzt. Auch bestehen zu diesen Emittenten, oder anders ausgedrückt Schuldnern, entsprechende Ratings, die trotz der negativen Erfahrungen aus der Finanzkrise dennoch einen gewissen Anhaltspunkt über die jeweiligen Bonität liefern können.

Bei einem strukturierten Finanzprodukt weiß man letztlich nie, was am Ende herauskommt. Man muss es sich ganz grob wie ein Wertpapierdepot (= z. B. Fonds) vorstellen, welches viele Einzelwerte enthält und deren Werte von einem Depotberechtigten (= Fondsmanagement) mehr oder minder permanent verkauft und dafür wieder andere Werte gekauft werden. Der Anleger muss sich daher auf das Fondsmanagement verlassen, kennt es aber in der Regel nicht. Man gibt also einem völlig wildfremden Management sein Geld in der Hoffnung, dass damit schon richtig gewirtschaftet wird. Eigentlich ein Vorgang, der untypisch ist. Kein Mensch gibt einem wildfremden Menschen auf der Straße sein Geld in der Hoffnung, dass dieser damit schon richtig wirtschaftet. Die eigene Bank vermittelt diese Anlage-Möglichkeit nur und schließt dabei jede Haftung für sich selbst aus.

Somit entstehen Aktien-, Renten- und Immobilienfonds unterschiedlichster Kategorien. Diese kann man letztlich auch als Mini-Vermögensverwaltung bezeichnen. Dafür verlangen natürlich das Fondsmanagement sowie die vermittelnde Bank einen monatlichen oder jährlichen permanenten Obolus, der je nach dem sehr hoch sein kann und damit sowohl für das Fondsmanagement als auch für die Bank eine dauerhafte Einnahmequelle darstellt, die Rendite des Anlegers aber massiv schmälert. Das dabei entstehende und nicht kalkulierbare Risiko verbleibt aber voll beim Anleger.

Hierbei die Identität des Schuldners zu ermitteln ist bei der hohen Anzahl der Papiere im Depot des Fonds, die auch ständig ge- und verkauft werden, so gut wie unmöglich. Als Anleger = Kreditgeber erhält man zwar eine Fondsbeschreibung mit schönen grafischen Darstellungen, z. B. in welche Branchen und zu wie viel Prozent darin investiert wird, ebenfalls in welche Währungen. Die wenigsten weisen aber nur aus, in welche genauen Aktien oder Anleihen investiert worden ist. Selbst in dem meistens 6 Monate nach Bilanzstichtag erst veröffentlichten Jahresbericht der jeweiligen Fondsgesellschaft kann man nur wenig erfahren, zumal die zum 31.12. bilanzierten Wertpapiere evtl. schon längst wieder verkauft worden sind. Nähere Ausführungen zu diesem Fondsunwesen siehe Kapitel „Was sind nun strukturierte Finanzprodukte".

Letztlich tritt der Anleger als Kreditgeber auf und die Vermögensanlage ist der Kreditnehmer. Allerdings wird der Anleger nur vage über die Kreditnehmer informiert und speist ihn nur mit rudimentären Informationen ab.

Im Kreditgeschäft der Banken (umgekehrte Form der Geldanlage) wäre eine solche Vorgehensweise undenkbar. Will ein Unternehmen bei einer Bank einen Kredit aufnehmen, muss es die Jahresbilanzen, vorläufige Zahlen u. a. in monatlichen oder vierteljährlichen Zeitabständen in Form einer BWA (Betriebswirtschaftlicher Abrechnung) vorlegen. Darüber hinaus Planzahlen, Auftragsbestand, eine Liquiditätsrechnung, eine Aufstellung des Kreditengagements bei den anderen Banken und deren Sicherheitenpositionen. Weitere Fragen, welche für die Erstellung des Ratings wichtig sind, nehmen teilweise einen Fragenkatalog bis zu 100 weiteren Fragen + x ein.

Bei Krediten an Privatpersonen ist es ähnlich.

Diese unterschiedliche Handhabung von Kreditgeschäften ist an sich nicht hinnehmbar und bedarf grundsätzlich einer neuen Struktur = Transparenz.

Kurzum, ein strukturiertes Finanzprodukt ist komplex aufgebaut, intransparent und mit hohen Kosten belastet und bedarf eines hohen Vertrauens in unbekannte menschliche Wesen und Organisationen. Steigt der Wert des Fonds, ist der Hintergrund dafür in den meisten Fällen der steigende Markt selber. Meine diesbezüglichen Erfahrungen gehen nur in diese Richtung und wenn der Markt einmal übertroffen wurde, holt der Markt diese „Master of the Universe" sehr schnell wieder ein, evtl. stehen als nächstes dann Verluste vor der Tür, da man zuvor Papiere mit höherem Risiko eingekauft hat. Dennoch haben diese dann über die Gebühren kräftig zu lasten des Anlegers verdient.

Eine weitere Bobachtung ist der Umstand, dass der Markt selber deutlich höher angestiegen ist als die Performance des Fonds. Warum? Der Fonds berechnet noch seine Gebühren, welche den Ertrag des Anlegers schmälern. Und wenn der Markt ins Minus geht, gehen die meisten Fonds noch stärker ins Minus. Warum? Weil zum Verlust dann noch die Gebühren des Fonds und der Bank hinzukommen.

Basis all dieser strukturierten Finanzprodukte ist letztlich ein Kredit, entweder an einen Pool von unterschiedlichen Privatpersonen, Unternehmen, Banken, und Staaten oder im worst case an eine „heiße Luft", übersetzt an Hüllen ohne Wert. Man macht daraus – wie eben beschrieben – ein Depot und bezeichnet es als Fonds, bzw. druckt ein Papier, welches einen Anteil an diesem Wertpapierdepot = Fonds dokumentiert. Man verbrieft somit diese Kredite aller möglichen Kategorien.

Mit Hilfe dieser komplexen Verbriefungsmaschinerie können wertlose Investments „verstrukturiert" und somit nicht erkennbar gemacht werden. Unnützen und auch betrügerischen Investments leisten die „Strukturierer" damit Vorschub und sogar Staaten können damit Ihre Verschuldungsprobleme beschönigen oder sogar von der Bühne verschwinden lassen (so geschehen bei Griechenland mit Hilfe von Goldmann Sachs, den Obervertreter, Schrittmacher und Hauptnutznießer dieser Investmentbank- / Ausbeutungsmaschinerie).

Der Basiswert Kredit und seine Verbriefung ist auch der Schlüssel zu all den Problemen unseres Finanzsystems. Sämtliche Maßnahmen und Regulierungen gehen zwar so langsam in diese Richtung, nehmen aber derzeit eher die Funktion eines Herumkurierens an den Symptomen ein und gehen am Kern des Problems vorbei.

Grundsätzlich müsste man Verbriefungen deutlich vereinfachen und einem Regelwerk unterziehen, welches nicht nur die formalen Inhalte überprüft, sondern auch die Risikoklasse herausstellt und zwar sehr deutlich. Und vor allem müssten diese eine sehr einfache Struktur aufweisen, damit den Inhalt jeder normale Bürger verstehen kann. Diese Forderung ist aber relativ, bzw. kaum umsetzbar und die Grenzen zwischen einfach und komplex verschwinden erfahrungsgemäß zunehmend. Ich möchte nicht verschweigen, dass ich deshalb ein grundsätzlicher Gegner von strukturierten Finanzprodukten bin und in einem Verbot der strukturierten Finanz- /Anlageprodukte die sinnvollste Regulierung sehe.

Strukturierte und damit intransparente Finanzprodukte sollte man daher grundsätzlich aus dem Verkehr ziehen und der Verkauf müsste unter Strafe gestellt werden, genauso wie man den Verkauf von gepanschten Nahrungsmitteln und Rauschgiftmittel unter Strafe stellt. Strukturierte Finanzprodukte haben einen Wettcharakter und können somit süchtig machen.

Ich bin kein Freund staatlicher Maßnahmen, aber die Entscheidung, welches Finanzprodukt ein hohes Risiko beinhaltet oder nicht, müsste mit Blick auf die damit gegebene relative Unabhängigkeit (hoffentlich??!!) auch in Bezug auf die Wirtschaftlichkeit von staatlicher Seite festgelegt werden.

Diese Aufgaben privaten Unternehmen zu übertragen ist sehr gefährlich und nicht zielführend, wie die Erfahrungen mit Ratingagenturen, welche von den zu prüfenden Unternehmen bezahlt wurden und dabei sehr gut verdienten, gezeigt haben. Eine ähnliche Entwicklung zeichnet sich im Bereich der mittelständischen Unternehmensanleihen fort, die sowohl für die Emittenten als auch für die Anleger gefährlich ist (siehe Kapitel „Mittelstand in Gefahr").

Letztlich haben die AAA-Ratings der Ratingagenturen diese Finanzkrise u. a. maßgeblich möglich gemacht. Seit Ende 2012 sehen sich die drei großen Ratingagenturen Betrugsvorwürfen des King County im amerikanischen Bundesstaat Washington und der IOWA Student Loan Liquidity Corporation bei der Bewertung eines komplexen Anlageproduktes ausgesetzt. Diese beiden Institutionellen Investoren hatten im Jahr 2007 mit einem von „Rhinebridge", einer außerbilanziellen Zweckgesellschaft der Düsseldorfer IKB, aufgelegten Anleihekonstrukt, welches mit zweitklassigen Hypothekenanleihen hinterlegt war, hohe Verluste erlitten.

Die IKB, die ebenfalls zu den Beklagten gehörte, hatte sich Ende Juni 2012 mit den Klägern außergerichtlich verständigt(?!). Die Details des Abkommens sind nicht bekannt. (nachzulesen in der FAZ vom 5.1.2013).

Vermögensanlage ist ein umgekehrtes Kreditgeschäft und bedarf daher der Einschaltung einer Reihe von Fachleuten mit Kreditexpertisen. Nur Produktkenntnisse, wie sie die Wertpapierberater der Banken nur haben, reichen hierfür nicht aus.

Anhand von praktischen Erfahrungswerten möchte ich in diesem Buch auf solche Möglichkeiten hinweisen, insbesondere dabei auf solche von so genannten Family Offices, einer relativ jungen Dienstleistungsbranche, die zunächst nur für sehr reiche Familien gedacht war, aber zunehmend auch als unabhängiger – so es unabhängig ist – und objektiver praktischer Ratgeber in Sachen allgemeine Vermögensanlage gesucht wird. Aber Vorsicht, auch hier gibt es viele schwarze Schafe, welche sich als reine Finanzproduktvertriebseinheiten entpuppen und alles andere als die Interessen der Vermögensinhaber im Sinn haben.

Auch die Banken, welche auf der Suche nach neuen Geschäftsfeldern sind, haben jetzt dieses Feld für den Vertrieb ihrer Finanzprodukte erkannt und solche „Family Offices" ins Leben gerufen. Hier sollte sich der Vermögensinhaber aber sehr bewusst sein, dass ein solches Family Office immer, ich betone und wiederhole das Wort „immer", der Muttergesellschaft, d. h. der sie tragenden Bank verpflichtet ist. Eine objektive Beratung im Sinne des Kunden kann somit in keinem Fall gewährleistet sein. Diese Bank erhält andererseits einen sehr intimen Einblick in die finanziellen Verhältnisse und damit in die Privatsphäre des Vermögensinhabers und wird, bzw. muss diese Kenntnis gewinnbringend umsetzen. Gewinn der Bank ist stets Verlust oder Ertragsminderung des Kunden. Auch auf dieses Thema wird noch gesondert und detaillierter eingegangen.

Letztlich kann man die Behauptung aufstellen, dass eigentlich ein jeder – mehr oder weniger – die Dienstleistungen eines seriösen, unabhängigen und damit objektiven Family Office benötigt. Die Arbeitsweise und die Vorteile einer solchen Dienstleistung werde ich in diesem Buch noch näher beschreiben. Es wäre ein Gegenpol zu den – man kann schon sagen – perfiden Betrugsmechanismen der Finanzindustrie.

Vorab wäre noch zu bemerken, dass ich die hier oft zitierte Deutsche Bank in der Vergangenheit sehr geschätzt habe und dort sogar meine Banklehre absolvieren durfte, die ich vor über 40 Jahren aufgrund des damals antiquierten Lehrplans nicht so prickelnd fand. Diese Bewunderung dauerte bis zum schrecklichen Tod von Herrn Alfred Herrhausen, einem der überragenden Banker, welche die Bundesrepublik neben Herrn Josef Abs, beide jeweils an der Spitze der Deutsche Bank, je hatte, an. Danach verfiel dieser Bankkonzern in die Fänge des angelsächsisch geprägten Investmentbankings und spielte auch auf diesem Gebiet die Rolle eines Branchenprimus in Deutschland, dem alle Banken wiederum blind hinterherliefen mit dem bekannten negativen Ergebnis, welches hauptverantwortlich der Auslöser der Finanzkrise war.

Insofern muss es sich die Deutsche Bank gefallen lassen, als Schrittmacher dieser gefährlichen Entwicklung genannt und herausgestellt zu werden, zumal kein geringerer als Herr Anju Jain, derzeitiger Co-Vorstandsvorsitzender dieses Instituts, in einem Vortrag zugegeben hat, an der Finanzkrise mitverantwortlich gewesen zu sein. Mr. Jain führte zu diesem Zeitpunkt die Gelddruckmaschine „Investmentbanking" der Deutsche Bank.

Selbst Herr Josef Ackermann, in dieser Zeit der Vorstandsvorsitzende der Deutsche Bank, räumte in einer Veranstaltung der Körber-Stiftung und des Nachrichtenmagazins „Spiegel" ein, dass auch die Deutsche Bank Geschäfte tätigte, die legal, aber heute nicht mehr als legitim angesehen werden (schöne Umschreibung für Benachteiligung der Kunden). Die Deutsche Bank wäre da mitgeschwommen. Vieles habe der Maximierung der Vergütung gedient und nicht dem Dienst am Menschen. Angeblich hätte er diese Kultur nicht gefördert, sondern wäre ein Teil dieser Kultur. „Wir mussten uns wie Römer in Rom bewegen". Wenn man nur ein Zehntel der Vergütung wie Goldmann Sachs geboten hätte, hätte man keine Talente (?) an sich gebunden.

Solche und ähnliche Entschuldigungen konnte man auch nach dem Zweiten Weltkrieg sehr oft in einem anderen Zusammenhang hören. Ich bezweifle aber, dass die Deutsche Bank in der Finanzkrise nur mitgeschwommen ist, sie hat als Schrittmacher diese Entwicklung eher gefördert und massiv mitgestaltet.

Es ist nur verwunderlich, warum keiner der durch die Finanzkrise geschädigten Anleger daraufhin die Deutsche Bank auf Schadensersatz verklagt hat. Vielleicht kommt das noch, die „Institutionellen" und sogar hiesigen Banken fangen bereits damit an.

Diese erschreckenden Aussagen zeigen ganz deutlich, wie tief die Ethik dieser Herren Banker gesunken ist und wie gesellschaftsfähig es war, die Anleger als Gegenpart von Finanzgeschäften einzustufen, bzw. somit zu benachteiligen, es sogar von der Wirtschaftspresse beklatscht wurde und immer noch wird. Dies auch noch als einen Teil der Kultur zu nennen, ist ein starkes Stück.

Interessant an diesem Vortrag von Herrn Ackermann ist der Umstand, dass er jetzt eine strikte Regulierung fordert. Zwar hätten – nach seinen Worten – die Institute aus der Finanzkrise gelernt und viele einen „Kulturwandel" eingeleitet, doch es gebe keine Gewähr, dass sich die Verhältnisse wettbewerbsbedingt wieder ändern. (das lässt Schlimmes befürchten).

Hört, hört, Herr Ackermann wandelt sich vom Saulus zum Paulus. Während seiner Zeit als Vorstandsvorsitzender der Deutsche Bank und Präsident des Verwaltungsrates des Institute of International Finance war er ein strikter Befürworter des Marktes und absolut gegen jegliche Regulierung.

Trotz dieser Aussagen wäre lt. Herrn Ackermann die Entwicklung hin zu einer Investmentbank, die im Reigen der Großen „mitspielt", alternativlos gewesen. Wäre man diesen Weg nicht gegangen, wäre die Deutsche Bank ein Übernahmekandidat geblieben und hätte das Schicksal anderer deutscher Banken geteilt – und wäre eine große Sparkasse geworden.

(Anmerkung: Aussagen von Herrn Ackermann nachzulesen in einem Presseartikel des Handelsblattes vom 31.10.2012 S. 32)

Diese weiteren Äußerungen zeigt mir wiederum, dass Herr Ackermann vergessen hat, dass seine Deutsche Bank zu diesem Schicksal der anderen deutschen Banken „maßgeblich" beigetragen hat und jetzt auch die Sparkassen, welche als Fels in der Brandung während der Finanzkrise standen, nunmehr mit Hilfe der Investmentbank-Produktmischmaschs auf diesen Weg gebracht wurden.

Auf der Kulturseite der „Welt am Sonntag" konnte man lesen, dass die Finanzkrise ein neues florierendes Genre hervorgebracht hat, nämlich eine Finanzkrisenliteratur, welcher teilweise wenig geistigem Mehrwert bescheinigt wird.

Sicherlich gibt es diesbezüglich eine Menge unnützer Literatur von Autoren, die sich mit wissenschaftlichen Ehrenkränzen und Titeln schmücken oder aus der Equipe des Journalismus stammen und auch neben populistischen Inhalten zu Recht viele Fakten auf den Tisch gebracht haben, die es wirklich wert sind, verändert und kritisiert zu werden, aber auch diese Krise nutzen, Geld zu verdienen, wie im Übrigen auch die Kulturschaffenden. Diese wissenschaftlichen und journalistischen Autoren haben aber einen Nachteil, nämlich den der Theorie und der damit einhergehenden fehlenden Anwendung in der Praxis. Dazu beitragen natürlich auch die gefärbten Informationen der Presseabteilungen der Banken und deren Interessen. In der Theorie sieht jedoch alles anders aus, als in der Praxis.

Ich bin kein Mann der Wissenschaft und auch kein Journalist, aber dafür ein Mann der Praxis. Das Bankgeschäft habe ich von der „Pike" auf gelernt und musste dann in leitender Position die fatalen Veränderungen im Bankensektor ab Mitte der 90iger Jahre am eigenen Leib miterleben. Schließlich kehrte ich in 2004 der damals schon kaputt strukturierten Dresdner Bank den Rücken, um auf der Kundenseite einen Gegenpol zu den wuchernden unseriösen Verkaufsangeboten und -praktiken bilden zu können. Diesen Gegenpol haben damals nur wenige verstanden, dafür aber überproportional von dieser Expertise profitiert und auch kein Vermögen verloren.

Diese Erfahrungswerte, die sich aus der dann folgenden Selbstständigkeit mehr als vervielfacht haben und die aus der nahezu täglichen (negativen) Berührung mit den strukturierten Finanzprodukten herrührten als eine Art „melting pot" und sich stets erweitert haben, war mir ein großes Bedürfnis, dem breiten Publikum diese komplexen Sachverhalte in einer hoffentlich leicht verständlichen Art mitzuteilen, zumal all diese wissenschaftlichen Autoren und Journalisten das Thema der strukturierten Finanzprodukte und deren Mechanismen so gut wie nicht auf ihrem Schirm hatten und leider immer noch nicht haben.

Selbst Prof. Raffelhüschen, ein anerkannter Verfechter der privaten Altersvorsorge, hatte sich im Juli 2008 vor den Karren der Union Invest, einen der größten Produzenten und Vertreiber von Investmentfonds und strukturierten Finanzprodukten, spannen lassen. Meine diesbezüglichen Hinweise auf die Risiken dieser strukturierten Finanzprodukte, die sich insbesondere in den Vorsorgeprodukten wiederfinden, bezeichnete Herr Prof. Raffelhüschen als eine apokalyptische Prophezeiung. Leider gaben mir die Ereignisse einige Monate später mit der Pleite von Lehman Brothers Recht.

Daraus kann man nur folgern, dass selbst anerkannte und hochintelligente Personen sich dieser Gefahren, die in diesen intelligent zusammenkonstruierten Finanzprodukten stecken, keinesfalls bewusst sind.

Vielleicht stoße ich mit meinen Ausführungen den Beginn einer Entwicklung an, in der später die Anlageprodukte der Finanzindustrie wirklich den Namen „Anlageprodukt" verdienen, bzw. die Anleger den strukturierten Finanzprodukten sehr kritisch gegenüberstehen und sie damit aus ihren Depots verschwinden lassen.

Dennoch ist große Skepsis angebracht, da mittlerweile die davon profitierende und sehr mächtige Finanzindustrie eine Ideologie aufgebaut und in die Köpfe ihrer durch den extremen Jugendwahn installierten jungen Bankmanager eingepflanzt hat, deren Veränderung sehr schwierig sein dürfte und daher als ein Generationsproblem begriffen werden muss.

Jedoch wäre die Finanzindustrie sehr gut beraten, diese strukturierte und auf Spekulation aufgebaute Ideologie des „über den Tisch ziehen" schnellstens über Bord zu werfen und ehrlichen und transparenten Anlageprodukten den Weg zu bereiten. Würde der jetzige und nur mit „ehrlicher"(?) Farbe überstrichene Weg fortgesetzt werden und somit die sich abzeichnenden gigantischen Vermögensvernichtung zugunsten weniger fortgesetzt werden, läuft sie Gefahr, irgendwann nach sich abzeichnenden Unruhen einer totalen Regulierung unterworfen zu werden mit Folgen, die keiner Demokratie förderlich sind und keiner will.

Der jetzt angesagte Kulturwandel ist keiner und streut den Anlegern nur weiteren Sand in die Augen, bzw. ist eine gigantische Desinformations-Kampagne, um ja nicht auf den Kern der Ursachen, nämlich die immer trefflicheren finanzmathematischen Wahrscheinlichkeitsrechnungen zu kommen, welche den Strukturierern enorme Vorteile bescheren. Siehe hierzu auch das separate Kapitel „Wahrscheinlichkeitsrechnungen = Insider-Geschäft?" sowie „Kulturwandel der Banken?"

Da dieses Buch auf praktischen Erfahrungswerten basiert, die ich in der Dresdner Bank erleben durfte, bzw. musste, beschreibt es auch einige Stationen des Niedergangs dieses ehemals so stolzen und anerkannten Kreditinstitutes, für das ich sehr leidenschaftlich und sehr gern tätig war, bis die

Oberstrukturierer – jetzt unverändert tätig in anderen Banken – dieses Bankhaus todstrukturiert haben im Sinne von „go for excellence". Diese Symptome des Niedergangs zeichnen sich jetzt leider auch so langsam bei anderen Banken ab, welche sich anscheinend nicht mehr aus den zerstörerischen Fängen des Investment-Bankings lösen können und unverändert einen falschen Weg gehen und damit Gefahr laufen, von einer kleinen Gruppe von Investmentbankern ausgenommen zu werden. Man muss nur die Höhe der jeweiligen Boni der Investmentbanker mit der Ertragshöhe der entsprechenden Bankhäuser vergleichen.

Kapitel 1

Kredit bestimmt unser ganzes Leben

Kredit kommt vom lateinischen Wort „credere" = auf Deutsch „Vertrauen", womit angedeutet wird, dass ein Kredit auf Vertrauen aufgebaut ist. Vertrauen darauf, dass der Kreditnehmer sein ihm geliehenes Geld mit Zinsen wieder zurückbezahlt und Vertrauen darauf, dass der Kreditgeber sich an seine Bedingungen hält, den Kredit für die vereinbarte Laufzeit und den vereinbarten Bedingungen auch aufrechtzuerhalten.

In ganz jungen Jahren ist das Vertrauen der Kinder zu ihren Eltern am stärksten vorhanden und prägt je nachdem das künftige Leben dieses neuen Erdenbürgers. Welches Kind hat nicht ein unbedingtes und sehr starkes Vertrauen zu seiner Mutter und seinem Vater und gibt letztlich sein Leben voll in deren Hände.

Mit der Vereinbarung eines Taschengeldes kommt der junge Mensch erstmals mit dem Kreditgeschäft auf pekuniärer Basis in Berührung. Die Eltern geben dem Kind eine Summe eines bestimmten Betrages im Vertrauen darauf, dass es damit sorgsam umgeht oder im Vertrauen darauf, dass es den sorgsamen Umgang mit Geld erlernt. Das Kind vertraut darauf, in einer bestimmten Zeitspanne einen gewissen Geldbetrag von den Eltern zur Verfügung gestellt zu bekommen und richtet damit den Katalog seiner Wünsche entsprechend ein.

Läuft dagegen dieses Vertragsverhältnis aus dem Ruder insofern, dass die Eltern ihre Zusagen nicht einhalten oder es von permanenten Erhöhungen des Taschengeldbetrages je nach Wunschkatalog des Kindes gekennzeichnet ist, kommt es zu unliebsamen Entwicklungen, entweder durch diebstahlsbedingte Bereicherungen des Kindes oder durch ein ausuferndes Ausgabenverhalten, welches in beiden Fällen der Entwicklung des Kindes keinesfalls förderlich ist (ich erkenne hier Ähnlichkeiten mit dem Ursprung der Euroschuldenkrise).

Je nach Erziehung oder Charakter des Kindes bleibt dann auch schon mal am Monatsende von diesem Taschengeld etwas übrig, so dass das Kind beginnt – auch evtl. gefördert von Oma, Opa Tante usw. –, diesen Überschuss auf einem Sparkonto zu anzulegen. Das ist die erste Stufe eines Bankgeschäftes, bzw. unbewussten Kreditgeschäftes, da hier das sparende Kind einer Bank Geld anvertraut, d. h. einen Kredit gewährt, ohne dass sich dieser Sparer Gedanken darüber macht, ob diese Bank würdig ist, einen Kredit zu bekommen. Diesem Umstand wurde bis zur Finanzkrise 2008 keinerlei Beachtung geschenkt, da alle Banken – auch aufgrund der Sicherungssysteme – sakrosankt in hohem Maße als kreditwürdig galten. Seit 2008 und 2009 hat sich diese Einstellung dann total verändert, die Banken werden jetzt eher mit zum Teil sehr fragwürdiger Bonität gesehen.

Mit Eintritt in das Berufsleben erfährt der junge Mensch vielerlei Arten eines Kreditgeschäftes. Sein Arbeitgeber zahlt ihm ein Gehalt im Vertrauen darauf, dass der junge Mensch seine Arbeit oder seine Ausbildung bestmöglich im Rahmen seiner Fähigkeiten ableistet. Der junge Mensch wiederum versucht diesen Erwartungen entsprechend gerecht zu werden und vertraut darauf, dass sein Arbeitgeber ihm den vereinbarten Lohn in bestimmten Zeitabständen bezahlt.

Da in unserer modernen Gesellschaft Löhne nicht mehr in bar ausbezahlt werden, bedarf es zwecks Überweisung dieses Gehaltes der Einrichtung eines Giro- / Gehaltskontos bei einer Bank, Sparkasse oder Volksbank, zumal heutzutage alle Rechnungen im Wege des unbaren Zahlungsverkehrs, d. h. über Girokonten / Überweisungen und Lastschriften abgewickelt werden.

Ein Girokonto ohne Überziehungsmöglichkeit zwecks Abdeckung von Überschneidungen ist in der heutigen Zeit kaum mehr denkbar, insbesondere wenn man ein festes Arbeitsverhältnis nachweisen kann. Solche Überziehungsmöglichkeiten werden einem eher nachgeworfen im Zeichen von „easy credit", bezweckt man damit aber nur, eine gewisse Verschuldung der Menschen damit herbeizurufen zwecks Schaffung einer permanenten Einnahmequelle für die Bank.

Eine solche Überziehungsmöglichkeit ist die erste Erfahrung eines jungen Menschen mit dem Kreditgeschäft einer Bank. Einen solchen Kredit vergibt die Bank im Vertrauen darauf, dass der Kreditnehmer entweder regelmäßig ein Gehalt bekommt und er damit sorgsam umgeht. Als Nachweis dient der Bank entweder der Anstellungsvertrag oder ein aktueller Gehaltsauszug. Der Kreditnehmer richtet aufgrund der Kreditzusage sein Dispositionsverhalten im Vertrauen darauf ein, dass dieses Limit nicht plötzlich gestrichen wird oder sich die Bedingungen (Zinsen / Sicherheiten usw.) plötzlich verändern.

Bei sich entwickelnder Berufskarriere wachsen dann ständig naturgemäß die Wünsche. Zunächst ein neues Auto, eine neue Wohnungseinrichtung und später ein neues Haus. Meistens können diese Wünsche durch das Einkommen und die Vermögenslage nicht sofort bedient werden, so dass Kreditaufnahmen meistens gegen entsprechende Sicherheiten unerlässlich sind, zumal die Einnahmeseite des Arbeitnehmers durch immer höhere Steuerzahlungen reduziert wird. Insofern kann man hier schon eine erste Symbiose zwischen Banken und Staat erkennen.

Wäre die Steuerbelastung und Abgabenhöhe für die Bevölkerung nicht so hoch, würde der Kreditbedarf der gesamten Gesellschaft nicht solche ungeheure Größenordnungen einnehmen und es entstünden nicht solche eklatanten Abhängigkeiten von letztlich einer inzwischen oligopolen Wirtschaftsgruppe. Auch sollten sich die Politiker, insbesondere die Sozialpolitiker, welche immer nur höhere Ausgaben und damit die jetzige Verschuldungsproblematik mit zu verantworten haben, einmal selbstkritisch fragen, ob diese hohen Steuerbelastungen nicht einer der Gründe für die sich abzeichnende Altersarmut sind. Wer von den Normalverdienern kann es sich heute noch leisten, von dem versteuerten Geld, oder dem Rest, was einem der Staat noch übrig lässt, Reserven für das Alter aufzubauen.

Sicherlich werden gerade jetzt diese Politiker einwerfen, dass der Staat vielerlei Möglichkeiten geschaffen hat, privat für das Alter vorzusorgen. Rechnet man diese Programme mit einem einfachen Excel-Programm und bei Beherrschung der Zinsformel (Kapital dividiert durch hundert mal Tage= Zinszahl, diese multipliziert mit der Zinshöhe und dieses Ergebnis dividiert durch 360) entsprechend durch (machen leider viel zu wenige), wird man bald feststellen, dass damit die Pfründe der Banken und Versicherungen präserviert wurden und man letztlich damit nur dem Verwaltungsapparat dieser Anbieter ein langfristiges und permanentes Einkommen sichert, bzw. besser fahren würde, wenn man einfache Sparprogramme monatlich bedient. Nur diese werden nicht staatlich gefördert, da diese Programme nicht mit hohen Verwaltungskosten dieser Institute belastet werden können. Hier zeichnet sich ganz klar eine tiefe Verwurzelung zwischen Staat, Banken und Versicherungen ab, da alle drei sich brauchen. Der Staat die Banken und Versicherungen zwecks Kauf der Staatsanleihen und die Banken und Versicherungen den Staat, um gerettet zu werden und dies alles auf dem Rücken der Bürger.

In all diesen Fällen spielt die Bank eine wichtige Rolle, sie versorgt den Kreditnehmer mit entsprechenden Kreditmitteln und kennt auf der anderen Seite seine Einkommensverhältnisse und errechnet auf dieser Basis seine Kreditwürdigkeit. Letztlich ein sauberes und nachvollziehbares Geschäftsgebaren, auch wenn sich manchmal einige Kreditnehmer konditionsmäßig nicht entsprechend optimal bedient fühlen oder nicht den Kredit in der gewünschten Höhe bekommen. Das ist aber üblich in diesem Geschäft, da eine Bank natürlich versucht, für sich die kaufmännisch optimale Ertragsmarge zu erreichen. Außerdem entsteht dadurch ein gewisses Regulativ, keine allzu große Verschuldung entstehen zu lassen, welche für beide Seiten, Bank und Kreditnehmer, auf Dauer ungesund ist. Wie wir aber später noch sehen werden, wurde dieses Regulativ durch Investmentbankprodukte, genannt auch Kredit-Verbriefungen oder Derivate, sukzessiv immer mehr ausgehebelt. Durch die Möglichkeit, Kredite zu verbriefen, d. h. diese Kreditforderung in CDS- oder ABS-Wertpapiere umzuwandeln und damit verkaufen zu können zwecks Entlastung der Bankbilanz, vaporisierte sich dieses Regulativ in Sachen Verschuldung sehr weitgehend.

Irgendwann, wenn das Haus abbezahlt und die Ausbildung der Kinder abgeschlossen ist, dreht sich dieses Kreditgeschäft in eine andere Richtung, d. h. der ehemalige Kreditkunde wird nun ein heiß begehrter Anlagekunde und **schlüpft damit unbewusst in die Funktion eines Kreditgebers**. Somit vergibt dieser Anlagekunde Kredite an seine Bank, welche diese Gelder an diejenigen weitergibt, die Geld benötigen, also Privatleute und sonstige Rechtspersonen, die sich nicht eines Bankkredites zur Finanzierung ihrer Geschäfte bedienen wollen. Das sind im Wesentlichen Staaten mit Staatsanleihen, Unternehmen mit Unternehmensanleihen, auch Aktien, da sich das Unternehmen dadurch die Kreditaufnahme durch Ausgabe von Aktien oder durch Kapitalerhöhungen erspart, und auch Spar- und Festgelder, welche er seiner Bank anvertraut. Seine Bank ist dann nur noch der Zwischenwirt für seine Anlage suchenden Gelder, indem diese ihm Wertpapiere aller Art verkauft oder seine Gelder annimmt, um sie als Kredite weiterzureichen.

Jedes Kreditinstitut hat zur Abwicklung ihrer Kreditgeschäfte eine ausgeklügelte und professionelle (sollte sie zumindest haben) Logistik zwecks Erkennung und dann auch Reduzierung des Kreditrisikos mit der alleinigen Aufgabe, die Kreditwürdigkeit des Kreditnehmers zu prüfen. Früher nannte man diese Einheit einer Bank „Kreditabteilung" oder in vornehmeren Banken „Kreditsekretariat". Heute wird dieser Bereich nach Installierung von Basel II als „Marktfolge" bezeichnet, welches nunmehr das entscheidende Gremium in Sachen Kreditentscheidung geworden ist. Die Kundenbetreuer, die man nur mit geringen Kompetenzen ausgestattet hat, sind somit flügellahme Ansprechpartner der Kreditkunden auf der Firmen- und Privatkundenseite. Diese werden hierbei in den Bereich „Markt" eingruppiert. Mit diesen Bezeichnungen sollte eine Affinität zum Markt hergestellt werden, jedoch folgen beide Gruppierungen nicht dem Markt, sondern müssen sich der jeweiligen Geschäftspolitik, getragen von den Risikoaversionen des jeweiligen Bankhauses, anpassen.

Diese Risikoaversionen werden aber immer mehr von unterschiedlichsten Ratingsystemen gesteuert, die auf immer mehr verfeinerten Wahrscheinlichkeitsrechnungen beruhen und die statistischen Erkenntnisse der Vergangenheit in die Zukunft extrapolieren zwecks Vorhersage eines wahrscheinlichen Kreditausfalls.

Diese Kreditratings erstellen größtenteils die angelsächsischen Investmentbanken für die Geschäftsbanken oder eigene Ratingtools werden von diesen eingekauft. Letztlich ist es eine Blackbox, die keiner der sie bedienenden Banker kennt und keinerlei Kontrollen unterliegt. Wem diese gehört und wer sie pflegt, vor allem sie richtig pflegt, bleibt ein Staatsgeheimnis.

Trotz aller meiner hier vorgetragenen Kritik gegenüber den Banken möchte ich aber hier ganz klar festhalten, dass der Kreditbereich der Banken unverändert der seriöse ist, allerdings nur bis zu dem Punkt, wenn vergebene Kredite verbrieft werden und damit die Nachvollziehbarkeit der Bonitäten aufgrund der hohen Anzahl der Kreditnehmer für einen Anleger, der eine solche Verbriefung kaufen will, nahezu unmöglich wird. Der Kreditbereich setzt sich mehr oder weniger aus hoch professionellen Fachleuten zusammen und hat stets das Rückgrat der Banken dargestellt. Hätten die Bankvorstände auf diese Fachleute gehört und nicht auf die angelsächsischen Unternehmensberater, die Vorhut des Investmentbankings und Totengräber der deutschen und europäischen Banken, sähe die Bankenlandschaft viel besser und diversifizierter aus als jetzt und hätte nicht diese ungeheuren und ungelösten Probleme (in ihren „Kellern" liegen). Insofern ist es weiterhin unverständlich, warum diesen wohl bekannten „Beratern" immer noch so viel Gewicht eingeräumt und warum für deren „Marktanalysen" insbesondere im Finanzbereich immer noch so viel Geld bezahlt wird, ganz zu schweigen vom hohen Grad der Aufmerksamkeit, welches die Presse deren Aussagen widmet.

Dieser kurze Ausflug in die innere Welt einer Bank zeigt, dass das eigentliche Kreditgeschäft einer Bank ein hoch komplexes ist und vieler unterschiedlicher Experten bedarf. Diese sind zum Beispiel juristisch versierte Fachleute in den Abteilungen, welche die Sicherheiten (Grundschulden / Verpfändungen/-Abtretungen unterschiedlichster Art usw.) für die Kredite verwalten, Bilanzen analysieren und deren Entwicklung interpretieren können, die steuerliche Komplexität von Projektfinanzierungen und Geschäftsentwicklungen überblicken und deuten können, volks- und betriebswirtschaftliche Kenntnisse vorweisen, komplizierteste Buchhaltungsvorgänge beherrschen und zudem diesen gesamten Komplex verstehen müssen.

Früher wurden diese Kreditfachleute in den Banken jahrelang und sehr speziell ausgebildet. Egal ob man ein Studium der Betriebswirtschaft, der Volkswirtschaft oder eine Banklehre vorweisen konnte, man musste (zumindest in der Dresdner Bank) erst noch eine zweijährige Kreditausbildung absolvieren, in welcher man mit der hochkomplexen Materie des Kreditgeschäftes in allen Facetten vertraut gemacht wurde, um dann in weiteren zwei bis drei Jahren diese erworbenen Kenntnisse durch praktische Mitarbeit als Kreditsachbearbeiter vertiefen zu können. Verlief diese Vertiefungsphase positiv, bekam man die Gelegenheit, sich entweder als Firmenkunden- oder als Privatkundenbetreuer in Sachen Kredit im direkten Kontakt mit dem Bankkunden zu beweisen. Nach weiteren drei bis fünf erfolgreichen und i.W. wertberichtigungsfreien Jahren folgten weitere Qualifizierungsschritte in den Zentralen der Banken, im Durchschnitt für eine Dauer von zwei Jahren, in welchem man mit dem Großkreditgeschäft vertraut gemacht wurde. Verliefen auch diese erfolgreich, bekam man in Sachen Kredit höhere Weihen in Form eines interessanten Filialleiterpostens oder als Abteilungsleiter in den maßgeblichen Kreditabteilungen oder in diesbezüglichen Stabsstellen.

Trotz dieser langen und intensiven Ausbildungsjahre in diesem Kerngeschäft der Banken ließen sich Fehleinschätzungen der Kreditwürdigkeit und somit schmerzliche Kredit-Wertberichtigungen und auch volle – Abschreibungen nicht vermeiden.

Heutige Kreditausbildungsprogramme der (Geschäfts-) Banken bieten aus Kostengründen nur noch mehrwöchige Crashkurse an und ersetzen das Kreditgeschäft zunehmend durch vorgegebene angelsächsische Ratingprogramme und Verbriefungen, die von „Spezialisten", auch Investmentbanker genannt, in den jeweiligen Zentralen geschrieben und vorgenommen werden. Dies wird noch – wieder aus Kostengründen – verstärkt durch den seit Jahren permanenten Abbau dieser Kreditabteilungen / Risikoüberwachungseinheiten, so dass man sich bald fragen muss, über welche Kreditexpertisen die jeweilige Bank denn noch in Zukunft verfügen werden?

Wie sieht es aber nun mit der Logistik eines Anlegers aus, welcher eine ganz andere Berufsausbildung genossen hatte, wie z. B. ein Architekt, Arzt, Handwerker, Arbeiter oder Facharbeiter, Ingenieur und auch Unternehmer mit ganz anderen Fähigkeiten und Kenntnissen? Durch die Geldanlage schlüpft der Anleger automatisch und meistens unbewusst in die Schuhe eines Kreditgebers, ohne auch nur über einen Teil einer Kreditexpertise verfügen zu können, die hierfür notwendig ist. Der Anleger vergibt nunmehr Kredite unterschiedlichster Kategorien, d. h., er übernimmt Kreditforderungen in Form von Anleihen, Aktien, Investmentfonds, geschlossene Fonds usw., die entweder von den Banken, der Versicherungswirtschaft, den Finanzvertrieben, den Investmentfonds aller Kategorien oder sogar auch in den schlimmsten Fällen von seinem Steuerberater zwecks Verbesserung seiner Honorareinnahmen vertrieben werden, natürlich unter dem Blickwinkel der Steuerersparnis, mit der man nahezu jedes Finanzprodukt, insbesondere in Deutschland verkaufen kann. Substanz der Anlage oder Berücksichtigung der eigenen Liquidität = Zahlungsbereitschaft werden dabei meistens in den Hintergrund verbannt, ist doch gerade die fehlende Zahlungsbereitschaft in den überwiegenden Fällen der Grund für eine Insolvenz.

Dieses hohe Angebotsvolumen von Finanzprodukten auf dem Anlagemarkt, welches für die Fachleute schon nicht mehr überblickbar ist, müsste ein Anleger, mit welcher Berufsausbildung auch immer, durch Fachleute seines Vertrauens überprüfen lassen und dieser Fachmann sollte vom Anleger bezahlt werden, damit ein hohes Maß an Unabhängigkeit und Objektivität gewahrt wird.

Was macht aber ein solcher Anleger in den meisten Fällen? Richtig, er wendet sich hauptsächlich, wie schon seit Jahrzehnten, „vertrauensvoll" an den Teil der Gesellschaft, den man als die Finanzindustrie bezeichnet und erlebt dabei meistens sein blaues Wunder.

Kapitel 2

Finanzindustrie

Das Wort Finanzindustrie entstammt wie so viele Ausdrücke im Finanzbereich aus dem englischen Wort „financial industry" und ist ein Synonym für den wichtigsten Teil der britischen Volkswirtschaft. Eben eine Industrie!! Sehr kritische Zeitgenossen nennen sie die Blutsauger einer Volkswirtschaft, andere meinen, dass sie ein wichtiger Baustein im Spiel der Marktkräfte und nicht mehr wegzudenken wären bei der Finanzierung des wirtschaftlichen Fortschritts.

Früher konnte man unter dieser Bezeichnung im Wesentlichen nur die Banken (Privatbanken, Sparkassen, Volksbanken) sehen. Jetzt spielen die Banken eine kleinere Rolle und müssen sich diese mit Finanzvertrieben aller Art, diversen Investmentfonds, hochspekulativen Hedgefonds unterschiedlichster Kategorie, nicht Bankkonzernen angeschlossenen Internetbanken u. a. mit den abstrusesten Angeboten und den Versicherungen, welche gerne ihre Versicherungspolicen mit den Bankprodukten vermischen wollen oder jetzt sogar aufgrund fehlender Anlagealternativen in das Kreditgeschäft einsteigen, teilen.

Bis etwa in die Mitte der 90-er Jahre bestand das Bankgeschäft hauptsächlich aus dem Kreditgeschäft mit Unternehmen, das Anlagegeschäft mit den Privatkunden war überschaubar und beschränkte sich auf ein relativ transparentes Produktportfolio. Die anderen Bereiche wie Auslandsgeschäft, Devisenhandel und Zahlungsverkehr dienten letztlich dem Unternehmenskundenkreditgeschäft.

Das Kreditgeschäft mit Privatkunden nahm hier zunächst eine deutlich untergeordnete Rolle ein, die dann später zu einer überragenden wurde. Die Kreditvergabe an Privatkunden und damit der Start in dieses Massengeschäft kamen erst in den 60iger Jahren des vorigen Jahrhunderts so langsam in Schwung. Die Vorreiterrolle spielte hier der deutsche „Bankenprimus", wobei diese Kreditvergabe noch sehr stark von den jeweiligen Banken sehr strengen

Vorgaben und Regularien unterworfen war. Ich erinnere mich noch an archivierte Kreditvorlagen aus den 60iger Jahren in Höhe von DM 50.000, die noch von zwei Vorstandsmitgliedern der Dresdner Bank genehmigt werden mussten.

Somit konnte der Erfolg einer Bank an der Anzahl der betreuten Unternehmen, am Umfang der damit getätigten Bankgeschäfte und der daraus erzielten Erträge sowie der Höhe der Wertberichtigungen für Kredite, womit die hohe Professionalität bei der Kreditvergabe der Banken dokumentiert wurde, erkannt werden. Die Bank nahm Geld der Anlagekunden entgegen und gab es an die für gut befundenen Kreditkunden weiter. Hierbei bekam der Anlagekunde für die Überlassung seines Geldes den entsprechenden Zinssatz, der in der Regel deutlich geringer war als der Zinssatz, den die Bank vom Kreditkunden verlangte. Diese Zinsdifferenz, bzw. Zinsmarge war neben den Provisionserträgen aus der Abwicklung des Auslandsgeschäftes und vieler ähnlich gelagerter Geschäftsarten der Ertrag der Bank. Das Kapitalmarktgeschäft spielte hierbei noch keine große Rolle und war nur wenigen Banken mit entsprechender Kapitalmarktexpertise vorbehalten.

Mitte / Ende der achtziger Jahre des vorigen Jahrhunderts fasste dann das so genannte Investment Banking, kommend aus dem angelsächsischen Teil des Globus langsam Fuß in Europa, wobei die Deutsche Bank in 1989 unter Alfred Herrhausen mit dem Kauf der britischen Morgan Grenfell den hierzu größten Schritt unternahm und wiederum sich als Vorreiter profilierte. Andere Banken folgten dann in der Regel wie Lemminge diesem Schritt der Deutsche Bank (in 1995 die Dresdner Bank mit dem Kauf der britischen Investmentbank Kleinwort Benson) mit der Folge, dass gegen Ende der 90er Jahre die Investmentbanker die Vorstandspositionen der Geschäftsbanken sukzessive okkupierten, indem sie alle Geschäftsarten, welche mit dem Investmentbanking in Berührung kamen, einfach als wesentlichen Bestandteil des Investmentbankings deklarierten.

Die Dresdner Bank rühmte sich sogar damit, einen mit 34 Lebensjahren an „Erfahrung" einen der jüngsten Vorstandsmitglieder im Vorstand zu haben. Später gab man ihm dann aber die Schuld dafür, dass er mit seinen forcierten Zukäufen, u. a. die M&A – „Boutique" Wasserstein (Kaufpreis DM 3,5 Milliarden) wesentlich den Niedergang der Dresdner Bank in Gang gesetzt hatte, da mit diesem Kaufpreis so ziemlich die letzten Reserven der Bank verbraucht worden waren. Dennoch blieben diesem Herrn nach seinem Rausschmiss die Spitzenpositionen in einer bekannten Schweizer Versicherungsgesellschaft und jetzt als tragender Kopf einer „Finanzgruppe", welche bedauerlicherweise die BHF-Bank vermutlich übernehmen wird und mit der Investmentbank Kleinwort Benson vernetzen will (= Verkauf von strukturiertem Finanzmischmasch), nicht verschlossen. Selbst eine bekannte Tageswirtschaftszeitung bemühte ihn als Laudator für eine Preisvergabe. Normalerweise sollte eine solche Ehre erfolgreichen Wirtschaftsführern vorbehalten bleiben.

Eigentlich unfassbar, zeigt es aber doch, wie verdreht die Ethik in der Wirtschaft eigentlich geworden ist.

Die Grundlage für den Einzug oder Siegeszug des Investmentbankings waren die außerordentlich hohen Erträge, welche diese Geschäftssparte erwirtschaftete. Zunächst hunderte von Millionen US$ und später dann mehrere Milliarden und dann im Quartal, Sie lesen richtig, im Quartal. Das überstieg sogar die Ertragslage von Rauschgiftsyndikaten und Waffenhändlern.

Die Fachleute jubelten zusammen mit den „Wirtschaftsjournalisten" um die Wette und sprachen von einem neu angebrochenem Zeitalter der finanziellen Glückseligkeit und lobten vor allem die hierfür verantwortlichen Finanzinnovationen, die immer komplizierter wurden und die zuletzt dann keiner mehr verstand.

Die wenigsten Fachleute sahen diese Entwicklung sehr kritisch, insbesondere die Wirtschaftspresse schien sich keine Gedanken darüber zu machen, dass auf der anderen Seite viele Geschäftspartner dieser Banken, seien es Sparer oder Kreditkunden, für diese hohen Erträge bezahlen mussten. Gewinne der Bank bedeuten Verluste oder massive Benachteiligungen der Kunden dieser Banken. Dieses System wurde als eine so genannte win-win- Situation der Öffentlichkeit verkauft, war aber letztlich eine brutale Abzocke, welche jetzt durch die zahllosen juristischen Prozesse dieser hoch gelobten Banken mehr als unterstrichen wird.

Letztlich wurden diese hohen Erträge der jeweiligen Volkswirtschaft entnommen, insbesondere dann, wenn diese ertragsstarken Investmentbanken aus Regionen heraus operierten, die mit der jeweiligen Volkswirtschaft nur über Telefondrähte und Internetverbindungen verbunden waren. Gesteuert wurden diese Geschäfte von nur wenigen Finanzfachleuten in London und an der Wall Street mit astronomisch hohen Gehältern, die diesen Volkswirtschaften in den wenigsten Fällen zugutekamen. Großbritannien und die USA wären hier speziell auszunehmen, in diesen Ländern befindet sich das jeweilige Basislager für die Raubzüge der Investmentbanken.

Insbesondere der deutsche Bankenprimus spielte hier eine maßgebliche Rolle. Mit der Ausgabe der Kennzahl 25 % Eigenkapitalrendite wurde das Rennen eröffnet und jeder starrte nur auf diese Ertragskennziffer, als gäbe es nur diese. Dies führte dazu, dass die Banken sogar ihr eigenes Kapital durch Aktienrückkaufprogramme zurückkauften, um sie denen als Salär zu geben, welche die hohen Erträge „erwirtschafteten", wie sich dann später und jetzt in vielen Fällen herausstellte, ergaunerten. Hierzu muss man wissen, dass die zurückgekauften eigenen Aktien auf der Aktivseite = Vermögensseite einer Bilanz verbucht werden, analytisch aber vom Kapital abgesetzt werden müssen, da das eigene Kapital auf der Vermögens- /Aktivseite der Bilanz, welche durch das Kapital ja finanziert wird, kein Kapital mehr sein kann. Wenn Kapital sich selbst finanziert, beträgt es null, d. h., eigene Anteile auf der Aktivseite sind gleichzusetzen mit noch nicht einbezahltem Kapital und müssen daher von der vollen Summe des Eigenkapitals abgezogen werden. Diese Tatsache ist jedem Buchhalter geläufig, den vom Investmentbanking getriebenen Großbankvorständen schien aber dieser Buchungsvorgang unbekannt zu sein.

Mit diesen Rückkaufprogrammen reduzierte sich somit das Eigenkapital entsprechend, ins Verhältnis gesetzt zum erwirtschafteten Gewinn stieg somit diese Eigenkapitalrendite und alles jubelte über diese hohe Ertragskraft dieser und jener Bank. Dies war schon sehr verwunderlich, legte man doch den Kreditkunden dieser Banken nicht nur zu dieser Zeit sehr nahe, das Eigenkapital doch zu stärken, um bei schlechten Entwicklungen einen Puffer gegen sich dann abzeichnende Verluste zu haben.

Selbst heute noch werden Aktienrückkaufprogramme als sinnvoll dargestellt. Man legt einfach eine Anleihe zu 0,x %, bzw. man nimmt Kredit bei einer Vielzahl von Kreditnehmern auf und kauft damit eigene Aktien zurück, die eine Dividende von 4-5 % normalerweise erbringen und erspart sich somit die Differenz zwischen Kreditzins und Dividendenzins. Zu diesem Vorgang, wie bei Siemens und Intel geschehen, werden dann im Handelsblatt („Aktienrückkäufe auf Pump rechnen sich"??) Banker zitiert, welche anscheinend nur auf der Anlageseite ihre Karriere gemacht haben, somit über keine Kreditexpertise verfügen und damit auch nicht den Sinn eines Eigenkapitals verstehen, sondern nur die derzeitige, ich wiederhole derzeitige Ertrags- und Kostenoptimierung im Blickfeld haben. Entsprechendes gilt natürlich für die Akteure bei Siemens und Intel & Co. Man kann nur hoffen, dass am Fälligkeitstag dieser Anleihe der Kredit oder die Anleihe aus dem erwirtschafteten Gewinn zurück bezahlt werden kann und zu diesem Zeitpunkt sich das Unternehmen in keiner wirtschaftlich schwierigen Lage befindet, in der Kapital dann dringend gebraucht wird. Sollte dies alles zutreffen, wäre ein solches Unternehmen ein gefundenes Fressen für meine „geliebten" Investmentbanker, der Tod auf Raten wäre dann vorprogrammiert.

Damit diese, durch Aktienrückkaufprogramme hervorgerufene Kapitalreduzierung nicht auffiel, haben die Banken – mit Hilfe der willfährigen Politik – die Definition des Eigenkapitals für Banken neu formuliert und das so genannte „harte Kernkapital" erfunden. Kurzerhand wurden diverse Aktivposten in der Bilanz, u. a. Staatsanleihen oder strukturierte Finanzprodukte aufgrund von Derivateabsicherungen oder unterlegten Risikobewertungsmodellen mit dem Nimbus „risikolos" bedacht und so betrachtet, als gäbe es diese nicht in der Bilanz. Mit diesem Trick wurde u. a. die Bankbilanzsumme um diese „risikolosen" Aktivposten reduziert und diese reduzierte Bilanzsumme ins Verhältnis zum dann noch bestehenden Eigenkapital gesetzt. So kam es u. a., dass z. B. die Deutsche Bank mit einer publizierten „harten Kernkapitalquote" um die 11,4 % per 31.12.2012 aufwarten konnte, obwohl das eigentliche Eigenkapital nur 2,7 % = € 54,4 Milliarden der Bilanzsumme von € 2,012 Billionen ausmachte. Somit fielen rd. € 1,535 Billionen unter dem Tisch.

Hinweis: das Kreditgeschäft nimmt nur einen Anteil von ca.19,7 % ein (?), der Rest besteht größtenteils aus einer Finanzaktiva.

Zwischenzeitlich steht der hier verwendete Begriff „risikolos" nach Basel III in der Kritik und es zeichnet sich eine neue diesbezügliche Sichtweise ab. Demnach ist die Deutsche Bank, welche zwischenzeitlich auch als systemgefährdend, bzw. systemrelevant eingestuft wurde, unterkapitalisiert, d. h., es fehlt nunmehr entsprechendes Kapital, was die Investmentbanker mit ihren hohen Boni in der Vergangenheit abgeschöpft haben.

Eigenkapital ist grundsätzlich ein sehr wichtiger Puffer, welchen die damals gottgleichen und mit einem Hofstaat versehenen Bankvorstände einfach vom Tisch gewischt hatten, nur um schnell eine fragwürdige und „signifikante" (damals ein gern gebrauchtes Wort dieser Branche) Ertragskennziffer der Presse vermelden zu können.

Diese Aktion erinnert mich sehr stark an Formel 1 Rennfahrer, die zwecks besserem Start zu wenig Benzin getankt hatten, somit leichter und schneller vom Start wegkamen, dafür aber mehrmals auftanken mussten oder auf der Rennstrecke liegen blieben.

Kurzum, mit diesen fraglichen Rückkaufprogrammen begannen die Banken ihren eigenen Ast anzusägen und hatten auch damit unter vielen anderen fragwürdigen Entscheidungen die Saat für die heutige Finanzkrise gelegt.

Wie es nun so kam, konnten die inzwischen auch von der Presse stets geforderten hohen Erträge nicht mit dem herkömmlichen Bankgeschäft erreicht werden, auch nicht mit den gerade hinzugekauften, und mit einer völlig anderen Kultur versehenen Investmentbanken, so dass man eine für die Banken selbst neue Art des Dienstleistungssektors um Hilfe bat, nämlich die Unternehmensberatungsgesellschaften. Da die hohen Ertragsgeschäfte aus dem Angelsächsischen kamen, konnten also nur solche aus dem angelsächsischen Raum diesen Rat erteilen, wobei insbesondere die US-amerikanische Boston Consulting Group (BCG) in den folgenden Jahren eine herausragende und führende Rolle einnahm.

Etwa Mitte der 90iger Jahre wurde diese in der Dresdner Bank sehr aktiv. Das erste Ergebnis der Befragungen der Bankmitarbeiter (?) wurde in die so genannte Privatkundenstrategie zusammengefasst, nicht viel später folgte die Firmenkundenstrategie. Beide Strategien hatten eine Aufblähung des gesamten Apparates zur Folge mit dem Ergebnis, dass die Kosten sprunghaft anstiegen, die Erträge aber ausblieben. Dies führte dann zu weiteren Strategien und diesen folgten noch weitere und noch weitere. Vorstände wurden ausgewechselt wie Zeitarbeiter und die Bank kam mit dem Nachdrucken der Briefbögen, welche bei Aktiengesellschaften die Vorstände mit aufführen müssen, nicht mehr hinterher.

Das Schlimme an dieser Geschichte ist, dass alle Geschäftsbanken und um 2005 sogar die Sparkassen und Volksbanken dieser Vereinheitlichung des Bankgeschäftes wie Lemminge folgten.

Ich erinnere mich noch an eine Veranstaltung der Bank, auch „Road-Show" genannt, bei der dem Firmenkundenbereich der Dresdner Bank die neue Strategie präsentiert werden sollte. Plötzlich brach aber die power-point-Präsentation zusammen, so dass das ganze Programm wieder hochgefahren werden musste. Der junge forsche BCG (Re)Präsentant vergaß aber dabei, dass der Beamer alles an die Wand warf, was der Computer hochfuhr. Und plötzlich erschien die Kundenliste von BCG, auf der alle Banken und viele Sparkassen und Volksbanken dieser Republik aufgeführt waren. Ein starkes Raunen und Gelächter ging durch die Reihen meiner Kollegen, der (Re)Präsentant konnte die Röte seines Gesichtes aber nicht verbergen.

Am Ende dieser qualvollen Veranstaltung durften wir uns dann von den jungen BCG- „Experten", Altersdurchschnitt um die 28 – 30 Jahre, das neue Banking in workshop-ähnlicher Manier erklären lassen. Ich bin sicher, dass verschiedene dieser damaligen Grünschnäbel in verschiedene leitende Positionen in den Banken aufgerückt sind und da immer noch ihr Unwesen treiben.

Von den Kollegen der anderen Bankinstitute habe ich dann ähnliches gehört und man wurde einfach das Gefühl nicht los, dass die gesamte deutsche Bankenlandschaft sukzessive in ein gleichgeschaltetes Fahrwasser gesteuert wurde, welches vom Investmentbanking beliefert, gesteuert und am Ende auch brutal ausgenutzt und ausgenommen werden sollte und später auch wurde.

Deren Ziel war und ist es nämlich, die Bankgeschäfte nur in deren Sinne zu drehen zwecks Erzielung eines maximalen Ertrages ohne Rücksicht auf die Volkswirtschaft und die Arbeitsplätze weltweit.

Wie sich später auch herausgestellt hat, sponserten die Investmentbanken die (Elite)Universitäten dieser Welt massiv mit hohen Geldbeträgen, schufen damit Lehrstühle nur zu dem Zweck, eine neue Ideologie in diese Nachwuchslehranstalten zu implementieren.

Gerade im ersten Jahrzehnt dieses Jahrtausends trug diese Politik enorme Früchte und pflanzte sich in das Denken der jungen Nachwuchsbanker ein. Verbunden mit dem zu dieser Zeit stark forcierten und verbreiteten Jugendwahn (ab Anfang 40 gehörte man zum alten Eisen), der junge Kollegen plötzlich zu wichtigen Bereichsleitern und Bereichsvorständen aufstiegen lies, setzte sich diese Denke dann an der Basis der Banken fest, begleitet von enormen Vorruhestandsbeschlüssen, die ganze Heerscharen von älteren und sehr erfahrenen Bankern das Amt und somit auch die Würde kosteten. Diese Entwicklung hat bis heute leider angehalten. Sie müssen z. B. nur in die jeweiligen Schalter / Verkaufsstellen der Banken hineinschauen und werden dann feststellen, dass jungen Finanzberatern ältere Herrschaften gegenüber sitzen, die ihre Großeltern sein könnten.

Das Ergebnis dieser Maßnahmen war eine Zentralisierung diverser Kundenbetreuungseinheiten in den Metropolen unserer Republik streng nach den dadurch bedingten betriebswirtschaftlich und theoretisch erreichbaren Synergieeffekten und damit gegebenen Einsparungen. Dies hatte zur Folge, dass Kundenberater mehrstündige Fahrten zu ihren Kunden in Kauf nehmen oder sich durch die Staus dieser Republik quälen mussten. Man braucht sich nur jeden Morgen die vielen Verkehrsbehinderungen rund um die Metropolen anzuschauen und nur zusammenrechnen, welche wertvolle Zeit hoch qualifizierte Fachleute in den Staus oder überfüllten U- /S-Bahnen vergeuden und damit hohen volkswirtschaftlichen Schaden zugunsten fragwürdiger betriebswirtschaftlicher Effizienzen verursachen und das in einer nahezu total vernetzten Gesellschaft.

Neben dieser Zentralisierung fand die Zusammenfassung des Verkaufspersonals oder anders ausgedrückt der Kundenbetreuer (inzwischen war das Verkaufen der Produkte das oberste Gebot) in unterschiedliche Teams statt. Damit diese Teams sich dann auch persönlich besser verstehen (offizielle Begründung), wurden in der Dresdner Bank (und wie ich hörte auch in anderen Banken) für alle Teams so genannte „Outdoor Trainingstage" an bestimmten Wochenenden organisiert. Kurz vor Beginn eines solchen „Outdoor Trainings" strahlte die ARD eine Reportage über diese neumodischen Maßnahmen aus. Dabei stellte sich heraus, dass der Leiter dieses „Outdoor Veranstaltung" ein hoch spezialisierter Psychologe war, der die jeweiligen Delinquenten genau beobachtete, wie er über ein Seil in 15 Meter Höhe balancierte und dabei dem Fernsehteam genau Bericht darüber erstattete, welchen Charakter, welche Ängste und Nöte dieser Mitarbeiter vermutlich hat und wie dieser und jener einzustufen wäre. Die Vermutung, dass hier nicht beeinflussbare und unbekannte Bewertungskriterien eine Rolle spielen, setzte sich bei mir fest.

Daraufhin war für mich klar, an einer solchen Veranstaltung nicht teilzunehmen, da die Ängste und Nöte meinen damaligen Arbeitgeber nichts angehen. Unterstützt wurde diese Entscheidung noch durch einen weiteren Umstand.

Da es damals der Dresdner Bank schon ertragsmäßig sehr schlecht ging, wurden sämtliche „Teams" der Republik nach Einsparungsmöglichkeiten befragt. Meines Wissens haben fast alle Teams übereinstimmend für die Annullierung dieses „Outdoor"-Kasperletheaters gestimmt, da dieses pro Team um die DM 60.000 kostete und das Team es dann auch noch selber aus ihrem Ergebnisbeitrag bezahlen musste. Die Annullierung der „Outdoor Trainings" wurde aber rundweg abgelehnt und mit vertraglichen Verpflichtungen erklärt. Ob die Teams so eine Veranstaltung wollen, wurde vor Abschluss dieses „Vertrages" aber nicht in Gang gesetzt.

Da mir das ganze sowieso etwas seltsam vorkam, habe ich mich nach dem Veranstalter, einer GmbH in München erkundigt und festgestellt, dass dieses Unternehmen wieder unterschiedlichen Unternehmen gehörte, letztlich einem ganzen Unternehmenskonglomerat, welches teilweise das Wort „Zirkel" im Firmennamen trug (??). An der Spitze dieser unterschiedlichen Besitzunternehmen tauchte dann ein Verein in Hamburg auf mit einem unbekannten Vereinsvorstand, zu den Vereinsmitgliedern konnte ich keine Informationen bekommen.

Beim Zusammenzählen von eins und eins konnte man letztlich zu dem Ergebnis kommen, dass sich an dieser bundesweiten Maßnahme irgendjemand eine goldene Nase verdient hatte.

Grundsätzlich war ich gegenüber den diversen Maßnahmen der Bank, das Teamverständnis zu fördern und zu festigen, äußerst misstrauisch. Da gab es Veranstaltungen, bei denen man mit Magneten Fische angeln sollte und das Team mit den meisten Fischen wurde dann belohnt. Kurzum ich fühlte mich damals in meine Kindheit zurückversetzt, bzw. als seriöser Banker nicht ernst genommen

Mit diesen „Teamgeist fördernden" Maßnahmen begann dann der breit gefächerte Verkauf der so genannten strukturierten Finanzprodukte, welche von den Investmentbanken zusammen gebastelt wurden. Diese hatten aber neben vielen anderen und ähnlich gelagerten Geschäftsfeldern in den meisten Fällen nur das Ziel, Kreditrisiken verbrieft, d. h. zusammengefasst in einem neuen „Wertpapier", u. a. auch Fonds genannt, an den unwissenden Anleger zu verteilen.

Anfangs wurden damit nur gute Kreditrisiken zusammengefasst und verbrieft. Später sank diese Kreditqualität zusehends, bis nur noch Anlageschrott, auch Subprimes genannt, auf den Markt geworfen wurden. Bonitäten der Kreditnehmer waren nicht mehr gefragt, sondern nur der Verkauf der Kredite, damit sie so schnell wie möglich verbrieft und verkauft werden konnten. Rein und raus damit und mit immer schnellerer Drehzahl.

Damals beschrieb man den „cleveren" Banker wie folgt: Er muss akquirieren, den Deal abschließen, danach verbriefen und verscherbeln können bzw. dann das Weite suchen. Unter aktuellem Licht betrachtet gilt diese Regel heute immer noch.

Ich erinnere mich noch an diverse Restrukturierungen von Unternehmen, deren Überlebensfähigkeit auch nach der dritten Restrukturierung zu nichts mehr führen konnte. Die mit sehr viel Mühsal dann doch noch abgeschlossenen Kreditverträge wurden in derselben Sekunde der Unterzeichnung verbrieft und sehr provisionsträchtig weiterverkauft. Als Käufer traten die so genannten „Institutionellen Anleger" auf, welche damals einen Nimbus der unverwundbaren und äußerst cleveren Anlagefähigkeit hatten. Diese „Fachleute" des Anlagemarktes waren aber nichts anderes als die Versicherungsgesellschaften, die Pensionskassen und die Investmentfonds aller Kategorien, welche diese Produkte als „Beimischung" deklarierten. Später kam dann noch der Eigenhandel, insbesondere der europäischen Banken hinzu, welche den Hals nicht voll bekommen konnten und kauften auf, was das Zeug herhielt, bzw. was nur nach so genannter Finanzinnovation roch.

Dadurch stieg die Bilanzsumme aller europäischen Banken bis auf das 3 ½ fache des europäischen Bruttoinlandsproduktes, wogegen die Summe aller Bilanzsummen der US-amerikanischen Banken derzeit kleiner ist als das US-Bruttoinlandsprodukt. Daraus muss man folgern, dass die cleveren US-Investmentbanker es geschafft haben, den neunmal klugen europäischen Banken, die den Angelsachsen alles nachgeäfft hatten, ihren gesamten Kreditschrott angedreht zu haben. Inwiefern dahinter betrügerische Absichten steckten, kann abschließend nicht beurteilt werden, lässt dies aber nach den immer wieder bekannt gewordenen Skandalen sehr stark vermuten.

Hinter diesen „Institutionellen Anlegern" stehen aber nichts anderes als die normalen Kleinanleger in großer Zahl, die immer brav ihr Geld in ihre Versicherungspolice, Zusatzrenten und sonstige Altersvorsorgeprodukte eingezahlt haben. Ich bin mir daher bis heute nicht sicher, wie ich die Wertigkeit unserer privat gedeckten Renten noch einzuschätzen habe, von der sozialen Rente, aufgebaut auf (vage) Versprechungen unserer Sozialpolitiker mit hoher Fluktuationsquote, einmal ganz abgesehen. Auf jeden Fall ist nicht auszuschließen, dass bei einem nächsten, leider bald zu befürchtenden Finanz-Rumps der Wert solcher Vorsorgeprodukte stark eingeschränkt wird oder sich sogar in Luft auflöst.

Dieses damals schon penetrante Aufdrängen oder Verkaufen dieses strukturierten Mischmaschs verleitet mich in 2005 diese Art und Weise des Verkaufs in einem Leserbrief in der FAZ (Überschrift: Banken als Wettbüros / siehe Leserbriefe) zu kritisieren. Die Resonanz aus allen Teilen der Republik war doch sehr erfreulich, die Anfeindungen meiner Bankerkollegen dagegen nicht (Nestbeschmutzer usw.).

Diesem Leserbrief folgten in den Jahren 2006 – 2007 noch weitere (u. a. siehe Leserbrief „Fragwürdige Finanzprodukte) und können mir letztlich nur das traurige Gefühl geben, damals die Zeichen der Zeit schon erkannt zu haben.

Zu diesem Zeitpunkt hatte sich die Finanzindustrie bereits in verschiedene Zweige aufgeteilt. Neben den Banken etablierten sich immer mehr andere Institutionen zum Zwecke der Vermögensanlage. Diese sind diverse Finanzvertriebe (man kann sie auch als grauen Markt bezeichnen), nicht einem Bankkonzern angeschlossene Internetbanken mit den abstrusesten Anlageangeboten, Versicherungsgesellschaften, Hedgefonds und die Produzenten dieser Vermögensanlagemischmaschs sowie die Investmentbanken mit ihrem Investmentbanking.

Kapitel 3

Investmentbanking

Historie:

Die Entstehungsgeschichte der Investmentbanken – damals Investmenthäuser genannt – geht bis ins frühe 19. Jahrhundert zurück. Sie hatten schon damals die Aufgabe, Neuemissionen von Wertpapieren an den Mann zu bringen. Damit wurden die neuen Industrien (industrielle Revolution) wie z. B. die neu geschaffene Schwerindustrie oder die Eisenbahnlinien und -gesellschaften finanziert.

In den USA begann diese Entwicklung etwa Mitte des 19. Jahrhunderts. Kommerzielle Banken wandelten sich zunehmend in Wertpapierhandelsbanken, bzw. spezialisierten sich auf den lukrativeren Wertpapierhandel.

Auch hier hat die Geschichte gezeigt, dass viele mit großem Getöse neu emittierte Wertpapiere (Aktien, Anleihen usw.) nach gewisser Zeit nicht mehr das Papier wert waren, auf denen die Versprechungen gedruckt wurden.

Dennoch genossen diese speziellen Banken und deren Geschäftsgebaren bis zum großen Wall Street Crash im Oktober 1929 und der darauf folgenden Depression hohes Ansehen, waren sie doch die Anheizer und Gierbefriediger dieses jahrelangen Booms mit dem Ergebnis, dass es danach zu einer der stärksten regulierten Branchen in Amerika wurde.

Die Grundlage hierfür war der so genannte Glass Steagall Act von 1933, dem später dann noch der Securities Act, ebenfalls in 1933 und der Securities Exchange Act in 1934 folgte.

Diese Regulierungen verfolgten die Trennung des Bankgeschäftes in „Commercial Banks", welche künftig ausschließlich nur das Einlagen- und Kreditgeschäft betreiben durften und in das Wertpapierhandelsgeschäft, welches nur den Investmentbanken vorbehalten war. Das dann für viele Jahrzehnte geltende so genannte Trennbanksystem war geschaffen.

Kern dieser Regulierungen war die Vermeidung von Interessenskonflikten, die deutliche Reduzierung / Entmutigung der Spekulation und damit Stabilisierung des Bank- und somit Finanzsystems. Vorgaben, welche eigentlich auch noch heute gelten.

Die Konsequenz hieraus war, dass sich damals die Banken entscheiden mussten, ob sie das Geschäft des Commercial Bankings oder das des Investment Bankings betreiben wollen oder sie mussten sich in die entsprechenden Richtungen aufspalten oder Bereiche veräußern.

Die bisherigen reinen Investmentbanken waren somit durch diese Gesetze vor den großen Geschäftsbanken geschützt, führten aber auch zu geringeren Gewinnmargen, so dass Firmenfusionen größeren Ausmaßes stattfanden. Die Bedeutung der Investmentbanken nahm damit zunächst aber eine untergewichtete Rolle ein.

Auch nach dem 2. Weltkrieg führte in den 60er Jahren u. a. der hohe Cash-Flow der amerikanischen Unternehmen und damit die geringe Nachfrage zu Wertpapieremissionen zu einem weiteren Geschäftsrückgang der Investmentbanken.

Erst in den 80er Jahren begann der phänomenale Aufstieg der Investmentbanken auf Basis der rasanten Entwicklung der elektronischen Medien, welche zu schneller Verfügbarkeit der Daten und einer erheblichen Ausweitung der Transaktionsvolumina führte. Aber nicht nur diese offiziellen Gründe waren es, die diesen Phönix aus der Asche entstehen ließen. Die 80iger Jahre kann man auch die Geburtsjahre der so genannten finanzmathematischen Wahrscheinlichkeitsrechnungen bezeichnen, mit deren Hilfe Kreditratings oder wirtschaftliche Entwicklungen bei Dollar, DAX & Co. mit hoher Wahrscheinlichkeit errechnet werden können. Hierfür benötigt man hohe Rechnerkapazitäten, um erstellte und statistisch festgehaltene Daten der Vergangenheit in die Zukunft extrapolieren zu können.

Wer also die höchsten Rechnerkapazitäten und die besten mathematischen Köpfe zur Erstellung der besten und effizientesten Algorithmen zur Verfügung hat, kann mit der Wahrscheinlichkeit einer sehr hohen Trefferquote der Analyse rechnen und gibt den Investmentbanken dadurch einen Informationsvorsprung, welchen sie zu ihren Gunsten, aber zu Ungunsten der Anleger und Kunden ausnutzen oder ihren Großkunden zur Reduzierung von deren Risiken anbieten, allerdings mit der Maßgabe, die dafür notwendigen Derivate oder Emissionen gegen hohe Gebühren strukturieren zu dürfen.

Die Rechnerkapazitäten zum damaligen Zeitpunkt entwickelten sich erst sukzessive und erlebten bis zum heutigen Zeitpunkt unvorstellbare Kapazitäten (nähere Ausführungen hierzu siehe Kapitel „Wahrscheinlichkeitsrechnungen = Insider-Geschäft?")

Diese Entwicklung führte dazu, dass der Glass Stegal Act bis 1999 zunehmend aufgeweicht wurde und sich die Commercial Banken und die Investmentbanken zunehmen vermischten, bzw. die deutlich kleineren Investmentbanken von den großen Geschäftsbanken aufgekauft / übernommen wurden.

J.P. Morgan erhielt als die erste Geschäftsbank die Genehmigung, Investmentbanking Schritt für Schritt zu betreiben, alle namhaften US-amerikanischen Banken folgten bald diesem Beispiel, so dass in 1999 mit dem Gramm-Leach-Bliley Act das Trennbanksystem vollständig aufgehoben wurde. Somit war es den US-amerikanischen Banken wieder erlaubt, neben dem Commercial Banking auch das Investment Banking zu betreiben.

In Deutschland beispielsweise begann die Deutsche Bank als erste Geschäftsbank in 1989 eine Investmentbank, die Morgan Grenfell, zu übernehmen und komplettierte dieses Geschäftsfeld in 1998 mit der Übernahme des US-Konkurrenten Bankers Trust. In 1995 folgten dann die Dresdner Bank mit Kleinwort Benson und andere Banken, die sich den Kauf einer Investmentbank nicht leisten konnten, folgten mit dem Aufbau entsprechender Abteilungen.

In der Schweiz begann bereits 1988 die Credit Suisse mit der Übernahme der First Boston.

Mit dieser Entwicklung wurde der Grundstein für Krisen gelegt, welche als **Dotcom-Blase**, **Finanzkrise** und **Staatsschuldenkrise** bis heute die Welt erschüttern. Die „Büchse der Pandora" begann sich sukzessive zu öffnen und keiner weiß mehr, wie die zwischenzeitlich voll geöffnete Büchse wieder geschlossen werden kann.

Zwischenzeitlich beeinflussen die Investmentbank-Produkte das gesamte Anlagespektrum bis hin zu den anlegenden Rentnern und Kleinanlegern in den kleinsten Käffern unserer Republik. Man muss nur einmal bei einer Sparkasse, Volksbank oder einer Geschäftsbank wie Commerzbank, Deutsche Bank oder Uni-Credit usw. das Anlagespektrum abfragen und wird dann erstaunt feststellen, dass nahezu nur strukturierte Finanzprodukte wie Investmentfonds, Zertifikate, Lebensversicherungen (= Investmentfonds mit aufgesetzter Risiko-Lebensversicherung) und sonstige „hochinteressante" oder „sichere" Mischmasch-Produkte über den Ladentisch dieser Banken angeboten werden.

Insofern sind die Depots der meisten Anleger schon so gut wie „radioaktiv" verseucht und beinhalten ein hohes Verlustpotenzial.

Geschäftsfelder der Investmentbanken:

Machen Sie sich bitte darauf gefasst, dass man zumindest bei den Bezeichnungen der englischen Sprache einigermaßen mächtig sein muss. Ich versuche diese Bezeichnungen in etwa ins Deutsche zu übersetzen.

Mergers & Acquisition (M & A) = „zusammenführen und bewerben":

Mit diesem Geschäftsbereich stellte sich das Investmentbanking in der breiten Öffentlichkeit zunächst vor. Es ist eine Dienstleistungseinheit, welche kauf- und verkaufswillige Unternehmer in der Abwicklung dieses Vorgangs berät, ebenso bei Fusionen (beide Seiten stimmen zu) oder Übernahmen, welche meistens feindlicher Art sind, da der zu Übernehmende aus den unterschiedlichsten Gründen mit dem kaufwilligen Unternehmen nicht zusammengehen will.

Zunächst akquiriert/bewirbt (deshalb „Acquisition) diese Einheit Unternehmen, welche entweder kaufen oder verkaufen oder sich mit einem anderen Unternehmen – aus Gründen wie auch immer – zusammenschließen / fusionieren wollen. Grundlage für den dann verhandelten Kaufpreis sind die meistens von diesen Abteilungen erstellten Unternehmensbewertungen, welche je nach Beauftragung unterschiedlich hoch oder niedrig ausfallen können und führen dann im Auftrag ihres Kunden die entsprechenden Verhandlungen.

So kann es dann vorkommen, dass sich zwei M&A Abteilungen von unterschiedlichen Investmentbanken gegenübersitzen und Strategien bis zum Erbrechen auf beiden Seiten gefahren und verworfen werden. Entweder unterstützt eine solche Einheit das kaufwillige Unternehmen oder sie wird gerufen, um Strategien und Maßnahmen zur Abwehr einer feindlichen Übernahme, die eine andere M&A Einheit aufgestellt hat, zu entwerfen.

Bei diesem Geschäft sind Kaufpreisvolumina von einigen hundert Millionen, bzw. einigen Milliarden keine Seltenheit. Die Vergütungen dieser M & A Abteilungen richten sich zum einen nach der Konjunkturlage dieser Branche, d. h. nach der Nachfrage zu solchen Leistungen und zum anderen nach der Expertise und Professionalität dieser Einheit und liegen in der Regel bei 4-5 % +x des Transaktionsvolumens.

Hier eine Auswahl von großen Übernahmen und Fusionen der letzten Jahre (entnommen aus Wikipedia):

Jahre	Käufer	Ziel	Transaktionswert
1998	Daimler Benz	Chrysler	35 Mrd. €
1998	Exxon	Mobil Oil	85 Mrd.US$
2000	Vodafone	Mannesmann	203 Mrd.US$
2000	Time Warner	AOL	182 Mrd.US$
2000	Pfizer	Warner Lambert	89 Mrd. US$
2002	Pfizer	Pharmacia Corporation	59 Mrd US$
2007	Royal Bank of Scotland	ABN AMRO Holding	91 Mrd. US$
2000	Glaxo Wellcome PLC	SmithKline Beecham	76 Mrd. US$
2004	Royal Dutch	Shell Transport & Trading	75 Mrd. US$
2006	AT & T	Bell South Corp.	73 Mrd. US$
2004	Sanofi	Aventis	60 Mrd. US$

Die Höhe dieser Transaktionsvolumina bescherte den Banken bei den erwähnten Provisionssätzen einen reinen Geldsegen, aber nicht nur für diese M & A Dienstleistung, sondern auch für die dann nachfolgenden Finanzierungen, entweder in einer Lead-Position (Führungsposition mit den höchsten Provisionssätzen), die eine Strukturierung der Gesamtfinanzierung beinhaltetet oder als Co-Leader (mit deutlich geringeren Provisionssätzen). Und wenn es „ungünstig" läuft nur als Finanzierungspartner, welcher dann aber immer noch kräftige Zins- und Provisionseinnahmen verbuchen kann.

Die Einnahmemöglichkeiten der Banken waren in solchen Fällen extrem hoch und nahmen nicht selten 9 – 10-stellige Summen ein, verführten aber wiederum diese Institute, diese Verbriefungsmöglichkeiten und die daraus entstehenden verschiedenen Anlagevehikel des Anlagemarktes den Unternehmen minderer Bonität nur zum Zwecke ihrer Provisionseinnahmen zur Verfügung zu stellen. Derzeit kann man eine ähnliche Entwicklung bei den „Anleihen mittelständischer Unternehmen" beobachten (siehe Kapitel Mittelstand in Gefahr")

Zu meiner Zeit in Frankfurt (1988 bis 1991) bekam ich hautnah die Übernahme von Kraft Foods durch Philip Morris im so genannten Konzernstab Kredite, der damaligen Kaderschmiede der Dresdner Bank mit, in welcher die künftigen Führungskräfte für ihre Aufgaben vorbereitet oder besser gestriezt wurden. Es war mit US$ 11,6 Milliarden Transaktionsvolumen die damals größte freundliche Übernahme und eine Sensation, verglichen mit den oben erwähnten Übernahmen sind das aber „peanuts", um in der Bankersprache zu bleiben.

Corporate Finance (=Unternehmensfinanzierung):

In diesem Bereich werden die Kunden hinsichtlich Finanzierung des Unternehmens beraten. Ziel ist hierbei – oder sollte es sein – dem Unternehmen eine kostengünstige und zweckmäßige Kapitalstruktur zu verschaffen. Dies erreicht man zum Beispiel durch Emissionen von Aktien insbesondere bei Börsengängen oder Anleihen oder auch bei Unternehmensübernahmen oder Abwehr von feindlichen Gelüsten anderer Unternehmen. Insofern kooperieren M&A und Corporate Finance in solchen Fällen.

Um beim Beispiel Übernahme Kraft Foods durch Philip Morris zu bleiben, konnte der Kaufpreis von US$ 11,6 Milliarden durch Philip Morris alleine durch Eigenkapital nicht aufgebracht werden. Man beauftragte daher eine Bank (lead agent) damit, die Kreditsumme von US$ 11,6 Milliarden durch ein Bankenkonsortium finanzieren zu lassen. Neben dieser lead bank gab es dann noch weitere Co Lead Banken, welche über diverse Provisionen im Bereich unter 1 % gemessen an der jeweiligen Transaktionssumme von US$ 11,6 Milliarden verdienten.

Diese „Lead Banken" hatten die Aufgabe, weltweit Banken zu eruieren, welche sich an dieser Transaktion evtl. beteiligen wollen. Als Grundlage hierfür dienten Kredit- Exposés, in welcher alle Daten zusammengefasst waren, also Ausführungen zu Umsatz, Gewinn, Bilanzverhältnisse, Zukunftsaussichten = Businesspläne usw. der Kombattanten zwecks Analyse des Kreditrisikos. Meines Wissens nahmen insgesamt über 125 Banken an dieser Finanzierung teil, welche den finanzierenden Banken entsprechende Zinserträge und Provisionen einbrachten. Das Finanzierungskonstrukt war insgesamt recht komplex, der Einfachheit halber beschränke ich mich nur auf diese kurze Beschreibung.

Insgesamt kann man aber festhalten, dass die Finanzindustrie an diesem Deal etwa 5-8 % + x verdient und letztlich das übernehmende Unternehmen Philip Morris zu tragen hatte.

In diesem Fall ging die Übernahme gut, in anderen Fällen kam es aber nicht selten vor, dass solche Übernahmen als Konsequenz den Zusammenbruch des neu geschaffenen Unternehmens zur Folge hatten. Studien zu M & A beziffern den Misserfolg auf rund 2/3 aller Transaktionen. (Quelle: Wikipedia).

Über den Sinn und Unsinn solcher Übernahmen, welche meistens die Streichung vieler Arbeitsplätze, eine Fokussierung des Marktangebots auf nur wenige Anbieter und damit eine schleichende Monopolisierung, der Tod jeder sozialen Marktwirtschaft, zur Folge haben, wird die Geschichte noch zu urteilen haben.

Structured Finance (= strukturierte Finanzierung):

Bei Projektfinanzierungen größerer Art reicht meistens eine normale Kreditfinanzierung durch eine Bank nicht aus, so dass man in einem „fact sheet" (= Faktenblatt) den Kreditnehmer, sein Vorhaben, seine Bonität, die Zukunftsaussichten (Business Plan = Geschäftsplan) usw. vorstellt. Damit bietet man entweder weiteren Banken die Mitfinanzierung an oder verbrieft diesen Kredit, um ihn in Form eines speziellen Wertpapiers, z. B. als ABS – Papier (= Asset Backed Security = Sicherheit durch Vermögen gedeckt) oder als Anleihe entweder nur für institutionelle Anleger oder auch dem breiten Publikum als Anlagemöglichkeit anbieten zu können.

Hierbei gibt es unterschiedlichste und individuellste Gestaltungsmöglichkeiten bis hin zum Börsengang. Dieser Bereich ist meistens eingebunden im Oberbegriff „Corporate Finance".

Capital Markets (= Kapitalmarkt):

Hier werden die unterschiedlichsten Emissionen (Aktien, Anleihen usw.) durchgeführt und ergeben sich aus dem oben genannten „Structured Finance"-Bereich, sollten Kreditfinanzierungen durch die Banken nicht möglich oder gewollt sein. Sowohl Anleihen als auch Aktien sind nichts anderes als Kreditersatzprodukte, d. h. anstatt einen Kredit bei einer Bank aufzunehmen, begibt man entweder eine Anleihe, emittiert Aktien oder ähnliche Papiere wie Genussscheine.

Wesentlicher Teil ist die Beratung der Kunden dahingehend, wie man die Emission dieser Wertpapiere am besten und gewinnbringendsten und zu welchem Zeitpunkt unterbringen kann u. a. über die „Road shows" (= Straßenschaustellungen / Spaß beiseite, das sind Produktpräsentationen bei den maßgeblichen Investoren) und diversen Werbemaßnahmen. Die Emissionen von Telekom-Aktien hatten uns in der Vergangenheit gezeigt, welche Maschinerie damit in Gang gesetzt werden kann. Darüber hinaus findet die Unterbringung dieser Emissionen über die eigenen Handelsabteilungen statt.

Sales & Trading (Verkauf & Handel):

Dieser Bereich setzt sich aus den Abteilungen Sales (Verkauf), Trading (Handel) und Structuring (Strukturierung) zusammen und ist i.W. für die Sekundärmarktaktivitäten der Investmentbank verantwortlich. Im Sekundärmarkt werden bereits emittierte Wertpapiere, vor allem Aktien und Anleihen gehandelt, d. h. diese Wertpapiere werden von Investor zu Investor weitergereicht. Hinweis: Für Investmentbanken ist dieser Sekundärmarkt eine der Haupteinnahmequellen.

Sales (Verkauf/Vertrieb):

Dies ist die Kundenbetreuungseinheit, welche die Großkunden bezüglich Anlagestrategien und somit die Zusammensetzung von deren Wertpapierportfolios oder besser Vermögensportfolios berät. Hier besteht die Gefahr, dass Kundenberatung auf Basis geschäftspolitischer Entscheidungen der Investmentbank zugunsten der Investmentbank ausgelegt wird und damit deren eigene Handelspositionen begünstigt werden könnten. Dies wird zwar permanent geleugnet – Stichwort „Chinese Walls" (strikte Trennung der Bereiche zum Zwecke der Vermeidung von Insidergeschäften) –, jedoch ist es sehr verwunderlich, dass die Erträge aus dem Eigenhandel der Investmentbank deutlich höher waren und sind als diejenigen bei deren Kunden.

Trading:

Diese Abteilung führt die durch die Beratung (Sales) initiierten Wertpapiergeschäfte aus. Diese Trader = Händler führen nicht nur Kundenaufträge aus, sondern handeln auf eigene Rechnung, nutzen Unterschiede gewinnbringend (Arbitragegeschäft) oder spekulieren ganz brutal, halten offene Positionen in der Hoffnung, dadurch Gewinne für die Bank zu machen usw. (sh. auch „Sales"). Je höher die Gewinne, je höher der Boni. Letztlich ein Geschäft, was den Banken in der Finanzkrise äußerst hohe Verluste beschert hatte und welches man jetzt versucht einzuschränken.

Asset Management (= „Aktiva Geschäftsführung"):

Sowohl für institutionelle Kunden als auch Privatanleger mit größerem Vermögen wird in diesem Bereich die Geldanlage organisiert. Es ist letztlich eine Vermögensverwaltung, die sich u. a. auf Spezialfonds stützt, welche die Investmentbank pro Kunde auflegt. Spezialfonds sind bildlich gesprochen nichts anderes als spezielle Wertpapierdepots, welche nach Festlegung einer Investmentstrategie verschiedene Wertpapierarten enthält und je nach Marktentwicklung ge- oder verkauft werden.

Für Kleinanleger strukturiert dieser Bereich die so genannten Publikum Fonds wie zum Beispiel Aktienfonds, Rentenfonds, Dachfonds (Mischfonds), offene und geschlossene Immobilienfonds, Flugzeugfonds, Fonds mit speziellem Geschäftsgegenstand, Zertifikate und ähnliches Gebräu, auf welche in einem besonderen Kapitel („Was sind nun strukturierte Finanzprodukte?") eingegangen wird.

Zwischenzeitlich gibt es aufgrund einer sehr hohen Produktionsziffer dermaßen viele strukturierte Finanzprodukte, dass selbst die Börsenzeitungen deren Kurse nicht mehr in voller Gänze aufführen können. In 2007 berichtete die FAZ von der täglichen Produktion von 700 neuen Derivaten / Finanzprodukte und von einem Zertifikate Markt mit 140.000 Produkten auf der Grundlage von 500 verschiedenen Basiswerten. Diese Produktionsziffer dürfte sich trotz Finanzkrise zwischenzeitlich wieder deutlich gesteigert und vervielfacht haben, d. h. dieser von diesem Bereich der Investmentbanken geschaffene Markt ist in seiner Unübersichtlichkeit nicht mehr zu übertreffen.

In den letzten Jahren ist mir bei neu aufgelegten Publikumfonds ein sich stets wiederholender Kursverlauf wie folgt ins Auge gestochen:

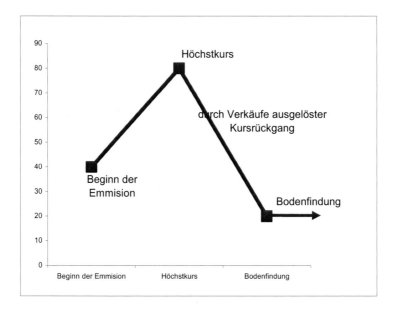

Zunächst kannte der Kurs eines solch neuen Fonds nur eine Richtung, nämlich nach oben. Dies setzte sich dann eine gewisse Zeit so weiter fort und hat seinen Ursprung sicherlich im forcierten Verkauf solcher Fonds über den Schalter der auflegenden und verkaufenden Bank. Je mehr gekauft wurde, umso stärker stieg der Kurs.

Plötzlich änderte sich aber der Kursverlauf solcher für „langfristige Anlagen" gedachte und konzipierte" Fonds und nahm eine sich stark fortsetzende entgegengesetzte Richtung ein, bis der Kurs sich im Keller wieder fand, bzw. sich dann einigermaßen stabilisierte, um in den Folgejahren deutlich unter Ausgabekurs dahin zu dümpeln.

Die genauen Gründe für solche seltsamerweise sich stets wiederholende Kursentwicklungen sind sicherlich schwer herauszufinden. Entsprechende Marktentwicklungen dürften hier auch eine Rolle gespielt haben, bzw. können nicht ausgeschlossen werden. Frappierend ist jedoch, dass sich diese Kursverläufe bei neuen Fonds stets in etwa wiederholt haben. Es ist daher nicht auszuschließen, dass die so genannten „Chinese Walls" (kein Informationsaustausch zwischen den Investmentbankabteilungen) nicht dicht gehalten haben und der informierte Eigenhandel der Bank sich mit entsprechenden Papieren dieses Fonds schon vorher eingedeckt hatte in Kenntnis der sich dann stets ergebenden Kurssteigerungen, um diese dann zum Zeitpunkt x auf den Markt zwecks Gewinnmitnahme werfen zu können. Was man davon halten mag, bleibt jeden Leser freigestellt. Mit dem Geschäftsgebaren eines ordentlichen (Bank)Kaufmanns hat das aber nichts zu tun.

Principal Investment (Haupt-Investment):

Die Investmentbanken treten nicht nur als Dienstleister der oben aufgeführten Geschäftsbereiche in Erscheinung, sondern beteiligen sich auch direkt mit ihren eigenen Mitteln an diversen Unternehmen, ähnlich dem Geschäftsgebaren einer Private Equity Gesellschaft, welche ihr interessant und entwicklungsfähig erscheinen, um sie dann später mit viel Gewinn wieder veräußern zu können. Entweder über einen Börsengang oder Verkauf an einen strategischen Investor (so nennt man die Käufer, die aus derselben Branche kommen).

Da die Investmentbanken auch in diesem Bereich sehr große Erfolge verzeichnen können, nährt sich auch hier der Verdacht, dass trotz „hoher Chinese Walls" Kenntnisse aus anderen Bereichen eine nicht unerhebliche Rolle zum Wohle der Investmentbank und zum Nachteil der Käufer oder Verkäufer ausgenutzt werden.

Research (Forschung> auch Analyse genannt):

Diese Abteilung ist schlichtweg die wichtigste in einer Investmentbank, letztlich das Herzstück einer gut florierenden Investmentbank.

Hier werden die Analysen über die verschieden Märkte (Wertpapier-, Devisen-, Rohstoffmärkte) und Branchen erstellt, aktuelle Nachrichten verarbeitet und Meinungen abgegeben zwecks Unterstützung sowohl der verschiedenen Bereiche der Investmentbank als auch der Eigentümer- Bank (die meisten Investmentbanken – außer Goldmann Sachs- wurden zwischenzeitlich von Großbanken übernommen), welche wiederum indirekt den eigenen Interessen entgegen kommen dürften. Damit will man Investmentideen für die Kunden liefern usw.

Das ist die offizielle Version/Begründung dieses Geschäftsbereiches. Dahinter stecken aber streng geheime finanzmathematische Wahrscheinlichkeitsrechnungen mit unvorstellbaren und immer größeren Rechnerkapazitäten, welche das gesamte Bankgeschäft verändert haben und noch verändern werden. Eine weiter fortschreitende Gleichschaltung aller Banken zugunsten weniger Anbieter solcher Vorhersagen/Analysen und damit eine erschreckende faschistoide Machtkonzentration dürften die Folge sein. Siehe auch hierzu Kapitel „Wahrscheinlichkeitsrechnungen = Insidergeschäft?".

Dieses Raster der Darstellung der verschiedenen Geschäftsbereiche ist kein allgemeingültiges. Jede Investmentbank oder jedes Nachschlagewerk im Internet (hier Wikipedia) hat dafür andere Bezeichnungen und Schlagworte, oder verschiedene Geschäftsbereiche sind je nach Größe anderen untergeordnet.

Beispielsweise wurden im Dezember 2012 in einem skeptischen Ausblick für das Jahr 2013 die Geschäftsbereiche der Investmentbanken in Deutschland in nur vier Bereiche aufgeteilt, und zwar unter

- Gebühren Investment-Banking,
- Fusionen und Übernahmen,
- Aktienemissionen und
- Anleiheemissionen.

Im jeweiligen Bereich wurden die jeweils 10 führenden Banken genannt. Auffallend hierbei war, dass bei Addition aller Einnahmen dieser 10 Banken pro Bereich der Bereich „Gebühren Investment-Banken" einen Anteil von rd. 78 % einnahm, ohne näher erläutert zu werden.

Des Weiteren war auffallend, dass in allen hier aufgeführten vier Bereichen die Deutsche Bank in drei Bereichen den ersten Platz und nur im Bereich Fusionen und Übernahmen den zweiten Platz hinter Morgan Stanley einnahm.

Im Kern stimmt aber dieser Rahmen und ich bin sicher, dass es in Zukunft aufgrund des hohen und sehr intelligenten Ideenreichtums der Investmentbanker noch andere Geschäftsbereiche geben wird. Schon lange arbeiten in diesen Finanzprodukte produzierenden Einheiten der Finanzindustrie keine Bankkaufleute mehr, sondern fixe Händler ohne Risikoverstand und Kreditexpertise, welche nur die vorgegebenen Produkte auf den Markt werfen müssen sowie Mathematiker und Physiker mit dem Ziel, ausgefeilte strukturierte und mathematisch sehr komplexe Finanzprodukte zu erschaffen zwecks Verlagerung und Verschleierung von Risiken gleich welcher Art auf andere nicht informierte Anleger, nur um den Ertrag des eigenen Bankhauses und damit den eigenen Boni zu mehren, koste es, was es wolle. Das Interesse der Anleger, nach dem Jargon der Investmentbanker auch Muppets = Vollidioten genannt, steht dabei ganz hinten an. Eigentlich sollte es im Sinne einer Dienstleistung anderes sein und nicht nur eine Seite des Anlagegeschäftes begünstigen. Zwischenzeitlich hat sich aber dieses Geschäftsgebaren als normal herauskristallisiert, ja mutierte sogar zu einer Finanzideologie, welche vermutlich erst beim nächsten Crash den notwendigen Dämpfer und eine Erdung erfahren wird.

Die bewusste Benachteiligung sowohl der Privatanleger als auch die mit dem Heiligenschein der unfehlbaren Anlagekompetenz versehenen Institutionellen Anleger kann nur mit Hilfe der extrem hohen Rechnerkapazitäten der Investmentbanken und damit über das Instrument der Wahrscheinlichkeitsrechnungen erreicht werden.

Ich widme daher einen maßgeblichen Teil meines Buches dieser Ungleichheit der Waffen zwischen Käufer und Verkäufer von Vermögensanlagen in der Hoffnung, den Leser künftig zu einem kritischen Hinterfrager von Angeboten strukturierter Finanzprodukte zu sensibilisieren und diese Produkte nur dann zu akzeptieren, wenn er sie wirklich verstanden hat und die Risiken auch einschätzen kann. Dabei sollte er sich bewusst sein, dass zum Erkennen der Risiken nicht das Bauchgefühl und der gute und nette Eindruck des Finanzproduktverkäufers eine Rolle spielen darf, sondern die harten Fakten, basierend auf einer professionellen Kreditexpertise und einer knallharten Nachrechenbarkeit. Diese ist sicherlich nicht umsonst zu bekommen, wird aber den Vermögensinhaber in den überwiegenden Fällen vor hohen Verlusten bewahren.

Mein größtes Ziel ist es jedoch, den Leser so überzeugen zu können, dass er künftig sich von den strukturierten Finanzprodukten generell fernhält, da hier ungleiche Partner aufeinander treffen und der Anleger meistens dabei den Kürzeren zieht.

Kapitel 4

Vom Investmentbanking ausgelöste Krisen

Erste, vom Investmentbanking ausgelöste Krise:

Die Dotcom-Blase

Die rasante Ausbreitung des Internets und damit einhergehend der boomartige Verkauf von PCs lies ab Mitte der 90er Jahre eine wahre Goldgräberstimmung entstehen. Jede noch so kleine Internetbude, welche nur eine Idee mit einem ausgefeilten Businessplan und evtl. einige Büroräume mit Inventar besaß, wurde sofort mit einigen, wenn nicht sogar Hunderten von Millionen DM bewertet und verlangte nach Börsengängen mit nicht mehr zu verstehender Volumina, da die Banken sich nicht im Stande sahen – das übrigens zu Recht –, solche Ideen zu finanzieren. Dafür hatte man die (unwissenden) Anleger auserkoren und dieses Spiel ging dann auch tatsächlich auf.

Mit riesigem Werbeaufwand wurden Börsengänge von Telekommunikations-, IT- und Internetunternehmen, wie zum Beispiel die dann floppende Deutsche Telekom, gepriesen mit der Folge, dass deren Aktien wie Raketen in Höhen schossen, welche aber keine Basis in den zugrunde liegenden Geschäftsziffern fanden oder die Bilanzen waren auf dieses Ereignis hin getrimmt worden. Egal wie gut oder schlecht diese waren, die Finanzindustrie riss sich um die Aufträge für solche Börsengänge und die Volumina konnte nicht groß genug sein, hing doch daran auch der Verdienst oder besser der Profit der (Investment)Bank.

Insbesondere die Investmentbanken, bzw. die Banken in Deutschland mit Investmentbanken oder mit Investmentbankabteilungen profitierten an diesen Börsengängen, zwischenzeitlich auch IPO`s (initial public offering) genannt, womit ein „internationaler" Status implementiert werden sollte. Man rühmte sich sogar mit der hohen Anzahl der an die Börse gebrachten Unternehmen, eine regelrechte Rennliste unter diesen Banken war die Folge und damit litt auch die Qualität dieser an die Börse gebrachten Unternehmen, bzw. deren

Aktien. Es gab bald keinen Tag mehr, an dem man nicht irgendeinen Frischling glücklich lachend auf dem Börsenparkett den ersten Kurs seiner Aktien präsentieren sah.

Hauptsache Börsengang, d. h. entsprechende Kandidaten **akquirieren**, diese dann **strukturieren**, mit viel Getöse an die Börse **lavieren** und sich dann später **verdünnisieren**, und zwar so schnell wie möglich.

Diese Art des Kapitalmarktgeschäftes werden wir dann später in ähnlicher Form wieder entdecken, jedoch in einem anderen Kleid mit dem Namen **Subprime** und jetzt **mittelständische Unternehmensanleihen**.

Die M & A – Abteilungen (Mergers & Acquisition = auf Deutsch: Zusammenführen & Bewerben) der Investmentbanken konnten sich vor Aufträgen nicht mehr retten und trugen erheblich zu den Rekordeinnahmen bei, die zwischenzeitlich unverschämte Ausmaße angenommen hatten. Jede noch so kleine Bude wurde betriebswirtschaftlich aufgepumpt und entweder an die Börse gebracht oder an eine sich neu etablierende Branche, die Private Equity (auf Deutsch: privates Eigenkapital) Gesellschaften verkauft, welche wie Pilze aus der Erde schossen (aber zwischenzeitlich wieder von der Bildfläche verschwanden). Und diese wiederum kreierten u. a. geschlossene Investmentfonds, welche diese Beteiligungen übernahmen, und verteilten sie an Anleger, die von der Mania angesteckt, auch an diesem doch so wohlschmeckenden Kuchen kosten wollten.

Selbst in den Banken wurde schon nach „old – und new economy" unterschieden. Von der „old economy" wollte nahezu keiner mehr etwas wissen aufgrund der ggü. den Internetfirmen geringeren Ertragsaussichten. Selbst bei sehr gut laufenden Unternehmen aus der „old economy", die sich auch an einen Börsengang wagen wollten, hatte ich als Banker größte Probleme, die für IPO`s zuständigen Herren meiner damaligen Dresdner Bank zu einem ersten Vorstellungsgespräch zu bewegen, um mit der Geschäftsleitung die Regularien für einen Börsengang besprechen zu können.

Der Boom der Börsengänge heizte den Herdentrieb der Anleger mit jedem Tag an. Es gab Kunden – und leider auch Banken, die so etwas zuließen –, welche ihr zwischenzeitlich schuldenfreies Haus von der Bank beleihen ließen, um nahezu täglich neu auf den Markt kommende Aktien zeichnen zu können, egal wie gut oder schlecht die bisherige geschäftliche Entwicklung dieser Aktiengesellschaften war, wichtig war nur das Wort „Börsengang", und schon sprangen alle mit Freuden darauf.

Es gab Börsengänge von Unternehmen mit einer Bilanzsumme von DM 3,5 Mio. und seit Jahren hohem Verlustausweis, deren Aktienemission von DM 5 Mio. vierfach überzeichnet worden war.

Dieses Ausknipsen der wirtschaftlichen Vernunft führte bei der Versteigerung von UMTS-Lizenzen zu Preisen und damit Einnahmen des Staates, die auf Erwartungen aufbauten, die kurze Zeit danach jäh zusammenbrachen und einigen Unternehmen die Existenz kosteten.

Kurzum, solche Boom Phasen finden meistens nach einer Zeit der Überhitzung ihr Ende wie auch hier. Die so genannte Dot-com-Blase platzte im März 2000 und mündete in einem über drei Jahre andauernden starken Börsenabschwung und eine Rezessionsphase. Erst Mitte 2003 konnte dieser gestoppt und in den Folgejahren wieder in einen Aufschwung der Börsen und Wirtschaft einmünden. Diese dann folgende Phase legte den Grundstein für eine weitere, noch gravierende Krise, welche die ganze Welt in einem bisher noch nicht gekannten Ausmaß erfasste und mit der Bezeichnung Finanzkrise in die Geschichtsbücher Eingang gefunden hat.

Zu dieser bisher größten Finanzkrise trugen die Investmentbanken mit ihrer Monopoly-Denke, verbunden mit einer hohen Intransparenz der strukturierten Finanzprodukte und gepaart mit der nur auf Rendite fokussierten Gier der Menschen, die man trefflich durch gezielte Werbemaßnahmen noch angeheizt hatte, als alleinige Triebfeder zu dieser bis heute andauernden Finanzkrise bei.

Zweite, vom Investmentbanking ausgelöste Krise:

Die Finanz- und später Staatsschuldenkrise

Ab 2003 fingen sich die Börsen nach einer fast drei Jahre andauernden Baisse langsam wieder. So wie die Anleger beim Kauf dieser Heiße-Luft-Aktien während der Dotcom-Blase verrücktspielten und die Aktienkurse in ungeahnte Höhen trieben, genauso reagierten sie umgekehrt beim ersten Stich in die Blase und verkauften ihre „wertvollen" Papiere als hätten sie die Pest. Betroffen waren letztlich alle Aktien, ob gute oder schlechte Papiere. Der Verkaufsdruck erreichte auch die Blue Chips mit hoher Substanz und Marktakzeptanz, welches im Übrigen in Baisse Szenarien als typisch und normal anzusehen ist. In solchen Situationen werden alle Papiere in den Strudel mit hineingezogen. Beispielsweise stürzten die Aktien der Allianz von über € 400 (1999) bis auf rd. € 34 (2003) ab und ebenso bei vielen anderen seriösen Aktiengesellschaften in ähnlicher Weise.

Billiges Geld der FED sorgte dann dafür, dass die Stimmungen weltweit wieder besser und die Anleger wieder risikofreudiger wurden.

Die nun folgenden Jahre kann man als die Blütezeit der Investmentbanken ansehen. Es begann wieder das Strukturieren, eine Lieblingsbeschäftigung der Investmentbanken, welche zwischenzeitlich die Geschäftspolitik aller großen Banken weltweit erfasst hatte und den Eigenhandel der Banken völlig vereinnahmte.

Mit dem Eigenhandel wurden die extrem angestiegenen hohen eigenen Mittel der Banken aus den Gewinnen verwaltet, stellen somit die Vermögensverwaltung der jeweiligen Bank dar. Obwohl permanent beschworen wurde, dass die (Insider) Informationen aus dem Bankgeschäft hier keine Verwendung fanden, so genannte „Chinese Walls" (auf Deutsch: Chinesische Mauern / damit soll eine Abschottung des Insider- Informationsflusses innerhalb eines Bankhauses suggeriert werden) aufgebaut wären, um das zu verhindern, war es doch sehr verwunderlich, warum gerade diese Abteilungen wesentlich zum Jahresergebnis der jeweiligen Bank beitrugen.

Die alt herkömmlichen Wertpapiere wie Anleihen und auch Aktien verschwanden immer mehr aus den Angebotsregalen der Banken, dafür wurden

Aktienfonds, Rentenfonds, Geldmarktfonds, offene Immobilienfonds, Asset Backed Securities (auf Deutsch: durch Aktiva/Sicherheiten –welche?- unterlegte Wertpapiere??) und sonstiger strukturierter Krimskrams in die Regale gestellt. Auf diese Produkte wird noch in einem späteren Kapitel näher eingegangen werden („Was sind nun strukturierte Finanzprodukte?").

Ich erinnere mich noch an die Anrufe meiner alten Bankerkollegen auf der Anlageseite, welche wieder ein ganz neues und tolles Produkt für meine Mandanten anzubieten hätten, mit den ausgefeiltesten Strukturen und den besten Gewinnchancen und das kam dann nahezu wöchentlich vor. Das Zeitalter des Produktes der Woche war geboren und wurde zunehmend bei den Banken eingeführt.

Gott sei Dank bekam ich diese Entwicklung nur bis in den Herbst 2004 noch mit und Gott sei Dank befand ich mich noch auf der Kreditseite, welche noch relativ traditionell, aber auch schon mit merklichem Investmentbank-Geruch geführt wurde, d. h. zunehmend Zins- und Währungsswaps das Angebotsprogramm erweitert hatten, die im Nachhinein betrachtet meistens zu Ungunsten der Unternehmen ausgingen.

Fakt war (und ist), dass an jedem Montag in den so genannten Teamsitzungen das Produkt der Woche vorgestellt und das kurzfristig zu verkaufende Volumen festgelegt wurde. Am Mittwoch wurde dann nachgefragt, warum man noch nicht die Verkaufs-Soll-Zahl erreicht hat mit dem Hintergedanken, den Mitarbeiter coachender Weise unter Druck zu setzen und am Freitag musste er sich erklären, warum seine Verkaufsziele nicht erreicht worden sind mit dem Hinweis, sich über das Wochenende zu überlegen, wie er es besser machen könne. Drohungen, seinen Arbeitsplatz zu verlieren, wenn es nicht besser würde, waren nicht selten und wenn auch nur indirekt angedeutet.

Je nach Qualität der Führungskräfte, hier auch Teamleiter genannt, entstand ein regelrechter Verkaufsterror, welcher viele Mitarbeiter in die Kur führte und den Kunden so langsam aber sicher auf die Nerven ging. Diesen Terror gab man von ganz oben kaskadenförmig nach unten weiter, nach oben zurück ging aber nichts, da gab es eine Mauer und legt damit die Basis für nicht geerdete Vorstände.

Dieser überspitzte Controlling-Terror führte dazu, dass ein eben erst ernannter junger Vorstand der Dresdner Bank, welcher im Übrigen Herrn Blessing (jetziger Vorstandvorsitzender der Commerzbank) damals vorgezogen worden war, bereits am 4. Januar eines Jahres (die ersten 2 Tage dieses Jahres waren Samstag und Sonntag gewesen) per Rundschreiben den Mitarbeitern zur Kenntnis gab, das bereits am 4. Januar das Provisionsergebnis stark rückläufig wäre und daher alle Anstrengungen unternommen werden müssten, dieses Defizit wieder aufzuholen.

Nach Übernahme der Dresdner Bank durch die Commerzbank war dieser Herrn Blessing vorgezogener Vorstand einer der ersten, welcher das neue Gesamthaus Commerzbank verlassen musste.

Die durch billiges Geld angeheizte Nachfrage zu den nunmehr selig machenden strukturierten Finanzprodukten führte zu einem Anstieg solcher Produktionen. Herr Kopper, damaliger Aufsichtsratsvorsitzender der Deutsche Bank sprach in einer diesbezüglichen Fernsehreportage davon, dass man sich vor Nachfrage nach solchen Produkten nicht mehr verweigern konnte (?).

Da die Basis für jedes Anlageprodukt stets ein Kredit ist, wurden u. a. in den USA Immobilienkredite regelrecht produziert, d. h. jedem Idioten wurde eine Baufinanzierung aufgeschwatzt, egal ob er die dafür nötige Bonität besaß. Damit setzte man eine hohe Nachfrage nach Immobilien in Gang, die wiederum die Immobilienwerte ansteigen ließ und den Immobilienbesitzern somit eine Sicherheit vorgaukelte, dass durch Verkauf der Immobilien ein hoher Gewinn evtl. vereinnahmt werden kann.

Dass dies nicht aufgehen kann, insbesondere wenn alle dieses Ziel verfolgen und somit die Preise wieder fallen, war jedem vernünftig denkendem Menschen sofort klar, natürlich auch den finanzierenden US-Banken, welche auch die Bonität der Immobilienkäufer kennen mussten und daher bestrebt waren, dieses Risiko so schnell wie möglich wieder loszuwerden.

Dieses „Loswerden-Instrument" liefern sehr trefflich die jeweiligen Investmentbanken, indem sie diese Kredite in einen Topf warfen, bzw. diese Kredite zusammenfassten und als Deckung / Sicherheit für eine neue Anleihe verwendeten.

Zu Beginn dieses Hypes setzten sich diese Anleihen aus guten Bonitäten zusammen, mit zunehmender Fortschreitung dieses Booms verschlechterten sich die Bonitäten immer mehr bis diese Anleihen nur noch aus schlechten Bonitäten bestanden. Die sogenannten US-Subprimes waren geboren.

Damit die schlechten Bonitäten der dahinter stehenden Kreditnehmer nicht offensichtlich wurden, fasste man verschiedene Anleihen/Subprimes zu weiteren neuen Subprime-Anleihen, und vermischte und vermatschte diese wiederum mit anderen Subprime-Anleihen letztlich mit vielen tausend Kreditnehmern zusammen, um eine Ausfallwahrscheinlichkeit zu produzieren, die dann angeblich sehr sehr gering wäre.

Mit dieser Anonymisierung verfolgte diese Investment – Hexenküche das Ziel, die schlechte Bonität zu verschleiern, um es somit als innovatives und lukratives Investment, versehen mit einer bezahlten triple A-Note (=beste Bonitätsqualität), dem durch entsprechende Marketingmaßnahmen heiß gemachten Markt verkaufen zu können.

Auf der anderen Seite wussten aber die informierten Investmentbanker von dieser schlechten Bonitätsqualität und hatten daher mit dem gesamten Derivate-Instrumentarium dagegen gewettet mit der Folge von darauffolgenden astronomisch hohen Gewinnen.

Diesen Vorwurf musste sich Goldman Sachs und andere Investmentbanken, darunter auch die Deutsche Bank, gefallen lassen. Goldman Sachs einigte sich diesbezüglich mit der Aufsichtsbehörde SEC und zahlte, um diesen Vorwurf unter den Tisch fallen zu lassen, einige hundert Millionen US$. Ist das rechtsstaatlich?

Das Pech vieler dieser „Masters of the Universe" war jedoch, dass sie zu viel auf ihre Bilanz genommen, bzw. noch in ihrem Bestand hatten und von der Lehmann-Pleite kalt erwischt wurden, somit diesen Schrott nicht mehr verkaufen konnten.

In diesem Szenario haben allerdings die Wahrscheinlichkeitsrechnungen einiger Banken versagt, da die persönliche Antipathie des damaligen US-Finanzministers Paulson, ehemaliger Partner von Goldman Sachs, der die Rettung von Lehmann Brothers hätte verhindern können, zum Chef von Lehman Brothers, Richard Fuld, mathematisch nicht errechenbar war.

Ganz clevere oder besser gesagt aufgrund ihrer besseren Wahrscheinlichkeitsrechnungen gut informierte Investmentbanken hatten auch dieses Risiko des Bestandes noch zusätzlich über Derivate abgesichert. So auch die Deutsche Bank, die trotz hoher Finanzaktiva von € 1,6 Billionen per 31.12.2008 nur rd. € 8-9 Milliarden wertberichtigen musste, was einer Wertberichtigungsquote von nur ca. 0,6 % entsprach.

Meine diesbezügliche Anfrage, wie diese niedrige Wertberichtigungsquote bei dieser hohen Finanzaktiva sein könne, wurde mit der Absicherung durch Derivate, ich vermute u.a. mit so genannten Credit Default Swaps (Kreditversicherungen), begründet.

Zwischenzeitlich muss man aber an dieser Darstellung auch Zweifel anmelden.

Bei der Vorstellung des schlechten Ergebnisses für 2012 wurde bekannt, dass die Bank im Herbst 2012 rd. € 125 Milliarden an Vermögenswerten, darunter toxische Papiere und Geschäfte, die nicht mehr zum Kerngeschäft gehören, in eine interne Abbaubank = Bad Bank ausgelagert hatte und man beim Verkauf dieser Papiere nun mit zum Teil spürbaren Verlusten rechnen muss.

Diese Papiere sind sicherlich nicht erst nach der Finanzkrise gekauft worden, und es kann nicht ausgeschlossen werden, dass man diese toxischen Werte einfach unter den Teppich gekehrt hatte. Ähnliches wurde auch schon aus den USA kolportiert. Was soll man daher vom Zahlenwerk der Deutsche Bank halten?

Bei diesen Absicherungsgeschäften hatte die AIG (American International Group), der größte US-amerikanische Versicherungskonzern den maßgeblichen Anteil an diesen Absicherungsgeschäften, d. h. dieses Institut war ein wichtiger Gegenpart des Kreditabsicherungsgeschäftes durch Übernahme des Kreditrisikos mit der Folge, dass dieses Institut in 2007 und 2008 durch den amerikanischen Staat mit rd. US 125 Milliarden, insgesamt wurden es dann rd. € 182 Milliarden, zwecks Erhalt der Kreditwürdigkeit und Bonität bezuschusst und damit gerettet werden musste.

Diese staatliche Rettung durch den amerikanischen Steuerzahler brachte letztlich der Deutsche Bank einen zweistelligen Milliardenbetrag bei Glattstellung ihrer diesbezüglichen Derivate ein. Wäre die AIG ebenfalls in die Insolvenz gegangen, hätte auch die Deutsche Bank einer Hilfestellung, wenn nicht sogar Rettung durch den deutschen Steuerzahler bedurft. Jedenfalls haben Steuerzahler, seien es US-amerikanische oder deutsche Steuerzahler dieses Bankhaus vor einer vielleicht existenziellen Blamage bewahrt.

Somit hält der permanente Hinweis, dass die Deutsche Bank ohne staatliche Hilfe durch die Finanzkrise gekommen wäre, einer kritischen Prüfung dieses Sachverhaltes nicht Stand, zumal dieses Institut als eines der führenden Investmentbanken in der Welt maßgeblich einen hohen Anteil an diesem Monopoly-Spiel hatte und leider immer noch hat.

Offenbar wurde die Finanzkrise in Deutschland Mitte 2007 mit der IKB (Industriekreditbank), die sich mit solchen strukturierten Finanzmischmasch vollgesaugt hatte und damit in die Illiquidität geriet.

Die FAZ hatte in einem Kommentar einen diesbezüglichen Verdacht geäußert, der eigentlich zu entsprechenden Konsequenzen hätte führen müssen. Einer der maßgeblichen Verkäufer dieser Mischmaschpapiere an die IKB wäre angeblich die Deutsche Bank gewesen, welche der Bafin dann den Hinweis zu diesem Missverhältnis gab, woraufhin dieses Missverhältnis bekannt und aufgedeckt wurde. In einem darauffolgenden Schritt wäre dann die Deutsche Bank wieder diejenige gewesen, welche die sicherlich nur akzeptablen Papiere zu deutlich günstigeren Preisen wieder zurückgekauft hätte.

Diesen damaligen Verdacht hat kein geringerer als der Präsident des Deutschen Sparkassen- und Giroverbandes, Herr Georg Fahrenschon, im Zusammenhang mit der Vertrauenskrise gegenüber den Banken neu aufgewärmt. Früher warb die Deutsche Bank mit dem Slogan „Vertrauen ist der Anfang von allem", meines Erachtens ein sehr guter Werbespruch, den aber nur solche Banken benutzen sollten, deren Absicht nicht darin besteht, ihren Kunden fragwürdige strukturierte Produkte zu verkaufen und dann gegen diese zu wetten.

Damit wird oder wurde eine Vertrauensbasis kaputt strukturiert, die wieder zu erlangen sehr schwer sein dürfte.

Aussage von Herrn Fahrenschon: „Ein vertrauenswürdiges Kreditinstitut darf einem Kunden kein Produkt verkaufen, bei dem es mit deutlich überlegenem Marktwissen selbst die Gegenpartei stellt".

Diese Aussage kann man nur deutlich unterstreichen, allerdings sollten Herr Fahrenschon und die von ihm vertretenen Sparkassen darauf achten, dass den Sparkassenkunden nicht primär strukturierte Produkte aus der Hexenküche dieser Investmentbanken und mit Blick auf die damit generierten hohen Verkaufsprovisionen verkauft werden. Wer im Glashaus sitzt, sollte nicht mit Steinen werfen. Das gilt letztlich auch für die Volksbanken.

Mit einem hat Herr Fahrenschon auf jeden Fall Recht, das verloren gegangene Vertrauen wieder zurückzugewinnen, dürfte eine Herkulesarbeit für die nächsten Jahre werden.

Die deutschen Landesbanken, in früheren Zeiten mit einer staatlichen Garantie versehen, der so genannten Gewährträgerhaftung der jeweiligen Bundesländer, konnten als triple A-Bank auf dem Markt schalten und walten – Ertrag war nicht so wichtig, bei Verlust würde der Staat einspringen –, haben ab 2005 diese Gewährträgerhaftung und damit die staatliche Garantie aufgrund des berechtigten Einspruchs von Brüssel verloren. Kurz vor Beendigung der Gewährträgerhaftung sammelten sie aber mit Ihrer triple A-Bonität enorm viel Liquidität zwecks Vorsorge an, die nun Anlage suchte.

Sie waren daher leichtes Spiel für die hochprofitablen und gewitzten Investmentbanken, glaubten die Landesbanken und auch andere größere Sparkassen und Volksbanken, mit diesen Banken gleichziehen zu können nach der Formel, ich kaufe einige mehr oder minder abgehalfterte Investmentbanker zu horrenden Preisen ein und ab geht die Post.

Dabei haben aber diese Banker aus der Provinz vergessen, dass zum Investmentbanking eine hocheffiziente und extrem ausgefeilte Wahrscheinlichkeitsrechnung gehört, über die diese Landesbanken nicht verfügten. Man glaubte einfach den verkaufenden und erfolgreichen Investmentbanken und bemerkte nicht, dass diese sie vollkommen über den Tisch gezogen haben. Die Landesbanken rissen den Investmentbanken regelrecht jedes strukturierte Papier, ein damaliger Modeartikel auf dem Finanzmarkt, aus den Händen und alle jubelten.

Hier hat auch unsere Bafin kläglich versagt und vermutlich auch den Grundsatz, dass der Anleger Kreditgeber ist, nicht wahrgenommen oder was noch schlimmer ist, sich dafür nicht zuständig gefühlt.

Ich hatte in einem Schreiben den Chef der Bafin, Herr Jochen Sanio auf den Mischmasch und die Gefahr dieser strukturierten Papiere hingewiesen. Die Antwort war, dass man für Fonds und strukturierte Finanzprodukte keine Zuständigkeit hatte. Anscheinend sah die Bafin zum damaligen Zeitpunkt ihr Aktionsfeld nicht im Anlagebereich, sondern nur im Bankkreditbereich, ein Zustand, der aktuell extrem ausgebaut / verstärkt wird und die Versorgung der Wirtschaft mit Kredit aufgrund der übergroßen Regulierung und Formalitäten mehr als gefährdet.

Für die Risiken im Anlagebereich scheint immer noch keine entsprechende Expertise zu bestehen, so dass die Investmentbanker weiter machen können wie bisher.

Zu diesem Thema noch der schon erwähnte Treppenwitz in der Finanzgeschichte unserer Republik, der aber auch zeigt, wie sorglos und naiv hoch angesehene Institutionen vor der Finanzkrise mit dem Thema Risiko im Anlagebereich, insbesondere bei strukturierten Finanzprodukten, umgegangen sind.

Die Pensionsgelder der Bafin-Beamten wurden von der Deutschen Bundesbank, der Inkarnation des deutschen Bankwesens, verwaltet. Die dortigen Vermögensverwalter hatten aber nichts anderes zu tun, als diese Pensionsgelder in Wertpapiere der HRE (Hypo Real Estate) zu investieren, die mit vielen Milliarden des deutschen Steuerzahlers gerettet werden musste. Vielleicht ist das u. a. auch ein Grund für die Rettung dieses Pleite-Bankhauses, um sich die Blamage der Deutschen Bundesbank zu ersparen.

Ein weiterer Treppenwitz der Finanzgeschichte (leider gibt es deren sehr viele) ist die Inanspruchnahme von Beratungsleistungen der Hauptverantwortlichen dieser Finanzkrise durch die Bundesanstalt für Finanzstabilisierung (FMSA). Eine Aufstellung des Finanzministeriums ergab eine Gesamtsumme von rd. € 100 Mio. für Beratungsdienste zur Stabilisierung des deutschen Bankenwesens, welche an Deutsche Bank, Bankhaus Rothschild und Goldman Sachs nebst diversen Wirtschaftsprüfern und Unternehmensberatern wie KPMG (ist in der Prüfung der geschlossenen Fonds sehr aktiv), Roland

Berger und Anwaltskanzleien US-amerikanischen Ursprungs wie Freshfield Bruckhaus Dehringer und White & Case bezahlt wurden.

Eine dieser US-amerikanischen Anwaltskanzleien ist mir persönlich bei einem Mandat sehr unangenehm aufgefallen. Strategie dieser Herren ist es grundsätzlich, jeden Vertrag in Frage zu stellen, diese in kompliziertester Art und Weise umzustricken mit der Folge, dass die Gegenpartei diese Maßnahme ebenfalls einleitet, bzw. darauf eingehen muss und somit Stunden über Stunden, ich meine total unnütze Stunden, zusammenkommen, die abgerechnet werden dürfen. Selbst KfW-Kreditanträge versuchten diese Herren auf ihre Masche umzustricken.

Von diesen € 100 Mio. Beratungshonoraren sollen die Empfängerbanken nur rd. € 8,7 Mio. bezahlt haben, den Rest hätte der Steuerzahler aufbringen müssen. Dies wurde später vom Finanzministerium dementiert, es hieß dann, ein Großteil der Kosten sei an die hilfsbedürftigen Banken und Abwicklungsfonds direkt oder über Pauschalen weiter gereicht worden. Sei wie es sei, letztlich haben die Geschädigten, seien es jetzt die Steuerzahler oder die „hilfsbedürftigen" Banken, ihre Schadensverursacher noch damit belohnt.

Vergleichbar wäre das mit einem Bankräuber, der eine Bank überfallen hat, dafür aber nicht belangt wird und das geraubte Geld behalten darf, sondern noch zusätzlich ein gut dotiertes Honorar dafür bekommt, um mitzuteilen, wie man einen solchen Bankraub verhindern kann.

Wie krank ist eigentlich unser System und wie viel Unkenntnis der handelnden Personen in der Politik über die wahren Begebenheiten in der Wirtschaft muss vorhanden sein, dass solche Zustände möglich sind.

Kapitel 5

Wahrscheinlichkeitsrechnungen = Insider-Geschäft?

In der FAZ konnte man im Herbst 2009 lesen, dass Mathematiker, Physiker und Betriebswirtschaftler in der Zertifikate Branche = Investmentbank sehr gute Berufsaussichten haben. Warum wohl?

Insbesondere Mathematiker und Physiker sind sehr stark an der Entwicklung bestimmter und sehr geheimer und komplexer Algorithmen beteiligt, welche auf Basis der statistischen Erkenntnisse aus der Vergangenheit diese in die Zukunft extrapolieren nach dem Motto, alles wiederholt sich (auch eine Erkenntnis von Friedrich Schiller), nur muss man wissen wie und wann.

Diese Analysen = mathematischen Rechnungen = Wahrscheinlichkeitsrechnungen haben sich in den letzten Jahren aufgrund der überaus rasant fortschreitenden, bzw. sich nahezu täglich ausweitenden Rechnerkapazitäten, welche je nach Ausstattung des Computers einige Milliarden Rechenschritte (Tendenz geht zu einigen Billionen) pro Sekunde, ausführen können, Jahr für Jahr, bzw. Tag für Tag verfeinert und stark verbessert. Mittlerweile können unvorstellbar große Mengen an Daten gespeichert werden, die mit den bekannten Zahlengrößen nicht mehr zu fassen sind. Auch haben sich die Zugriffsmöglichkeiten auf diese Daten enorm verbessert und erfolgen bereits in Sekundenbruchteilen.

Mittlerweile findet in diesem Bereich ein regelrechtes Wettrüsten statt. Lt. Handelsblatt besteht ein Vierkampf zwischen China, den USA, Japan und Europa um den schnellsten Supercomputer der Welt. Mittlerweile haben sich die USA und Japan zusammengeschlossen, um den Erfolgen von China Paroli bieten zu können.

Weltweit versuchen die Forscher Rechner zu entwickeln, um die Schallmauer von einer Trillion Rechenschritte (tausend Billionen) pro Sekunde, auch Flops (Floating-point operatrions pro Sekunde) oder auch exaflops genannt, durchbrechen zu können. Das Rechentempo wäre dann 100-mal schneller als das des japanischen Supercomputer K, der in 2011 bereits bestehende hohe Rechnerkapazitäten durchbrochen hatte.

Die weitere Entwicklung ist hier nicht abzusehen, die Grenzen nach oben gibt es praktisch nicht. Mit der Entwicklung solcher hohen Rechnerkapazitäten sind handfeste wirtschaftliche Interessen verbunden und zielen auf Informationsvorsprünge in allen Bereichen der Wirtschaft und damit auf Benachteiligung anderer ab.

Wenn man den Berichten der Zukunftsforscher Glauben schenken darf, sollen sich diese Kapazitäten schon bald in eine künstliche Intelligenz fortentwickeln und sogar das menschliche Gehirn in etwa 10 Jahren übertrumpfen können. Horrorvisionen wie in den Terminator-Filmen in Szene gebracht, dürften somit bald Wirklichkeit werden. Die hocheffizienten Kampfdrohnen, bzw. sich selbst produzierende Maschinen, allerdings in kleiner Größe, gibt es bereits schon.

Ein Beispiel für sich formierende künstliche Intelligenz gab es bereits schon 1997. In diesem Jahr gelang es erstmals einen Computer mit dem Namen Deep Blue von IBM, den damaligen amtierenden Schachweltmeister Kasparow unter Turnierbedingungen zu besiegen. Damit wurde den Menschen erstmals bewusst, zu welchen Leistungen ein Computer fähig ist. Während Kasparow pro Sekunde drei mögliche Schachzüge durchdenken konnte, waren es bei Deep Blue schon damals 200 Millionen.

Selbst von IBM wurde damals aber der These widersprochen, dass Deep Blue bereits ein lernendes System sei, da hinter Deep Blue ein ganzes Team von Programmierern stand, welche die Möglichkeit hatten, das Programm zwischen den Partien zu modifizieren, wodurch Kasparow nicht nur gegen die Maschine spielt, sondern auch gegen das gesamte Deep-Blue Team.

Dennoch konnte mit Hilfe dieser damals schon enormen Rechenleistung ein Genie des Schachspiels, welches eines der komplexesten Brettspiele mit einer unvorstellbar hohen Anzahl von möglichen Stellungen (geschätzt 2,28 X 10 hoch 46) und ein Paradebeispiel für menschliche Denk- und Strategiefähigkeit ist, geschlagen werden.

Inzwischen sind bereits 16 Jahre vergangen, in denen sich auf dem Feld der Computertechnologie eine Menge verändert hat.

Nachrichtenagenturen bedienen sich beispielsweise schon einer gewissen Art von künstlicher Intelligenz. Um die vielen tausend Nachrichten, welche weltweit in kürzester Zeit bei diesen Agenturen hereinlaufen, besser und schneller verarbeiten zu können, werden die Nachrichten von den vielen tausend Journalisten weltweit bereits in Maschinen lesbarer Form verfasst, damit der Computer in einer Mikrosekunde die wichtigsten Nachrichten herausfiltern und an die wichtigsten Abonnenten, hier die **zuerst** belieferte Finanzindustrie, weitergeben kann.

Physiker versuchen beispielsweise das menschliche Gehirn an einem Supercomputer zu modellieren, also es nachzubauen, um zu verstehen, wie Signale ausgetauscht werden, wie einzelne Teile verknüpft sind und wechselwirken. Beispielsweise will man dadurch aus der Analyse kleiner Verkaufsbewegungen erkennen können, was in den nächsten Millisekunden auf den Märkten passiert, bzw. wie sich solche Finanzsysteme und Marktbewegungen entwickeln (entnommen aus einem Interview des Handelsblattes mit der Experimentalphysikerin Frau Professor Johanna Stachel von der Ruprecht-Karls-Universität in Heidelberg, / Frau Stachel forscht derzeit am Large Hadron Collider in Genf, dem derzeit energiereichsten Teilchenbeschleuniger – vor allem über das „Quark-Gluon-Plasma").

Letztlich zielen solche Forschungen im Finanzbereich nur auf einen extremen Informationsvorsprung gegenüber anderen Marktteilnehmern ab, im Endergebnis in Richtung Anleger, der sich auf die vertrauensvollen Aussagen seines ebenfalls nichts ahnenden Wertpapierberaters verlässt.

Manchmal kommt mir diese Forschungssituation und deren Zielrichtung so vor wie in den 40er-Jahren des vorigen Jahrhunderts, als man die Atombombe entwickelt und sich damit nicht bewusst war, dass damit ein Schlüssel zur Vernichtung der Welt geschaffen wurde. Mit den jetzt angestrebten Ergebnissen dieser Forschungen wäre nicht auszuschließen, dass dann ein weiterer diesbezüglicher Schlüssel erschaffen wird, der von keinem Schloss mehr zu halten ist. Stellen Sie sich vor, undemokratische Kräfte gelangen an die Hebel dieser höchst beunruhigenden Möglichkeiten, die bisher bekannten unmenschlichen Diktatoren wären dann reine Kindergärten gewesen.

Bestes Beispiel für den Fortschritt dieser Berechenbarkeit sind die täglichen Wettervorhersagen, die jetzt schon bis zu 5 Tage im Voraus eine hohe Trefferquote verzeichnen können. Hier wird das Ergebnis vieler Messstationen inklusive der Satellitenfotos, die es früher in dieser Qualität nicht gab, eingesetzt und der Saldo dieser Messergebnisse mit den ähnlichen oder gleichen aus der Vergangenheit verglichen, welche dann zu entsprechenden Wetter-Entwicklungen geführt haben.

Da die vielen Messstationen eine ungeheuer hohe Anzahl von Daten liefern, können nur große Rechnerkapazitäten die Entwicklung des Wetters simulieren und somit recht genau vorhersagen.

Anderes Beispiel: Das Bonitätsrating der Banken, womit die Kreditwürdigkeit der Kreditkunden erstellt wird. Basis der Errechnung dieses Ratings sind die jeweiligen Bilanzen und Gewinn- und Verlustrechnungen im Mehrjahresvergleich, welche gewisse Entwicklungen der Ertragslage und in den Bilanzen preisgeben. Neben diesen qualitativen Daten werden meistens noch eine Reihe von Fragen an die Produkte des kreditnehmenden Unternehmens, die jeweilige Branchensituation, die Qualität der Geschäftsleitung, die laufende Geschäftsentwicklung, steuerliche Situation usw. usw., gestellt. Das Ergebnis dieser inquisitorischen Befragung nimmt dann eine „black box" entgegen, die keiner dieser eingebenden Banker selbst kennt (auch ich damals nicht) und sich meines Wissen entweder in den Investmentbankeinheiten in den Vereinigten Staaten oder in London in hermetisch abgesicherten Gebäudekomplexen mit Stacheldraht und Wachpersonal befinden. Auskünfte darüber konnte ich nirgendwo erhalten, bzw. diese Informationen werden so behandelt, als wäre es ein Staatsgeheimnis.

Somit muss unterstellt werden, dass diese Informationen, welche die Unternehmen preisgeben mussten, zentralisiert und gebündelt in diese Wahrscheinlichkeitsrechnungen qualitativ einfließen. Auch konnte mir keiner sagen, wem diese „Blackbox" gehört, wer sie pflegt und dann mit welchen Daten usw. sie versieht. Manipulationsmöglichkeiten in alle Richtungen wären damit Tür und Tor geöffnet und können nach den bisher bekannt gewordenen Manipulationsskandalen eigentlich nicht mehr ausgeschlossen werden, ganz zu schweigen von der Industriespionage und den Problemen des Datenschutzes, welche in den USA nicht den hohen Stellenwert haben wie in Deutschland.

In diesem Zusammenhang lässt einem die derzeit sehr gute Ertragslage vieler US-amerikanischer Banken mehr als misstrauisch stimmen.

Zwischenzeitlich kann man aufgrund der sich immer mehr verbessernden Rechnerkapazitäten von guten Ratingergebnissen ausgehen. Jedoch gibt es auch hier noch deutliche Unterschiede. Banken mit guten Rechnerergebnissen haben weniger Kreditausfälle zu beklagen als solche mit Kapazitäten minderer Qualität.

Jedoch hängen die abgefragten Informationen auch von der Qualität der Frager ab. Insbesondere die Beurteilung des Managements bedarf einer hohen Menschenkenntnis und Fachexpertise. Ob die jungen Bankmanager, welche aufgrund des Jugendhypes an den Schaltstellen der Banken sitzen und zu Konzernapparatschiks mutierten, letztlich nur vorgegebene Fragebögen mit Kreuzchen versehen müssen, diese Qualitäten mitbringen, muss daher bezweifelt werden. Mir scheint auch, dass diese Qualitäten immer weniger gefragt sind und man – auch aus Kostengründen – zunehmend dieser Maschinerie vertraut. Ob eine Maschine die Managementqualitäten jetzt (aber vielleicht später?) richtig beurteilen kann, bleibt dahin gestellt.

Die mir bekannten Ratingsysteme untergewichten diesen meines Erachtens sehr wichtigen Teil einer Bonitätsanalyse mit der Folge einer in die falsche Richtung laufenden Analyse. Gute Bilanzen können durch ein schlechtes Management schlecht werden, aber schlechte Bilanzen können durch ein gutes Management gut werden. Aber vielleicht muss später das Management an einen entsprechenden Gen-Computer angeschlossen werden.

Angefangen haben eigentlich damit viele Jahrzehnte davor die Lebensversicherungen mit Wahrscheinlichkeitsrechnungen zur Berechnung von Sterbetafeln, die Grundlage für deren geschäftlichen Erfolg. Die Sterbetafeln ergaben sich wiederum aus statistischen Größen über die Sterblichkeit bestimmter Personengruppen in gewissen Regionen und Lebenslagen, womit die Versicherungsbeiträge entweder gesenkt aber meistens nur angehoben wurden.

Diese Sterbetafeln spielen auch heute noch eine unverändert sehr wichtige Rolle bei der Findung nach profitablen Versicherungsprämien.

Aus meiner jetzigen Tätigkeit sind mir Fälle bekannt, wonach deutsche Initiatoren von geschlossenen Fonds laufende (man nennt sie auch gebrauchte) US-amerikanische Lebensversicherungen auf Basis von falschen Sterbetafeln mit hohen Fremdmitteln aufgekauft hatten in der Hoffnung, durch den früheren Tod dieser Versicherungsnehmer einen schnellen Gewinn erzielen zu können. Das Ergebnis dieser Fonds war allerdings katastrophal und hoch negativ. Die Versicherungsnehmer erfreuten sich stattdessen einer ausgezeichneten Gesundheit und Lebensfreude, womit Sterbefälle und damit einfließende fällige Lebensversicherungspolicen ausblieben, dagegen hohe Zinsen an die Fremdkapitalgeber (u. a.US-Banken) fällig wurden und das Defizit dieses Fonds neben den hohen weichen Kosten des Fondsmanagements somit rasant anwuchs. Am Ende musste der Fonds u. a. aufgrund meiner Intervention den von mir betreuten Investoren ihren Einsatz (allerdings ohne Agio) wieder zurückerstatten. Hinweis: Dieses Finanzprodukt wurde nicht von einer Investmentbank oder einer Finanzproduktvertriebsgesellschaft vertrieben, sondern von eine der großen Publikumsbanken.

Hier lag meines Erachtens die klare Absicht des Verkäufers der „gebrauchten" Lebensversicherungen vor, die deutschen Investoren aufgrund falscher statistischer Sterbetafeln über den Tisch zu ziehen. Jetzt kann man einwenden, dass der Verkäufer falsche Sterbetafeln bewusst erstellt oder alte, nicht mehr aktuelle verwendet hat. Dieser Verkäufer war allerdings eine US-Makler-Gesellschaft, welche nicht über solche großen und teuren Rechnerkapazitäten verfügen dürfte und sich angeblich auf offizielle Sterbetafel gestützt hatte. Diese müssen aber aus der „Wahrscheinlichkeitsküche" einer Versicherungsgesellschaft mit entsprechenden Kapazitäten erstellt worden sein und jetzt kann man darüber philosophieren, ob das mit Absicht geschehen ist oder nicht.

Anderes Beispiel in diesem Zusammenhang. Als Banker bin ich oft mit dem Kauf- und Verkauf von Immobilien konfrontiert worden. Ein Makler zog zu einem Immobilienprojekt ein Gutachten für den Verkauf mit natürlich hohem Preis und ein weiteres Gutachten für den Kauf mit deutlich niedrigerem Preis, erstellt vom gleichen Gutachter mit gleichem Ausstellungsdatum, aus der Schublade hervor.

Jetzt überlasse ich es der Phantasie der Leser, wie mit den Ergebnissen statistischer Erkenntnisse umgegangen werden kann, insbesondere dann, wenn diese Ergebnisse hauptsächlich aus den USA oder Großbritannien kommen, aus Ländern, welche die Banken der Welt dominieren und schließlich auch lenken, und wie jetzt bekannt, die Welt auch aushorchen. Jedenfalls unterliegt dieser Bereich in der Wirtschaft keinerlei Kontrolle und dieser Umstand wird meines Erachtens auch für den stillen und leisen, aber heftigen Wirtschaftskrieg USA versus den Rest der Welt genutzt.

Diese hohen Rechnerkapazitäten werden nicht nur für Wettervorhersagen, Bonitätsratings oder Sterbetafeln verwendet, sondern auch für die wahrscheinlichen Entwicklungen von Dollar, DAX & Co. Allerdings ist auch hier die Qualität der Rechnersysteme und der jeweiligen Software / Algorithmen von maßgeblicher Entscheidung für den Erfolg oder Misserfolg. Die Entwicklung der letzten Jahre hat gezeigt, dass Goldman Sachs, J.P. Morgan, Deutsche Bank und die Citibank (es gibt sicherlich auch noch andere) in diesem Bereich über die besten Vorhersagen verfügen und diesen Vorsprung auch in entsprechend sehr hohe Gewinne umsetzen konnten. Diese Entwicklung zeichnet sich aktuell wieder ab.

Inzwischen liefern diese Wahrscheinlichkeitsrechnungen eine so erschreckend hohe Treffergenauigkeit, dass man schon von Insiderwissen sprechen kann und Insiderwissen ist bekanntlich illegal oder benachteiligt zumindest den anderen Marktteilnehmer massiv.

Ein weiteres Beispiel für eine solche Benachteiligung mit Hilfe hoher Rechnerkapazitäten ist der Hochfrequenzhandel, was nichts anderes bedeutet als das weltweite Geschäft mit der Arbitrage, d. h. der Ausnutzung unterschiedlicher Preise für alle möglichen Finanzpapiere, Derivate und Devisen.

Während meiner Ausbildungszeit in der Deutsche Bank in den siebziger Jahren durfte ich eine Woche dem hektischen Devisenhandel in Düsseldorf beiwohnen. Das Arbitragegeschäft lief damals zum einen über Telefon von Händler zu Händler oder mit dem laut schnatternden und langsamen Fernschreiber, über den diese oder jene Bank angeschrieben und nach Kursstellung dieser oder jener Währung befragt wurde. Einige Sekunden später kam das Angebot zurück geschnattert, welches mit einer Anfrage bei einer anderen Bank verglichen wurde mit der Folge, dass dann gekauft oder verkauft wurde, wenn sich ein positiver Unterschied ergab, entweder aus den eigenen Beständen oder von einer Bank genommen und gleichzeitig der anderen

Bank gegeben wurde. Den positiven Unterschiedsbetrag konnte dann der Arbitragehändler, in diesem Fall die Deutsche Bank, vereinnahmen.

Damals hat man sich auf Fernschreiber und Telefon gestützt, viele können sich evtl. noch an die Devisenhändler mit den vielen Telefonen erinnern. Das war für damalige Verhältnisse schon sehr progressiv und ungewöhnlich schnell. Heute läuft alles automatisch und dann in Millisekunden ab und zwar von Rechner zu Rechner, ohne dass ein Mensch dazwischen funkt. Man spricht sogar davon, dass 90 Prozent des gesamten weltweiten Handels auf den Finanzmärkten inzwischen automatisch stattfinden.

Diese Rechner sind mit sämtlichen Börsen, d. h. Anbietern von fungiblen Finanzprodukten jeglicher Art vernetzt und scannen diese (Derivate, Aktien, Devisen, Anleihen) auf deren Preise weltweit ab und handeln sofort, wenn auch nur ein kleiner Kursunterschied und sei er nur in der dritten und vierten Stelle hinter dem Komma, festgestellt wird.

Die Leistungsfähigkeit des Computers, d. h. seine Rechnerkapazität und die eingesetzten Algorithmen sind daher sehr entscheidend für den Erfolg und Misserfolg dieses Arbitragegeschäftes, da es zwischenzeitlich weltweit Hunderttausende von fungiblen Finanzprodukten und dann noch in unterschiedlichen Währungen gibt, die alle erfasst und abgescannt werden müssen.

Da die Übermittlung der Daten elektronisch vollzogen wird, also in Lichtgeschwindigkeit, entscheidet sehr oft die Länge des Kabels zum jeweiligen Rechner der Börse oder des Maklers über den Erfolg oder Misserfolg dieses Arbitragegeschäftes, da der Rechner des einen Händlers dadurch in einem Bruchteil einer Millisekunde, man spricht sogar von Milliardstelsekunden, schneller die Daten erhält als der Konkurrent.

Dies ist auch der Grund, warum sich die Investmentbanken in New York wie eine Herde von Schafen in unmittelbarer Nähe um den Computer des Schäfers – wo immer dieser auch stehen mag –, der Börse in der Wallstreet, versammeln.

In Frankfurt befindet sich der Computer der Frankfurter Börse nicht am Sitz der Börse in der Frankfurter Innenstadt, sondern am Stadtrand von Frankfurt (Wo? Muss geheim bleiben lt. Handelsblatt) in einer ehemaligen großen Möbelfertigungshalle. Rings um diesen Rechner der Frankfurter Börse befinden sich die Rechner von 180 Banken, Fondsgesellschaften, Börsen und diversen Geldunternehmen. Interessant wäre hier die Info, welcher Rechner von welchem Institut am nächsten zum Rechner der Frankfurter Börse steht und wie viel dieses Institut für diesen Vorteil bezahlen musste. Die Nähe zum Börsencomputer dürfte sicherlich sehr lukrativ bezahlt worden sein.

Diese hermetisch abgeriegelte Halle ist eine der modernen Schlagadern des modernen Finanzkapitalismus (lt. Handelsblatt). In einem Beitrag des Heute-Journals des ZDF konnte man dieses fensterlose Gebäude nur von außen betrachten, die dort arbeitenden Menschen gaben sich gegenüber dem ZDF-Journalist mehr als wortkarg, sie sagten Null-Komma-Nichts.

Diese Halle in Frankfurt steht im Eigentum der US- Firma Equinix Inc, eine US-amerikanische Aktiengesellschaft, die netzbetreiberunabhängige Rechenzentren und Internet-Knoten betreibt. Das Unternehmen ist in zehn Ländern aktiv und bietet seinen Kunden Stellflächen in seinen Rechenzentren (Colocation) sowie die dazugehörige Internet-Anbindung an. Zum Kundenkreis von Equinix gehören größere Unternehmen, Internet-Inhaltsanbieter und Netzbetreiber (lt. Wikipedia).

Nach den bekannt gewordenen Abhörpraktiken der NSA kann man nur darüber spekulieren, inwieweit Equinix Inc. sich gegen die Bedürfnisse der NSA wehren konnte. Auch hier muss einem die wiederum erstarkte hohe Ertragskraft der amerikanischen Banken zu denken geben.

Das alleine ist aber noch nicht der final auslösende Punkt, um diese Handelsgeschäfte zum Abschluss zu bringen. Über den Wert eines Finanzproduktes entscheiden auch Nachrichten, Gerüchte, selbst gestreute Gerüchte und angebliche Kauf- und Verkaufsabsichten, die diese Rechnerkapazitäten ebenfalls abscannen und in die Entscheidung, ob gekauft oder verkauft wird, mit einfließen lassen. Teilweise werden Handelsaufträge in den Markt gegeben und kurz davor wieder zurückgezogen, nur um gewisse Trends auszulösen zwecks Unterstützung im Markt befindlicher Spekulationen.

Auch spielen die „social networks" wie Facebook, Twitter & Co bei der Generierung von Trends eine große Rolle. Warum ist die Benutzung dieser Plattformen kostenlos und wieso generieren diese networks so hohe Umsätze und Erträge?

Aus dem Mitteilungsbedürfnis der Nutzer dieser Plattformen ergeben sich aus der Generierung einer Masse von Schlüsselwörtern gewisse Trends, welche sowohl an die Werbebranche als auch an die Investmentbanken verkauft werden zwecks Verfeinerung ihrer Wahrscheinlichkeitsrechnungen. Eigentlich müssten die Nutzer dieser Plattformen von diesen Geld für ihr Mitteilungsbedürfnis erhalten.

So kommen zu der hohen Anzahl der fungiblen Finanzprodukte und den Trends aus den social networks noch der sehr große und der sich ständig verändernde Datenfluss aus den Medien hinzu, welche diese Algorithmen ebenfalls verarbeiten und daraus die Entscheidung für Kauf- oder Verkauf ableiten. Eine große Rolle spielt hierbei der so genannte VIX Index (Volatility Index), einem auch als Angstindex bezeichneten Gradmesser, der relativ frühzeitig die Volatilität des Marktes erkennen lässt und somit Kauf oder Verkaufsorder auslösen kann.

Die Aufzählung dieser ungeheuer großen Masse an Informationen lässt einem bewusst werden, dass das menschliche Gehirn und somit der normale Anleger eigentlich nicht mehr in der Lage ist, diesen Datenfluss entsprechend zu sortieren und einzuordnen. Hochintelligente Menschen sind in der Lage, bis zu 800 Wörter **in der Minute** zu lesen, die Rechner dieser Finanzinstitute kommen auf einige hundert Millionen bis einige Milliarden **pro Sekunde**. Ende nach oben nicht absehbar.

Daher überlassen selbst die Investmentbanken diese Arbeit den Rechnern, die das entsprechend je nach Ausstattung und Software mehr oder weniger sehr gut bewältigen können, aber letztlich abhängig sind von den von Menschenhand geschaffenen Algorithmen.

Wie die FAZ und das Handelsblatt berichteten, hat der Hochfrequenzhandel zu einer unglaublichen Steigerung der Handelsaktivitäten geführt. Wurden beispielsweise in 1993 die 30 Werte im DAX gut eine Milliarde Mal gehandelt, waren es 2011 bereits 41 Milliarden Transaktionen. Weltweit wurden im vergangenen Jahr Aktien im Wert von US$ 80,4 Billionen gehandelt, Tendenz steigend.

Bei Einführung der Handelsplattform Xetra wurden am ersten Handelstag 5.000 Aufträge abgewickelt, jetzt sind es laut Deutscher Börse 107 Millionen am Tag.

Die Werte im japanischen Nikkei wurden in 2011 343 Milliarden mal gehandelt, bei den Werten im FTSE (wichtiger britischer Aktienindex) kamen auf 221 Milliarden. Auch hier Tendenz steigend

Und dieser Trend ist nicht nur an den oben genannten Börsen zu verzeichnen, sondern weltweit. Man kann daher nur erahnen, welche ungeheuerlich großen Ausmaße dieser Computerhandel, oder Roboterhandel zwischenzeitlich angenommen hat und weiter nehmen wird.

Auch hier zeichnet sich schon die Horrorvision selbstständig handelnder Maschinen deutlich ab.

Dieses hohe Volumen kann andererseits durch fehlerhafte Aufträge und damit sich potenzierende Reaktionen der Rechner zu erheblichen Vermögensverlusten bei den Anlegern führen. So geschehen in Indien beim indischen Nifty-Index, wodurch US$ 58 Milliarden Börsenwerte zumindest auf dem Papier vernichtet wurden. Beim so genannten „Flash –Crash" des Dow-Jones-Indexes im Mai 2010 waren es US$ 325 Milliarden.

In den USA werden derzeit zwei Drittel der Umsätze auf dem Aktienmarkt über den Hochfrequenzhandelt abgewickelt, Tendenz steigend. Wie in der Industrie, schreitet auch hier die Automatisierung der Produktion, bzw. hier im Handel entsprechend fort. Es bleibt daher die größte Sorge, dass die Systeme der Hochfrequenzhändler zu unkontrollierbaren Abstürzen nicht nur an den Aktienmärkten führen und damit das gesamte Finanzsystem destabilisieren könnten.

Zwischenzeitlich hat auch die Aufsicht und Politik von diesen Gefahren Wind bekommen, FBI und SEC beobachten verstärkt den Markt, da auch hier Unregelmäßigkeiten in den komplizierten Algorithmen vermutet werden, die nur den einen Sinn haben, die Marktteilnehmer durch falsche Bewegungen hinter das Licht zu führen. Vorschläge zur Eindämmung dieser Gefahren liegen auf dem Tisch. So soll beispielsweise eine Mindesthaltefrist von mindestens einer halben Sekunde eingeführt werden. Was aber ist <u>nach</u> dieser halben Sekunde? Auch hier spielt die Schnelligkeit der Systeme, das kurze Kabel und deren Algorithmen eine große Rolle.

In den USA steht im Zentrum dieser Regulierungsdebatte der so genannte „Kill Switch", eine Art Notabschaltung für den Krisenfall für Broker oder den gesamten Markt. Käme es bei einem Broker = Investmentbank zu Problemen mit der Software, könnte dieser blitzschnell vom restlichen Kapitalmarkt abgetrennt werden, womit verhindert werden soll, dass sich Probleme im Markt potenzieren (lt. Handelsblatt). Kritisch betrachtet ergeben sich auch hier wieder eine Menge von Manipulationsmöglichkeiten, womit unliebsamen Konkurrenten der Garaus gemacht werden könnte.

Diese Technisierung der Finanzgeschäfte beinhaltet aber auch extreme Risiken für die Anleger selbst. Wo die Reise bei Dollar, DAX & Co. hingeht weiß nur ein kleiner Kreis innerhalb der Finanzinstitute (Research) und wird entsprechend nutzbringend ausgenutzt. Die hohen Gewinne der Investmentbanken und das zwischenzeitlich hohe Provisionsergebnis aller Banken, inklusive der Volksbanken und Sparkassen, welches im Wesentlichen über von den Investmentbanken strukturierte und daher mit hohen Verkaufsprovisionen eingesammelt wird, ist der beste Beleg dafür.

Dieses (Insider)Wissen wird nicht nur für eigene Zwecke = Eigenhandel sehr erfolgreich genutzt, sondern auch für die Akquisition von Geschäfts- und Privatkunden.
So wurde bei einem meiner Mandanten von einem größeren Bankinstitut ein Stresstest über ein Depot eines Konkurrenzinstitutes durchgeführt und dieser wie folgt begründet:

„Die Kapitalmarktexperten der Finanzbranche führen regelmäßig finanzmathematische und statistische Simulationen durch, um die Auswirkungen von bestimmten Ereignissen auf Ihre Geldanlagen zu prüfen. In Form des für Ihr Depot durchgeführten Stresstests wird die Entwicklung der enthaltenen Wertpapiere in einem bestimmten angenommenen Szenario simuliert. Für die Simulation des Stressszenarios werden alle zur Analyse verwendeten Parameter durch Einschätzungen von Experten vorab festgelegt".

Dies zu kommentieren erübrigt sich und unterstreicht meine bisherigen Aussagen.

„BIG Data! Die nächste Revolution".

Unter dieser Überschrift berichtete die Welt am Sonntag über unfassbar schnelle Computer und neuartige Software, die gigantisch große Mengen an Daten analysieren können.

So soll das US-Agrarministerium fast die komplette Online-Kommunikation zwischen den Landwirten in den USA gesammelt und ausgewertet haben. Aus den Beiträgen der Bauern, einem riesigen Datenberg, will das US-Agrarminsterium herausfinden, wie sich Pflanzen optimal für einen bestimmten Bedarf züchten lassen. Die Folge dieser Datenauswertung könnte zu Entwicklungen bei der Herstellung von Dünger, d. h. zur rechtzeitigen Zurverfügungstellung dieser Produkte und damit zu riesigen Gewinnen bei den Düngemittelherstellern führen. Auch kann man daraus ersehen, wie sich die Ernte entwickelt, ob positiv oder negativ, woraus sich entsprechende Preisvolatilitäten im Vorfeld schon vorhersagen lassen.

Dies sind auch die Gründe, warum die Banken / Investmentbanken an der Agrarspekulation festhalten wollen, da diese durch solche Möglichkeiten der Vorhersagen zu erheblichen Informationssprüngen und damit zu erheblichen Profiten führen können.

Anderes Beispiel. Wenn viele Menschen einer Region bei Google nach gewissen Medikamenten suchen und sie in ihren Benachrichtigungen bei Twitter & Co. über Kopfschmerzen klagen, dann könnte eine Grippewelle anrollen, Hausärzte wären vorgewarnt, Pharmakonzerne könnten die Produktion entsprechender Medikamente ankurbeln usw..

Das ist jetzt ein positives Beispiel für die Nutzung dieser riesigen Datenmengen. Was aber, wenn es um strukturierte Finanzprodukte, bzw. um die künftige Entwicklung der Basiswerte, welche aus den riesigen Datenmengen gezogen werden können, und damit um die entsprechenden Wettscheine geht? Es wäre die pure Ausbeutung der Anleger zu Gunsten weniger, die ja jetzt schon ungeniert vollzogen wird.

Kapitel 6

Was sind nun strukturierte Finanzprodukte?

Etwas zu strukturieren, um damit vorgesehene Wege effizient zu gestalten und mit der damit formulierten Strategie oder Lebensweise das vorgesehene Ziel zu erreichen, ist eigentlich positiv besetzt.

Jedes Unternehmen verfolgt eine festgelegte und immer wieder modifizierte Einkaufs- und Produktionsstruktur, um mit produktivem Einsatz ihrer verfügbaren Ressourcen den optimalen Ertrag zu erwirtschaften. Dazu gehört auch eine dem Unternehmen angepasste Rechts- und Konzernstruktur, um nicht unnötige Steuern bezahlen und damit erhebliche Wettbewerbsnachteile in Kauf nehmen zu müssen.

Für die Lieferanten der Unternehmen bedeutet das den Nachteil, keine guten Preise durchsetzten zu können und für das gefräßige Finanzamt bedeutet das weniger Steuereinnahmen.

Somit gibt es bei jeder Struktur zwei Seiten einer Medaille. Die eine Seite wird begünstigt, meistens ist es der Strukturierende, und die andere Seite muss die Nachteile der optimalen Struktur des anderen tragen, bzw. in Kauf nehmen, sonst wäre es für den Strukturierenden kein Vorteil. Verfügt dann noch der Strukturierende über – wie im vorigen Kapitel beschrieben – Analysesysteme, mit deren Hilfe der Blick in die Zukunft mit sehr hoher Wahrscheinlichkeit ein richtiger ist, entsteht für ihn ein enormer Vorteil, den er in hohe Gewinne umsetzen kann, so wie es uns die Investmentbanken vormachen.

Die strukturierten Finanzprodukte können sich diesem Gesetz nicht entziehen. Hier strukturiert eine Bank- / Investmentbank ein Finanzprodukt nach Befragung des Wahrscheinlichkeits-Orakels mit folgenden Zielrichtungen:

- Verlagerung oder Absicherung von Kreditrisiken eigener oder fremder Natur und deren Vertrieb

- Verlagerung von Wertpapier- / Kursrisiken auf andere Marktteilnehmer und deren Vertrieb

- Letztlich Schaffung von Wettscheinen hierfür, um die erkannten Risiken bestmöglich auf die Marktteilnehmer zu übertragen, wobei diese Wettscheine den Anlegern unter anderem Vorzeichen (Chance und Risiko) verkauft werden.

- Erzielung eines risikofreien und wenn möglich immer wiederkehrenden optimalen Ertrages

Jetzt höre ich schon die vielen Protestrufe der Finanzindustrie, dass dies nicht stimmt und falsch sei, man dem Kunden doch nur eine optimale und diversifizierte und somit relativ risikofreie Anlage, unterstützt durch ein „aktives" Management (= in Gebühren; Anmerkung des Verfassers) präsentieren möchte. Dieser Kritik zu begegnen ist zugegebenermaßen nicht ganz einfach, da diesen Protestrufenden ein äußerst komplexer Sachverhalt zur Seite steht, die nur von den wenigsten verstanden und auch beurteilt werden können. Außerdem spielen hier geheime finanzmathematische Komplexitäten eine Rolle, die selbst von der Protestseite nicht mehr wahrgenommen, geschweige denn verstanden werden.

Bei näherer Betrachtung all dieser strukturierten Finanzprodukte wird man feststellen, dass der Ursprung stets ein Kredit ist. Wie schon mehrfach ausgeführt, ist der Anleger eigentlich ein Kreditgeber, d. h. er gibt einer Institution, sei es ein Staat, eine Bank, ein Unternehmen oder sonst einem Vermögensprodukt einen Kredit und bekommt dafür entweder Zinsen oder Dividenden.

Kann der Kreditnehmer auch als solcher identifiziert werden, z. B. bei einer Staatsanleihe der jeweilige Staat oder bei einer Bankanleihe die Bank oder bei einer Unternehmensanleihe / beim Kauf von Aktien usw. das jeweilige Unternehmen, so handelt es sich um eine direkte Anlage, d. h. der Anleger legt sein Geld direkt bei diesem Staat oder bei diesem Unternehmen oder bei dieser Bank an, die dann auch die Schuldner sind, welche sich damit eine Kreditaufnahme bei einer Bank ersparen.

Auch Banken nehmen Kredite bei anderen Banken auf und zwar von denen, die auf zu viel Liquidität – wie auch immer – sitzen. Dies ist dann der so genannte Interbankenhandel.

Kann jedoch der Kreditnehmer nicht eindeutig identifiziert werden, weil es sich beispielsweise um einen Pool von Kreditnehmern mit unterschiedlichen Bonitäten handelt wie bei einem Fonds, (z. B. Rentenfonds oder Aktienfonds) oder das Finanzprodukt setzt auf gewisse nicht selbst bestimmte Entwicklungen an den Börsen, ist somit ein Wettschein mit ungleichen Wettpartnern, oder man wettet auf diverse Zinsunterschiede oder auf einen Anstieg von irgendwelchen Warengruppen (siehe vorgehendes Kapitel), so handelt es sich um ein strukturiertes Finanzprodukt, welches zudem – bei Fonds aller Art – von einem dem Anleger unbekannten und meistens auch teuer bezahlten Fondsmanagement verwaltet wird.

Es gibt derzeit unzählig viele strukturierte Finanzprodukte und täglich kommen bis zu 1.000 neue mit ausgefeilten Strukturen, erschaffen von hochintelligenten, mathematisch äußerst begabten Menschen, hinzu. Früher fristeten die Mathematik-Koryphäen in einer Schulklasse das Dasein eines verschmähten Strebers, heute verdienen sie mit ihrem Mathematikverständnis in den Investmentbanken und Fondsgesellschaften Millionen.

In vielen so genannten Fact Sheets, auf Deutsch Wertpapierprospekt oder Finanzproduktbeschreibung, werden hierbei mathematische Formeln abgedruckt, welche die normalen Anleger nicht verstehen, geschweige denn die das Finanzprodukt vertreibenden Banker, deren mathematisches Wissen auf addieren, subtrahieren, dividieren und multiplizieren meistens beschränkt ist. Nicht vergessen werden darf dabei die wichtige Zinsformel. Für was in aller Welt tauchen dann diese mathematischen Formeln in den Wertpapierprospekten auf, die ein normaler Anleger sowieso nicht versteht? Sollen diese den Hauch einer seriösen Professionalität darlegen, obwohl der Anleger damit nichts anfangen kann?

Die Fact Sheets, bzw. die Wertpapierprospekte, worin die Anlageschwerpunkte, wie Investitionen in Aktien dieser und jener Kategorie oder Renten in diese und jene Emittenten, erklärt und weitere Absicherungsmöglichkeiten dargelegt werden, sind zudem meistens nur von Fachleuten zu verstehen und gewähren letztlich dem Fondsmanagement alles zur Absicherung von Risiken. Mit „alles" meine ich das gesamte Werkzeug der Derivate auch im Währungsbereich, also Wetten auf Entwicklungen, um befürchtete Entwicklungen abwenden zu können. Das erklärt u.a. auch die Höhe aller Derivate von rd. US$ 600 Billionen bei einem Welt-Bruttosozialprodukt von ca. US$ 60 Billionen. Wehe, wenn all diese Wetten auf einmal eingefordert werden.

In den nun folgenden Ausführungen beschränke ich mich nur auf die wichtigsten Spezies dieser strukturierten Finanzprodukte, die in sich dann wieder tausendfach verändert, d. h. umstrukturiert wurden nur mit dem einen Zweck, die Risiken dieses Produktes zu verschleiern, bzw. zu beschönigen (Chance und Risiko!!) und den damit generierten Erträgen für den Initiator, d. h. für die Investmentbank oder die Fondsgesellschaft oder die Emittenten unkenntlich zu machen.

Das Allerweltsprodukt Investmentfonds:

Bei dieser strukturierten Anlageform muss man unterscheiden zwischen der Grundstruktur eines **offenen** und eines **geschlossenen** Investmentfonds.

Offener Investmentfonds:

Ein **offener Investmentfonds** ist ein Geldanlagekonstrukt. Eine Investmentgesellschaft (deutscher Fachbegriff: Kapitalanlagegesellschaft) sammelt das Geld der Anleger, bündelt es in einem Sondervermögen > dem Investmentfonds (was nichts anderes ist als ein großes Wertpapierdepot) und investiert es in einem oder mehreren Anlagebereichen, d. h. sie kauft Papiere und verkauft dafür wieder andere oder umgekehrt. Die Anteilscheine, d. h. die fixierten Anteile an diesem Fonds / Wertpapierdepot können in der Regel börsentäglich gehandelt werden. Das Geld im Fonds wird nach vorher festgelegten Anlageprinzipien z. B. in Aktien, festverzinslichen Wertpapieren, am Geldmarkt und/oder in Immobilien angelegt. Das sind dann die Aktienfonds, die Rentenfonds, die Geldmarktfonds oder die Immobilienfonds. Diese offenen Investmentfonds müssen im Regelfall bei der Geldanlage den Grundsatz der Risikomischung beachten, das heißt, es darf nicht das gesamte Fondsvermögen in nur eine Aktiengesellschaft oder nur eine Immobilie investiert werden (im Gegensatz zu geschlossenen Fonds). Durch die Streuung des Geldes auf verschiedene Anlagegegenstände (Diversifikation) soll das Anlagerisiko reduziert werden, das Finanzprodukt wird aber für den Anleger dadurch auch intransparent und eröffnet dem Fondsmanagement eine Reihe von zusätzlichen Ertragsmöglichkeiten außerhalb des Gesichtsfeldes des Anlegers.

Diese Grundsätze der Risikomischung sind auch hier in den „Fact Sheets", d. h. Beschreibung des Fonds, festgelegt. Darin findet man die Anlagegrundsätze, die Anlagekategorien wie z. B. in welche Aktien von welcher Branche und welchem Land und welcher Währung investiert wird, die diversen Absicherungsmöglichkeiten über das gesamte Instrumentarium der Derivate, weitere Beimischungen (ich würde sagen Giftinjektionen) in Form von CDS (Credit Default Swaps= Übernahme von Kreditrisiken> Frage: wie soll das ein Fondsmanager ohne Kreditexpertise beurteilen können) oder ABS-Papiere (Asset Backed Securities = durch Vermögenswerte = Assets unterlegte = backed Wertpapiere = Securities), alles Kreditprodukte, womit sich ein anderer Kreditgeber seines Kreditrisikos gegen Zahlung einer Provision entlastet. Darüber hinaus spielen diese Fondsmanager gerne mit dem Instrumentarium der Optionen herum, so dass ein Außenstehender nicht in der Lage ist, das Risiko in einem solchen Fonds ernsthaft zu überprüfen, zumal am nächsten Tag das Portfolio des Fonds durch Kauf und Verkauf ein völlig anderes Gesicht haben kann.

Gerne wird bei diesem Kritikpunkt auf den Jahreswirtschaftsbericht des jeweiligen Fonds verwiesen, der allerdings meistens frühestens nach 6 Monaten nach Bilanzstichtag eingesehen werden kann. Was kann sich aber in diesen 6 Monaten schon wieder alles verändert haben?

Mit dem Kauf von Investmentfondsanteilen wird der Anleger Miteigentümer am Fondsvermögen ohne Einfluss darauf nehmen zu können und hat einen Anspruch auf Gewinnbeteiligung – so er entsteht! – und Anteilsrückgabe zum jeweils gültigen Rücknahmepreis. Der Anteilswert bemisst sich nach dem Wert des gesamten Fondsvermögens dividiert durch die Anzahl der ausgegebenen Anteile. Das Fondsvermögen wird nach Angaben des Fonds professionell verwaltet (was eigentlich jeder Fonds von sich behauptet) und ist nach deutschem Recht Sondervermögen, das bedeutet, die Anlagen müssen strikt getrennt von dem Vermögen der Gesellschaft gehalten werden. Diese Regelung garantiert den Vermögenserhalt auch bei Insolvenz der Kapitalanlagegesellschaft, welche diesen Investmentfonds verwaltet, es sei denn, die eingesammelten Gelder werden missbräuchlich von der Fondsgesellschaft verwendet. Den meisten und großen Fondsgesellschaften kann man das sicherlich nicht unterstellen. Das Sondervermögen steigt durch neue Einlagen von Anlegern und durch Kurs-, Dividenden- und/oder Zinsgewinne bzw. fällt durch Rückerstattung von Anteilen oder Verluste. Aus diesen komplexen Zahlenreihen ergibt sich dann der Kurs dieses Investmentfonds. Allerdings ist nur sehr schwer feststellbar, wie viele Kosten von der Fondsgesellschaft in diesem Zahlenwerk schon verarbeitet wurden.

Eine Garantie des Vermögenserhalts wird kein Fondszeichner erhalten, es sei denn, er zeichnet einen Fonds mit Kapitalerhalt, wobei der Anleger dann ganz sicher sein kann, dass er am Ende der Laufzeit nicht mehr als sein Kapital zurückbekommt. Dann kann er aber gleich eine Bundesanleihe zeichnen und erhält dafür sogar noch Zinsen. In den Fact Sheets auf Seite xy, meistens relativ weit hinten im Fondsprospekt, werden alle möglichen Risiken aufgezeigt und von den Verkäufern dieser Fonds mit den Beipackzetteln von Medikamenten verglichen, um damit zu dokumentieren, dass diese Risiken mit „höchster Wahrscheinlichkeit" nicht eintreten werden. Jedenfalls habe ich noch keinen solchen „Beipackzettel" gefunden, der nicht von einem totalen Vermögensverlust spricht.

Beim Kauf eines Investmentfonds hat der Anleger für die Idee der Zusammensetzung des Anlagegutes „Investmentfonds" und für das Fondsmanagement einen Ausgabeaufschlag in unterschiedlicher Höhe zu bezahlen. Dieser Ausgabeaufschlag liegt in der Regel zwischen 2 % bis 6 % + x, welcher zusätzlich zum Kurs des Investmentfonds zu zahlen ist. Hinzu kommen dann Jahr für Jahr die Verwaltungsgebühren von 0,5 % bis 2 %. Eigentlich stellt ein Investmentfonds eine Mini-Vermögensverwaltung dar nur mit dem Unterschied, dass die Vermögensverwaltungsgebühren der eigentlichen Vermögensverwalter nur bei maximal 1 %, in der Regel deutlich darunter liegen.

Aber nicht genug mit dem Ausgabeaufschlag und den Verwaltungsgebühren, auch Management-fee genannt. Je nach Vertragsart werden

- versteckt oder offen Gewinnbeteiligungen eingebaut, die bei krassen Fällen – insbesondere bei einigen Liechtensteinfonds – wöchentlich ermittelt werden und am Ende der Woche dem Depot belastet werden.

- Daneben schlagen Rückvergütungen an den Vertrieb,

- Halteprämien an die Depot verwaltende Bank, wenn der Fonds so lange wie möglich vom Anleger gehalten und nicht verkauft wird trotz negativer Performance und

- sonstige Incentives = den Vertrieb unterstützende Maßnahmen wie Sonderreisen, Geschenke usw.

negativ zu Buche.

Diese werden offiziell nicht ausgewiesen und als Gesamtpaket dem Vertrieb, bzw. der Bank vergütet ohne Bezug auf das jeweilige Produkt oder den jeweiligen Fondsinhabers und sind damit äußerst schwer verifizierbar. Bezahlen muss es aber der Anleger in Form eines vom Fondsmanagement entsprechend gestalteten Kurses, der sich dann wundert, warum der Kurs des Investmentfonds zurückgegangen ist oder nicht entsprechend des Anstiegs des DAX Gewinne verzeichnen konnte.

Ganz eklatant wird die Kostenbelastung bei den so genannten Dachfonds. Das sind Investmentfonds, die keine direkten Anlagen kaufen/verkaufen sondern nur Fondsanteile von anderen angeblich gut laufenden Investmentfonds. Das bedeutet, dass das Fondsmanagement des Dachfonds auch Gebühren in der eben beschriebenen Form vereinnahmt, d. h. zu den Gebühren-/Kostenbelastungen der ursprünglichen Fonds kommen dann noch die Gebühren- / Kostenbelastungen des Dachfondsmanagements hinzu.

Äußerst krass wird es dann, wenn beispielsweise ein Vermögensverwalter solche Dachfonds in das von ihm verwaltete Depot hereinnimmt und dafür ebenfalls seine Verwaltungsgebühr kassiert. Das bedeutet dann eine Verwaltung in der Verwaltung in der Verwaltung, bzw. dreifache Gebührenbelastung des verwalteten Vermögens, wobei nicht ausgeschlossen werden kann, dass dieser Vermögensverwalter vom Dachfondsmanagement auch noch Halteprämien, Rückvergütungen, Incentives und sonstiges Sponsoring erhält.

Solche Vermögensverwaltungsmandate, insbesondere in der Schweiz – sind mir leider einige Male zu Gesicht gekommen und wiesen deshalb auch seit Jahren eine negative Entwicklung aus, d. h. das Vermögen des Vermögensinhabers verringerte sich von Jahr zu Jahr. Erklärt wurde dies mit „Marktentwicklungen" usw.

Will der Anleger den Fonds verkaufen, liegt der Unterschied zwischen An- und Verkauf in der Regel um die 3-5 %, womit eine weitere nicht zu unterschätzende Ertragsmöglichkeit für die Fondsgesellschaft besteht. Dieser hohe Unterschied dient aber nur dem Zweck, den Anleger vom Verkauf des Investmentfonds abzuhalten. Weitere diesbezügliche mir bis dato nicht bekannte Gebühren sind nicht auszuschließen, bzw. mir schon untergekommen.

Seit einigen Jahren sind die Banken verpflichtet, die Gebührenbelastungen ihrer Finanzprodukte offenzulegen. Ich erinnere mich noch an die dicken Prospektpakete der Banken, womit die neue Offenlegung der Gebührenbelastung dokumentiert werden sollte. Dieses Paket nahm nicht selten einige hundert Seiten an Informationsseiten ein inkl. der dann erstmals zugesandten Geschäftsberichte, Marktberichte usw. mit dem erklärten Ziel, den Kunden vor lauter Informationen vom eigentlichen Kern dieser Berichterstattung abzuhalten, nämlich die auf irgendwelchen Seiten versteckten Gebühren- und Kostenbelastungen. Selbst wenn ich heute im Sinne des Mandanten danach frage, bekomme ich meistens hinhaltende oder nur sehr lückenhafte Auskünfte, obwohl die Banken hierzu gesetzlich verpflichtet sind. In einem Fall beschwerte sich sogar der Kundenberater bei meinem Mandanten unter Hinweis, dass doch in der Vergangenheit sehr vertrauensvoll mit ihm zusammengearbeitet worden war. Hier möchte ich noch ergänzen>> der Kunde vertrauensvoll ausgenommen wurde.

Meistens gehören die Investmentfondsgesellschaften einem Bankkonzern oder sind Vertriebspartner irgendwelcher Bankengruppen (Sparkassen / Volksbanken), die wiederum Eigentümer der Investmentfondsgesellschaft sind (z. B. Dekabank). Somit verfügen die Banken mit Investmentfondsgesellschaften über eine recht starke Vertriebsstärke für Finanzanlagen, welche bei Neuemissionen von Aktien und Anleihen eine erhebliche Rolle spielen zum Zwecke der Akquisition eines Emissionsmandates. Je größer die Vertriebsstärke, desto größer ist die Wahrscheinlichkeit, das für die Bank sehr lukrative Emissionsmandat als maßgeblicher Agent zu erhalten oder daran beteiligt zu werden. Das bedeutet allerdings auch, dass dann solche Papiere sehr schnell bei den Investmentfonds der eigenen Investmentfondsgesellschaften platziert werden können, egal ob es sich jetzt um ein Papier mit guter oder schlechter Bonität handelt. Besonders kritisch ist diese Vorgehensweise dann zu sehen, wenn die Bank über eine solche Emission die eigenen zu hohen Kreditforderungen gegenüber einem Schuldner abbaut.

Wie schon mehrmals festgehalten, ist der Vermögensanlagekunde ein Kreditgeber, die Vermögensanlage der Kreditnehmer. Somit nimmt ein Investmentfonds die Eigenschaft eines Kreditnehmers ein. Es handelt sich also um ein Kreditgeschäft.

Vergleicht man nun dieses Kreditgeschäft mit dem Vorgang einer Kreditvergabe durch die Bank, kann man hier himmelweite Unterschiede erkennen. Während man beim Kauf eines Investmentfonds eine Kurzfassung der Fondsbeschreibung / einen Flyer mit power-point-ähnlichen Grafiken in Form eines Kuchens, welcher die jeweiligen Anteile irgendwelcher Fakten (Branche / Währung usw.) enthält und Performance- Kurven meistens der letzten 2 bis 3 guten Jahre aufzeigt und nicht die Kurve der Gesamtlaufzeit mit einer evtl. negativen Gesamtperformance, was leider sehr oft praktiziert wird, geht es bei der Bankkreditvergabe ganz anders zu.

Hierbei stützt sich die Bank ganz maßgeblich auf das Kreditwesengesetz, das ich im Übrigen sehr richtig finde. Will ein Unternehmen bei einer Bank einen Kredit aufnehmen, muss es die Jahresbilanzen, vorläufige Zahlen u. a. in monatlichen oder vierteljährlichen Zeitabständen in Form einer BWA (Betriebswirtschaftlicher Abrechnung) vorlegen. Darüber hinaus Planzahlen, Auftragsbestand, eine Liquiditätsrechnung, eine Aufstellung des Kreditengagements bei den anderen Banken und deren Sicherheitenpositionen. Weitere Fragen, welche für die Erstellung des Ratings wichtig sind, nehmen teilweise einen Fragenkatalog bis zu 100 weiteren Fragen + x ein. Bei Krediten an Privatpersonen ist es ähnlich.

Alles richtige Maßnahmen zur wertberichtigungsfreien Kreditvergabe und damit Stabilisierung der Kreditinstitute und damit auch der Realwirtschaft. Zudem hat es auch einen erzieherischen Charakter zu einem seriösen Geschäftsgebaren.

Warum aber hat es der Staat als die letzte Instanz einer Finanzpolizei und damit der Stabilisierungsfaktor unserer Volkswirtschaft, trotz schwerer Finanzkrise und vieler Lippenbekenntnisse bis heute nicht geschafft, solche Regeln auch bei der Kreditvergabe durch die Privatanleger als absolutes Muss einzuführen? Diese werden unverändert allein gelassen. Da helfen auch keine vom Anleger zu unterzeichnenden mehrseitige und eng bedruckte Beratungsbögen, womit der Anleger dokumentieren soll, dass er alles verstanden hat. Erfahrungsgemäß können aber die meisten Anleger die darin aufgeführten Wertpapiergattungen nicht einmal auseinanderhalten, geschweige denn, die Risiken hieraus erkennen. Diese Beratungsbögen verfolgen daher nur den einen Zweck, bei einer Schieflage die beratende Bank frei zu zeichnen nach dem Motto, er wurde über die Risiken aufgeklärt.

Viele diesbezügliche Forderungen, diese unverständlichen Beratungsbögen zu vereinfachen, bzw. verständlicher zu machen, wurden schon vor Jahren formuliert und vorgeschlagen, verändert hat sich letztlich nichts. Der Verkauf der kreditbasierten strukturierten Finanzprodukte geht unverändert weiter, bzw. wird durch die übertriebene Regulierungswut der BaFin, welche anscheinend nur über eine Expertise im Kreditgeschäft verfügt, verschärft. Wen wundert es dann, wenn die Banken das Kreditgeschäft sukzessive in der Ecke liegen lassen, bzw. alles daran setzen, es durch Verbriefungsaktionen wieder loszuwerden.

Zusammenfassend kann also festgehalten werden, dass

- man beim Kauf des Produktes Investmentfonds jemanden – einem Fondsmanagement – Geld gibt, den man nicht kennt, das meistens sogar der empfehlende Banker nicht kennt,

- das Fondsmanagement für seine Tätigkeit – außer bei grober Fahrlässigkeit, welche in diesem Geschäft unmöglich nachgewiesen werden kann – nicht haftet, ebenso die empfehlende Bank (dafür sorgt schon der vom Anleger zu unterzeichnende Beratungsbogen),

- das Anlagegut nicht transparent ist und

- bei dem sowohl die vermittelnde Bank als auch das Fondsmanagement sehr gut ohne Wissen des Anlegers verdienen kann und das nochmals ohne Risiko.

Ich frage mich daher schon seit vielen Jahren, warum die Anleger solchen schwarzen Anlage-Löchern so viel Geld anvertrauen und das immer noch, obwohl in den Medien darüber schon so oft berichtet wurde? Wird eine Waschmaschine gekauft oder ein Auto, werden Testberichte ohne Ende studiert und mit anderen verglichen. Bei der Vermögensanlage verlassen sich die meisten aber immer noch auf die das Produkt verkaufende Bank. Wenn die Anleger genauso viel Zeit für die Vermögensanlage aufwenden würden, wie für das Verdienen des Anlagebetrages, gäbe es sicherlich nicht die hohen Anlageverluste und so große Bank- und Versicherungspaläste.

Offener Aktienfonds:

Hier handelt es sich übersetzt um ein Wertpapierdepot mit Aktien der unterschiedlichsten Kategorien. Entweder Aktien von DAX – Unternehmen oder aus anderen Indizes wie M-DAX, Euro STOXX usw. oder es werden nur Aktien einer bestimmten Branche, einer bestimmten Region, aus ethischen Grundsätzen usw. ge- und verkauft. Die hier anfallenden Kursgewinne und -verluste nebst den ausgeschütteten Dividenden werden diesem Depot / Fonds gutgeschrieben, allerdings auch die Kosten. Aus diesem Zahlen-Mischmasch ergibt sich – wie schon beschrieben – der Kurs für Ankauf und mit deutlichem Abschlag für den Verkauf (aus Anlegersicht).

Solche Fonds werden in der Regel von jungen Nachwuchstalenten verwaltet. Sind diese gut und erfolgreich, erhalten sie in kürzester Frist einen noch größeren Fonds, so dass ein weiterer Youngster nachwachsen und sich versuchen kann. Somit entsteht eine sehr volatile Fluktuation im unbekannten Fondsmanagement und am Ende kann keiner mehr für den Misserfolg des Fonds verantwortlich gemacht werden.

Auch hier finden sich zur Absicherung von Risiken die Möglichkeiten, diese über Derivate abzusichern. Je nach Zockermentalität des Fondsmanagers sammeln sich dann eine Menge Absicherungsderivate an, die in sich auch wieder Risiken beinhalten und den Fonds noch intransparenter machen, zumal jedes Derivat seitenlange Verträge nach sich zieht und nicht sicher ist, ob der Fondsmanager die darin enthaltenen Vereinbarungen selbst versteht.

Eine Anlage in Aktien macht auf lange Sicht gesehen eigentlich Sinn, aber nur dann, wenn der Einstieg entsprechend günstig war und man nicht irgendwelchen Marktberichten und Presselobhudeleien gefolgt ist und Aktien zu Höchstkursen erstanden hat. Der Einstieg zu relativen Höchstkursen wäre ein Akt der Vermögensvernichtung, zumal solche Kurse meistens kaum wieder erreicht werden und wenn, hat man nach vielen Jahren aufgrund eines Zinsverlustes schon Geld verloren – zzgl. zur Inflation und zzgl. der hohen Gebühren eines Fondsmanagements – und ist vor allem dann zu lange an dieses Investment gebunden, wenn man keine Verluste realisieren will.

Der Aktienmarkt ist äußerst volatil und wird von unzähligen Faktoren bestimmt. Allein die Anzahl der Daytrader ist weltweit so immens, dass nur ausgefeilteste Rechnersysteme der damit beschäftigten Institutionen (Investmentbanken / Hedgefonds usw.) die Tendenzen dieser Marktteilnehmer schon im Vorfeld einigermaßen (mit Verbesserungstendenz) erfassen können zwecks erfolgreicher Entscheidung ihrer eigenen Kauf- und Verkaufsentscheidungen. Das Nachsehen haben dann die Marktteilnehmer, im Wesentlichen die Privatanleger, welche nicht über diese Rechnersysteme verfügen, da sie ja die Gegenseite des Handels an den Börsen darstellen.

Bei einem Kauf muss es immer einen geben, der gewillt ist, zu verkaufen. Die Frage ist nur, wer über die besseren Informationen verfügt, diesen jeweiligen Akt gewinnbringend vorzunehmen. Hier helfen die schon mehrfach erwähnten Rechnersysteme (siehe vorgehendes Kapitel) der Investmentbanken und Hedgefonds, welche ihre Zukunftsanalyse aus den daraus generierten, nahe dem Insiderwissen liegenden Informationen ziehen.

Jetzt sollte man annehmen, dass es dann eigentlich Sinn macht, die Anlage in Aktien den Aktienfonds anzuvertrauen, da diese evtl. auch über diese Möglichkeiten der Wahrscheinlichkeitsrechnungen verfügen. Weit gefehlt! Dagegen sprechen die hohen offenen und versteckten Gebühren sowie deren Performance, welche sich in den meisten Fällen weit unter den Zuwächsen der Aktienindizes befinden aufgrund der abgerechneten Gebühren. Bei Baisse-Situationen liegen sie in der Regel sogar noch schlechter, als die jeweiligen Aktienindizes, da zu den Kursabstürzen dann noch die Gebühren der Fonds hinzukommen. Hier muss man im Übrigen aufpassen, ob die Darstellung der Performance mit oder ohne Gebühren des Investmentfonds erfolgt ist. Außerdem werden die Aktienfonds als die Gegenseite des Handels zu den Institutionen gesehen, welche über die Rechnersysteme mit den Wahrscheinlichkeitsrechnungen verfügen.

Sollte dann ein Aktienfonds die Spitze des ertragreichsten Fonds erklommen haben und über den Indizes liegen, kann man nahezu davon ausgehen, dass dieser in den Folgejahren unter „ferner liefen" im Ranking auftaucht. Den Grund für seinen Spitzenplatz kann man in den Verlusten der Folgejahre sehen. Damit der Fonds den Spitzenplatz erreichen konnte, musste er hoch spekulative Transaktionen eingehen, die meistens nach einer gewissen Zeit in sich zusammenbrechen, bzw. zu Verlusten führen oder er lag auf der richtigen Absicherungsseite und die zur positiven Performance beigetragenen Derivate sind ausgelaufen usw. usw..

Fazit: Aktienanlage ja, aber dann nicht in einem strukturierten Krimskrams, den Gelddruckmaschinen der Finanzindustrie.

In diesem Zusammenhang verweise ich auf die Ausführungen des Kapitels „Wie soll man nun anlegen?".

Offener Rentenfonds:

Das Prinzip ist hier genauso wie beim Aktienfonds. Statt Aktien werden Renten, d. h. festverzinsliche Wertpapiere ge- und verkauft. Auch hier wird nach unterschiedlichen Kategorien eingeteilt. Festverzinsliche Wertpapiere und damit die Rentenfonds genießen bei den meisten Anlegern den Nimbus von Seriosität und Risikolosigkeit.

Auch hier muss ich den Leser enttäuschen. Gerade bei festverzinslichen Wertpapieren offenbart sich das „umgekehrte Kreditgeschäft" im Risiko ganz deutlich, wonach der Anleger der Kreditgeber und das festverzinsliche Wertpapier, bzw. dessen Emittent der Kreditnehmer ist. Ein festverzinsliches Wertpapier ist ein Ersatz für einen Kredit, den der Emittent ansonsten bei einem Kreditinstitut hätte aufnehmen müssen. Insofern spielen Bonität und künftige Entwicklung des jeweiligen Emittenten eine sehr große Rolle und somit auch die Kreditexpertise des Fondsmanagers, die aber meistens nicht vorhanden oder sehr unterentwickelt ist.

Erst kürzlich musste ich einer agilen und akquisitionsstarken jungen Bankerin im „Wealth Management" einer angesehenen Privatbank in der Schweiz diesen Sachverhalt näher erläutern, nachdem sie mir Anlagevorschläge, gespickt mit den strukturierten und sehr Risiko behafteten Anlagevorschlägen zugesandt hatte.

Hier gilt es also ganz höllisch aufzupassen, welche Kategorie von Renten ein Rentenfonds in das Portfolio aufnehmen möchte. Erfahrungsgemäß befinden sich in diesen Portfolios unterschiedliche Kategorien mit unterschiedlichen Papieren und damit Risiken, die aus den Verkaufsunterlagen und den Jahresberichten nicht exakt hervorgehen. Der Grund für dieses Versteckspiel ist ganz einfach.

Die Rentenfonds stehen grundsätzlich in Konkurrenz zu den direkten festverzinslichen Wertpapieren. Angenommen, ein seriöses Rentenpapier / Bundesanleihe wirft im 10- Jahresbereich einen Zins von 3 % p.a. auf das Kapital ab, so muss ein Rentenfonds zumindest auch diese Rendite erwirtschaften, da der Anleger bei einer geringeren Rendite als bei dieser Allerweltsrendite für eine Bundesanleihe sich den Kauf eines Rentenfonds ersparen kann.

Problem des Rentenfonds ist es aber nun, dass er bei Kauf dieser Bundesanleihe ebenfalls nur diesen Zins von 3 % p.a. erhält, aber andererseits seine nicht unbeträchtlichen Kosten – nehmen wir nur 2 % gerechnet auf das Kapital an – noch zu erwirtschaften sind. Je nach Marktlage kann er evtl. noch Kursunterschiede ausnutzen und damit zusätzliche Erträge generieren, saldiert betrachtet führt dies nur bei sehr volatilen Marktbewegungen zu entsprechenden Zusatzerträgen.

Was macht nun ein Rentenfonds, um diese 3 % plus evtl. x % zu erzielen, um sich selbst attraktiv zum Kauf zu empfehlen? Da diese Fondsmanager auch nur mit Wasser kochen und keine Instrumente zur wundersamen Geldvermehrung besitzen, investieren sie das Fondskapital in risikoreichere Renten wie Währungsanleihen und setzen darauf Währungsabsicherungsgeschäfte / Derivate, in Optionen, in Wandelanleihen mit unsicherem Ausgang und auch in hochverzinsliche mittelständische Unternehmensanleihen mit entsprechendem hohen Zinskoupon und Risiko.

Zugedeckt werden diese höheren Risiken mit dem Hinweis auf ein aktives Management, was nichts anderes heißt als zocken mit dem gesamten Instrumentarium des strukturierten derivaten Anlageuniversums, woran im Übrigen die die Investmentgesellschaft tragende Bank = Muttergesellschaft ebenfalls noch kräftig verdient, da über die diese „Absicherungsinstrumente" in den meisten Fällen abgeschlossen werden. Man kann es auch als eine andere Form der Gebühren- / Einnahmenoptimierung bezeichnen.

Offener Geldmarktfonds:

In früheren Zeiten waren die Geldmarktfonds sowohl für den Anleger als auch für die Fondsgesellschaft bzw. die sie vertreibende Bank eine honoriges und renditeträchtiges Anlagegeschäft. Mit dem eingesammelten Fondskapital wurden höher verzinsliche und lang laufende Rentenpapiere mit deutlich höheren Zinsen eingekauft. Anfang 2000 konnten somit noch langlaufende Rentenpapiere mit einer Verzinsung um die 8 % p.a. eingekauft werden, für kurzfristige Festgelder gab es in etwa 3 – 4 % p.a. Somit war es den Geldmarktfonds mit täglicher Kündigung möglich, höhere Renditen zu bieten als für kurzfristige Festgelder. Da sich diese Rentenpapiere damals auch aus weniger Risiko anfälligen Rentenpapieren zusammensetzten (mittelständische Unternehmensanleihen und strukturierte Papiere gab es damals noch nicht in dem Maße wie heute) und die Unternehmensanleihen damals wenig Risiko beinhalteten (Wertberichtigungsquote der Banken im Kreditgeschäft war damals auf dem Nullpunkt) war eine starke Nachfrage nach Geldmarktfonds die Folge, dieser Markt boomte regelrecht.

Nachdem aber die hoch verzinslichen Rentenpapiere ausgelaufen waren und sich zudem das Zinsniveau weiter absenkte bis zur jetzigen skandalösen und politisch motivierte Höhe von fast null Prozent, kamen die Geldmarktfonds auch aufgrund ihrer eigenen Verwaltungskosten zunehmend in Konkurrenz zu den kurzfristigen Festgeldern und ähnlichen Anlageprodukten der Banken, die jetzt teilweise mit höheren Zinsen aufwarten konnten. Sie hatten somit große Renditeprobleme.

Zu diesem Zeitpunkt befanden sich die Banken in einer sehr komfortablen Lage. Die Wirtschaft lief gut, die Risiken im Kreditgeschäft waren somit sehr gering, welches sich in sehr niedrigen Wertberichtigungsquoten der Banken äußerte. Ob die offizielle Einschätzung dieser Risiken richtig war, muss im Nachhinein bezweifelt werden, da auf einmal CDS-Papiere (credit default swaps = Kreditrisikoübernahmepapiere) auf dem Finanzmarkt zu sehr attraktiven Prämien angeboten wurden. Mit diesen so genannten „credit default swaps" konnte man als Investor Kreditrisiken übernehmen und bekam für diese Risikoübernahme eine zum damaligen Zeitpunkt attraktive Prämie. Solche Geschäfte wurden damals als relativ risikolos bewertet mit Verweis auf die seit Jahren niedrigen Wertberichtigungsquoten der Banken und der gut laufenden Wirtschaft.

Als Ersatz für die immer weniger werdenden üblichen und hoch verzinslichen Rentenpapiere wurden zunehmend die so genannten ABS-Papiere (von wem wohl? Natürlich von den Investmentbanken) geschaffen und waren entsprechend en vogue. Bei ABS-Papieren (asset backed securities = durch Vermögenswerte /Kreditforderungen abgesicherte Wertpapiere) handelt es sich um einen Pool von diversen Forderungen gegenüber irgendwelchen Schuldnern, welche man zu einem Paket zusammenschnürte, bzw. verbriefte und als verzinsliche Anleihe auf den Markt begab. Die damalige Verzinsung dieser ABS-Papiere lag deutlich über dem Geldmarktzins und wurde daher als Alternative zu den bisherigen und auch als langweilig beschimpften, üblichen Rentenpapiere gesehen.

Sowohl die ersten ABS-Papiere als auch die ersten CDS setzten sich aus erstklassigen Schuldnern zusammen und man konnte mit guten Gewissen eine nahezu vorhandene Risikolosigkeit dieser Papiere festhalten. Nachdem diese Papiere den Produzenten regelrecht aus den Händen gerissen wurden, erhöhte sich die Produktion der CDS- und ABS-Papiere, allerdings mit dem Nachteil, dass die guten Schuldner bald vergriffen waren und man deshalb die Bonitätsschwelle immer tiefer legte und im Laufe der Jahre die Risiken dieser Papiere immer mehr anstiegen, bis es dann später zu den ersten Insolvenzen kam. Ähnliche Geschichten finden sich im Übrigen bei den Subprime-Papieren, welche zu der bekannten Finanzkrise geführt haben.

Die Geldmarktfonds, arm an höher verzinslichen Rentenpapieren und versehen mit dem Werturteil geringer Risiken, griffen somit erst zögerlich und dann später immer häufiger auf diese CDS- und ABS- Papiere zurück, da sie mit dem Kauf dieser Papiere, d. h. beim CDS-Kauf eine attraktive Prämie und bei ABS-Papieren die Verbuchung eines höheren Zinssatzes, ihre Renditen aufbessern konnten und somit gegenüber den kurzfristigen Festgeldern wieder konkurrenzfähig waren. Bei verschiedenen Geldmarktfonds, auch aus dem Sparkassen – und Volksbanksektor – bemerkte ich anfangs nur eine geringe „Beimischung" solcher Papiere von nur wenigen Prozent. Dieser Anteil erhöhte sich dann innerhalb weniger Monate deutlich, in einem Fonds eruierte ich sogar einen Anteil von 12 %.

Der damalige Chef der Deka-Bank fand dieses Geschäftsgebaren sogar als üblich. Dies veranlasste mich wiederum, die BaFin im August 2007 auf diesen Umstand hinzuweisen, dass die Geldmarktfonds, hier an einem Beispiel eines Fonds der Deka-Bank in Luxemburg, mit so hohen Risikopapieren versetzt seien.

Die Antwort war wieder ernüchternd und lautete nach der Belehrung, wie diese Fondsstruktur aussah, etwa einen Monat später wie folgt:

„Ich (Dr. ... von der BaFin) weise darauf hin, dass die Vertriebsberechtigung lediglich bedeutet, dass der betreffende Fonds bei mir seine Unterlagen eingereicht hat und in den öffentlichen Vertrieb seiner Anteile in Deutschland nicht untersagt habe, da die im Investmentgesetz (InvG) hierfür vorgesehenen Vertriebsvoraussetzungen erfüllt waren. Die vertriebsberechtigten ausländischen richtlinienkonformen Investmentfonds unterliegen in materieller Hinsicht aber nicht meiner Aufsicht, so sind beispielsweise umfassende Prüfungen ausländischer richtlinienkonformer Investmentfonds, insbesondere bezüglich der Gebührenpolitik, Anlagepolitik, Bonität oder Werthaltigkeit des Fondsvermögens im InvG nicht vorgesehen und werden dementsprechend von der Bundesanstalt für Finanzdienstleistungsaufsicht (BaFin) auch nicht durchgeführt.
Vielmehr bestehen die Aufgaben der BaFin nach dem InVg im Wesentlichen darin, darauf zu achten, dass die für den öffentlichen Vertrieb ausländischer Investmentanteile in der Bundesrepublik Deutschland vorgegebenen gesetzlichen Verpflichtungen erfüllt und beachtet sind.

Die materielle Aufsicht über einen ausländischen Investmentfonds erfolgt im jeweiligen Herkunftsland nach den dort geltenden nationalen Rechtsvorschriften."

Wenn das kein Freibrief zur eigenen Gestaltung des Risikos und der Gebühren war? Mit anderen Worten, die BaFin prüft nicht die Bonität des ausländischen Investmentfonds und der darin befindlichen Papiere, ebenso wenig die jeweilige Gebührenpolitik.

Die Folgen während der Finanzkrise waren dann diverse Insolvenzen von Unternehmen, deren Kreditrisiken über die CDS- Papiere auf die Investoren und damit die Geldmarktfonds übergegangen waren, womit deren Renditen abstürzten, bzw. bei einigen sogar ins Minus abfielen.

Das sind auch derzeit die Gründe, warum diesbezüglich einige Banken von den Aufsichtsorganen einiger Länder verantworten müssen. So muss sich zum Beispiel die UBS in Großbritannien wegen Verkauf von Geldmarktfonds verantworten, die im signifikanten Maße in riskante Immobilienpapiere wie Asset backed Securities investiert waren, ohne zuvor ausreichend überprüft zu haben, ob der/die Geldmarktfonds für die Kunden mit Blick auf das Risiko angemessen waren. Dieser Vorgang wird von der dortigen FSA (Financial Services Authority) als Falschberatung bezeichnet. Ebenso wurde die Barclays Bank von der FSA auch aufgrund von Falschberatung verklagt. Die Barclays Bank hatte daher aufgrund dessen 2,45 Milliarden Pfund sicherheitshalber an Rückstellungen gebildet, welches als Eingeständnis der Falschberatung bezeichnet werden kann.

Wie bei den vorgenannten Aktien- und Rentenfonds haben auch die Manager der Geldmarktfonds über die Fact Sheets alle Freiheiten bei der Geldanlage, das Risiko trägt aber jeweils der Anleger, der auf diese Anlageentscheidungen keinerlei Einfluss hat und sich somit auf das richtige Handling dieser unbekannten Herrschaften verlassen muss. Jeder Anleger sollte sich daher fragen, ob er sein sicherlich sauer verdientes und versteuertes Geld solch hohen Unwägbarkeiten anvertrauen möchte.

Offener Indexfonds / ETF-Fonds:

ETF steht für „Exchange Traded Fund". Die Grundidee war, über solche Fonds einfach diverse Indizes nachzubilden, wie zum Beispiel den DAX, den M-DAX, den Euro STOXX oder den Dow Jones Index.

D. h. der Fonds kauft mit dem eingesammelten Kapital genau die Aktien, womit der Index abgebildet wird, wie z. B. beim DAX die Aktien der 30 im DAX befindlichen Aktiengesellschaften usw. und überlässt die Wertentwicklung dieses Fonds der Wertentwicklung des DAX.

Vorteil hierbei ist, dass kein aktives Management vonnöten ist, somit die Kosten dieser Fonds ggü. den Aktienfonds deutlich günstiger liegen. Für das Fondsmanagement ergibt sich daraus – wie im Übrigen auch bei den anderen Fonds – die Möglichkeit, noch Zusatzgeschäfte durch Verleihung dieser Papiere an andere Kapitalmarktteilnehmer zum Zwecke der Vereinnahmung von Leihgebühren zu generieren, die in den seltensten Fällen dem Fondsinhaber zugutekommen. Darüber hinaus kann man damit auch Leerverkäufe starten und entsprechende Spekulationsgeschäfte vereinnahmen.

Neben dieser Grundstruktur eines Indexfonds auf Basis effektiver Aktien gibt es noch synthetische Indexfons / Indexnachbildungen auf der Basis von Swapgeschäften, um die Wertentwicklung des Index nachbilden zu können. Und da haben wir sie wieder, die Derivate, die einen auf Schritt und Tritt verfolgen. Bei diesen synthetischen Indexfonds besteht somit neben dem Marktrisiko noch ein Adressen- / Erfüllungsrisiko, d. h. gegenüber den Geschäftspartnern, mit denen der Fonds die Swaps abschließt.

Bei den Indexfonds läuft man also das Risiko, ein freier Spielball der jeweiligen Indizes zu werden, die wiederum ein Spielball aus einer Mixtur von Gerüchten, aktiver Beeinflussung über die erwähnten Computerprogramme und politischer Einflussnahmen und Entscheidungen sind. Was passiert aber mit diesen Papieren, wenn es wieder einmal zu einem der unvermeidlichen Finanzcrashs kommt, insbesondere bei den synthetischen Indexfonds und Ausfall von entsprechenden Marktteilnehmern? Kann man dann wirklich sicher sein, dass der Wert des Indexfonds nur aus den effektiven Stücken besteht oder ob man nicht doch einen Teil synthetisch aus Kostengründen abgebildet hat?

Solche Fragen habe ich mir auch schon sehr oft gestellt bei den zu den ETF`s ähnlichen ETC`s (Exchange Traded Commodities) auf der Basis von Waren (Commodities) aller Art, insbesondere von Gold. Hier hat man es aus Kostengründen (Einlagerungen von Gold oder sonstiger Waren wie Nahrungsmittel usw. kosten viel Geld) mit sehr vielen synthetischen Fonds zu tun. Ich will daher nicht ausschließen, dass es über diese synthetischen Gold ETF`s mehr Gold auf dem Papier gibt, als real auf der Welt vorhanden ist. Ähnliches gilt auch für die ETC`s aller Warengruppen.

Diese Beschreibung der Indexfonds bezieht sich nur auf einen kleinen Teil der Welt der Indexfonds. So gibt es (lt. Wikipedia)

- ETF`s auf Branchenindices (z. B. die branchenbezogenen Sub-Indices der bekannten Aktienindices

- ETF`s auf Regionenindices, d. h. Indices die sich auf Wirtschaftsregionen beziehen (darunter auf ETF`s auf Emerging Markets)

- ETF´s auf so genannte Strategieindices (Vielzahl sehr spezialisierter und dabei sehr unterschiedlicher, meist aktienbezogener Indices / Abgrenzung zu anderen Indextypen somit nicht eindeutig)

- ETF`s, die sich auf Indices sehr spezialisierter Branchen beziehen (z. B. auf erneuerbare Energien wie ÖkoDax)

- ETF`s auf Indices, deren Zusammensetzung und Gewichtungen sich nach Fundamentaldaten (z. B. FTSE-RAFI-Indices oder solche, die versuchen, Substanzwerte oder Wachstumswerte zu selektieren) oder der Dividendenrendite (z. B. DivDAX) bestimmt

- ETF`s auf Indices, die bestimmte Handelsstrategien nachbilden, wie z. B. solche, die Shortpositionen, gehebelte Positionen und Optionsstrategien nachbilden.

Kurzum, alles strukturierter Mischmasch, bei dem die Verifizierung bei den unterschiedlichen und sehr exotischen Indizes äußerst schwer fällt und daher zur Skepsis einlädt, insbesondere nachdem einer der wichtigsten Indizes, der LIBOR und wie sich auch herausgestellt hat, auch der EURIBOR, manipuliert worden war. Und wer sagt einem, ob diese Indizes nicht auch manipuliert worden sind zwecks Erhöhung der Erträge für die Banken? Und wer kontrolliert die Richtigkeit dieser Indizes?

Die Deutsche Bank hat beispielsweise per Frühjahr 2013 insgesamt 162 Indexfonds auf alle möglichen Indizes, d. h. 162 unterschiedliche Indizes, aufgelegt und vertreibt diese – wie ich aktuell feststellen musste – sehr offensiv.

Hier zeigt sich im Übrigen auch der Zocker-Wahnsinn und der Ideenreichtum der Investmentbanker und wenn das so weiter geht, ist das erst die Spitze des Eisbergs der noch vor uns liegenden strukturierten Ausbeutung.

Offener Immobilienfonds:

In den letzten Jahren haben die offenen Immobilienfonds mit einer sehr unrühmlichen Presseresonanz zu kämpfen, an der sie eigentlich selber Schuld waren.

Mit offenen Immobilienfonds werden große Immobilienbestände weltweit finanziert und genossen bis vor wenigen Jahren im Gegensatz zu den geschlossenen Immobilienfonds den Vorteil, dass ihre Anteile an jedem Tag wieder verkauft werden konnten, bzw. jetzt nur noch bei wenigen können.

Auch hier ist aber die Transparenz ein Thema der Kryptographie. Die Bilanz, so es eine gibt (meistens stehen den Vermögenswerten nur die Verbindlichkeiten gegenüber), weist als Vermögenswerte in der Regel einen hohen Prozentsatz an Immobilienbeteiligungen aus, ein deutlich geringerer Anteil setzt sich aus direktem Immobilienvermögen zusammen und etwa 20 % – 30 % des Vermögens stellen Kasse-Positionen dar.

Um nun die Werthaltigkeit der Immobilienbeteiligung überprüfen zu können, müsste man sich jede Bilanz einer solchen Immobilienbeteiligung ansehen und dann noch das oder die Gebäude, welche in dieser Bilanz verbucht sind.

Die Anzahl dieser Immobilienbeteiligungen in solchen offenen und großen Immobilienfonds ist in der Regel sehr hoch, ich habe schon bis zu 60 umfangreiche Immobilienbeteiligungen gesehen, verteilt auf der ganzen Welt. Meine Frage, warum man diese Immobilien in Beteiligungen gepackt hat, wurde damit beantwortet, dass dann der Verkauf der Immobilien leichter wird, d. h., es muss nur die Beteiligung verkauft werden und es bedarf keinerlei Veränderungen im jeweiligen Grundbuch. Das ist letztlich ein richtiger und verständlicher Weg, schafft aber dadurch eine hohe Form der Intransparenz.

Durch entsprechende Immobiliengutachten wird diese Intransparenz in etwa neutralisiert, aber auch durch Kauf- oder Verkaufspreise. Jeder realisierte Kauf- / Verkaufspreis schlägt jedes Gutachten und gibt damit offiziell den realen Marktpreis einer Immobilie wieder. Bei den Gutachten muss man zudem wissen, dass es unterschiedliche Formen gibt. Gibt ein Käufer ein solches in Auftrag, muss damit gerechnet werden, dass es niedrig ausfällt, umgekehrt ist es bei einem Verkäufer, der natürlich nur an einem hohen Kaufpreis Interesse hat.

In 2004, nachdem die Entscheidung zur Gründung eines eigenen Unternehmens beschlossen war, suchte ich adäquate Mieträume für meine Firma. Interessant fand ich das vor wenigen Monaten fertiggestellte moderne Bürogebäude der Deutsche Telekom, welches aufgrund ihrer Umstrukturiererei das Gebäude größtenteils verlassen hatte und es nun zur Vermietung freigab.

Bei der Besichtigung des Gebäudes (mit Atombunker!!??) fiel mir auf, dass es relativ unsauber war, der Edelstahllift strotzte nur von zwischenzeitlich sicherlich monatealten Fingerabdrücken usw., so dass ich nicht umhin kam den Hausmeister zu fragen, was denn der Grund für diesen Zustand sei. Daraufhin beklagte er sich über den in den letzten 2 Jahren stattgefundenen viermaligen Eigentümerwechsel. Vier Investmentfonds hätten dieses Gebäude gekauft und wieder verkauft und jeder Fonds spart an der Reinigung des Gebäudes zwecks Maximierung des hieraus zu erzielenden Ertrages.

Der Umstand der Kosteneinsparung elektrisierte mich weniger, als der viermalige Eigentümerwechsel innerhalb der Immobilienfondsbranche in 2 Jahren. Zu diesem Zeitpunkt muss man wissen, dass die offenen Immobilienfonds mit sehr lukrativen Festgeldangeboten auf dem Geldmarkt erschienen waren bei gleichzeitiger Versicherung, dass das Geld jederzeit bei Fälligkeit wieder ausgezahlt werden könne. Auch war der Kauf von Anteilen an offenen Immobilienfonds zu dieser Zeit der große Renner und wurde mit großen Renditeversprechen begleitet.

Ich fragte mich daher, warum in einem Zeitraum von 2 Jahren dieses Gebäude viermal veräußert wurde. Sicherlich jedes Mal mit Gewinn? Warum wohl?

Vorab, diese Frage konnte ich nicht beantworten, es regte sich aber ein fürchterlicher Verdacht, der mich an die Pleite des Immobilienfürsten Schneider erinnerte. Dieser hatte an seine Strohfirmen seine eigenen Gebäude verkauft und diese haben dann wieder an andere Strohfirmen des Schneider Imperiums diese Gebäude weiterverkauft. Damit hebelte Schneider alle Gutachten, welche jeweils deutlich niedrigere Preise ausgewiesen hatten, aus, bzw. machte sie wertlos. Das Problem war nur, dass durch dieses gegenseitige Verkaufen zwar ein buchhalterischer Gewinn entstand, aber kein Cash in die Kasse floss, man pumpte nur damit die GuV entsprechend auf, um an Kredite = hier Einlagen zu kommen.

Ob sich die Investmentfonds damals auch dieses Mittels bedienten und sich gegenseitig Immobilien zur Verbesserung ihrer GuV verkauften, bleibt offen. Warum hat man damals nur nach Festgeldern = Kreditersatz gesucht? Die Klärung dieser Fragen bliebe letztlich einem ehrgeizigen Staatsanwalt überlassen, dessen Recherchearbeit aufgrund der sehr vielen Transaktionen Monate, wenn nicht sogar Jahre in Anspruch nehmen dürfte.

Die Geschichte dieser offenen Immobilienfonds scheint langsam seinem Ende zuzugehen. Irgendwann in den Jahren danach floss Liquidität in größerem Ausmaß, hauptsächlich von Großinvestoren, wieder ab und brachte die offenen Investmentfonds in eine so große Liquiditätsnot, dass sie geschlossen werden mussten, d. h. aus den offenen Immobilienfonds wurden geschlossene. Auch halfen zwei Karenzjahre nach Schließung nicht, die Gemüter zu beruhigen. Die Folge ist nun, dass die Immobilien verkauft und der Erlös auf die Fondszeichner verteilt werden muss. Gespannt bin ich daher, wie das Endergebnis aussehen wird, bzw. ob die in den Bilanzen aktivierten Werte über den Verkauf verlustfrei realisiert werden können oder ob Fondszeichner Verluste in Kauf nehmen müssen. Aktuelle Nachrichten über den Stand der vorgesehenen und bereits durchgeführten Immobilienverkäufe dieser geschlossenen Fonds berichten schon von deutlich niedrigeren Verkaufspreisen als erwartet.

Es gibt zwar noch offene Immobilienfonds und anscheinend noch erfolgreiche. Dennoch sollte man sich des Risikos bewusst sein, dass auch bei diesen eine Schließung und damit betonieren des angelegten Kapitals stattfinden kann mit eventuellem Verlust/Teilverlust. Außerdem haben zwischenzeitlich staatliche Maßnahmen/Vorschriften dazu geführt, dass man über das angelegte Kapital nur noch schwer und rationiert verfügen kann. Dies sollte jeder Kapitalanleger in sein Kalkül mit aufnehmen.

Zertifikate:

Das Wort „Zertifikat" vermittelt auf den ersten Blick den Eindruck, dass dahinter etwas Gutes, etwas zertifiziertes, kurzum etwas seriöses steckt. Nur so kann ich mir erklären, warum so viele Anleger Zertifikate gekauft haben, bzw. sich diese Papiere aufschwatzen ließen und damit ihr Depot radioaktiv verseucht haben.

Bei einem Zertifikat handelt es sich um einen typischen Wettschein und so müsste er eigentlich benannt werden. Punkt. Man wettet dabei auf gewisse Entwicklungen, geht aber auch die Gefahr bewusst oder unbewusst ein (auch hier abhängig vom Verkäufer), wenn diese Entwicklung nicht eintritt, am Fälligkeitstag weniger oder im worst case nichts mehr zurück zu erhalten, insbesondere bei den so genannten Turbo-Zertifikaten mit extrem hohen Hebeln oder den CFD`s (Contract for Difference), mit denen auf steigende und fallende Kurse spekuliert werden kann oder mit Reverse Zertifikaten, bei welchen man beim Erreichen eines bestimmten Punktes (Kurs / Dax etc.) sein gesamtes Kapital verlieren kann. Auch hier gibt es eine Vielzahl ähnlich strukturierter Papiere.

Verkauft werden diese Wettscheine mit „Nutzung von Gewinnchancen", „sicheren Zinszahlungen und hohen Absturzpuffer", usw. usw. Der Phantasie der Werbestrategen sind hier keine Grenzen gesetzt. Jedoch keiner beantwortet die Frage, warum diese Zertifikate eigentlich kreiert wurden? Eine Antwort darauf kann man immer stereotyp lesen, insbesondere von den Vertriebskolonnen der Banken und den Vertretern des Derivateverbandes, nämlich, dass damit Risiken „abgefedert", bzw. die Risiken aus dem Depot genommen werden. Es fragt sich nur, welche Risiken aus welchen Depots diese Herren meinen?

Die richtige Antwort darauf ist eine ganz andere.

Pensionskassen, Versicherungen, Banken und alle, die durch Ihr Geschäftsmodell hohe Geldsummen täglich einsammeln, haben ein riesiges Problem, nämlich das Problem der Anlage.

Wenn eine große Versicherungsgesellschaft täglich bis zu € 100 Mio. aus den Beiträgen der Versicherungsnehmer vereinnahmt, müssen diese Gelder irgendwie angelegt werden, sei es auf Festgeldkonten, in Anleihen (überwiegend) oder auch in Aktien der unterschiedlichsten Branchen und Währungen.

Diese Gelder nur auf Festgeldkonten zu parken beinhaltet gerade in der heutigen Zeit bei den hohen Summen ein Bankenausfallrisiko. Somit werden diese Gelder in alle möglichen Anlageklassen angelegt natürlich mit dem Ziel, eine seriöse und dennoch gute Rendite zu erzielen, um den Anforderungen beispielsweise aus der Mindestverzinsungen bei den Lebensversicherungspolicen gerecht zur werden.

Jetzt ist aber nicht jeder Tag ein guter Tag der Anlage aus den unterschiedlichsten Gründen, so dass manchmal Anlagen getätigt werden, die man besser nicht vollzogen hätte.

Aus diesem Grund bedienen sich diese Institutionen dieser beschriebenen Wahrscheinlichkeitsrechnungen, um herauszufinden, wie sich dieses oder jenes Wertpapier aufgrund der gegebenen Situation entwickeln könnte. Errechnet diese Analyse eine Wahrscheinlichkeit von x %, dass das eine oder andere Wertpapier diese oder jene Richtung einschlagen wird, emittiert diese Institution oder lässt über eine Investmentbank oder auch über eine Bank u. a. ein Zertifikat kreieren (es gibt hier noch eine Reihe anderer Derivate), welche dieses Risiko abfedert nur mit dem wesentlichen Unterschied, dass dieses erkannte oder analysierte Risiko nicht dem Anleger mitgeteilt wird, sondern in einer juristisch einwandfreien Bezeichnung mit Chance und Risiko, letztlich mit anderen Vorzeichen verkauft wird. Bei einem Rückgang eines Kurses unter einer bestimmten Kursschwelle bekommt im worst case der Anleger je nach Ausgestaltung des Zertifikates nichts mehr, verliert also seinen Wetteinsatz, wogegen der Zertifikat- Emittent zwar dann auch einen Kursverlust hinnehmen muss, aber dann durch die Nichtrückzahlung des vom Anleger eingesetzten und verlorenen Wetteinsatzes entschädigt wird, womit der Wert seines Portfolios trotz Kursrückgang erhalten bleibt.

Diskontzertifikate:

Besonders beliebt bei den vertreibenden Banken sind für solche Absicherungszwecke sogenannte Diskont- Zertifikate. Diese Diskont- Zertifikate haben einen so genannten Basiswert, z. B. eine Aktie. Der Kaufpreis des Zertifikates ist abhängig von Kurs des Basiswertes / Aktie abzüglich eines Abschlages = Diskontes, deshalb Diskont-Zertifikat.

Am Fälligkeitstag bekommt der Anleger als Rückzahlungsbetrag den dann am Fälligkeitstag gültigen Kaufpreis des Basiswertes / der Aktie 1:1 ausbezahlt. Ist dann der Basiswert unterhalb des Kaufpreises des Zertifikates, hat der Anleger Geld verloren, ist er allerdings dann über dem Kaufpreis des Zertifikates, kann der Anleger einen Gewinn verbuchen. Allerdings ist der maximale Rückzahlungspreis nach oben begrenzt, nach unten aber meistens offen. Ist das ein Absicherungsprodukt für den Anleger?

Angenommen der Basiswert ist die Aktie der Allianz SE, der Kaufpreis des Zertifikates bemisst sich somit an dem aktuellen Aktienkurs der Allianz abzüglich eines Diskontes = Abschlages, um den Verkauf dieses Diskont-Zertifikates schmackhaft zu machen.

In einem aktuellen Beispiel belief sich der Kaufpreis des Diskont-Zertifikates mit Basiswert Allianzaktie auf € 95,20, der maximal erzielbare Aktienkurs bei Fälligkeit wurde aber nur mit € 100,-- fixiert, d. h. der maximal erzielbare Gewinn kann nur bei € 4,80 liegen, letztlich eine Größe, die bei Aktienanlagen an einem Tag erreicht werden kann.

Und jetzt kommt der Absicherungseffekt für die Bank oder den Emittenten. Nach oben ist der Aktienkurs für den Zertifikatkäufer begrenzt / gedeckelt, nach unten aber völlig offen. Das bedeutet bei einem Absturz der Allianzaktie einen entsprechenden Verlust für den Anleger, da er dann unter Umständen weniger bekommt als den Kaufpreis von € 95,20, für den Strukturierer bedeutet dieser Absturz aber einen Gewinn insofern, dass er den Verlust im eigenen Depot mit dem Gewinn aus der Emission des Zertifikates gegenrechnen kann.

Aber damit noch nicht genug. Steigt der Aktienkurs jetzt über die € 100,--, besteht für die Bank die Möglichkeit, diesen Kursgewinn für sich zu vereinnahmen unter Zuhilfenahme der gesamten Instrumentarien der Derivate. Von diesen Ertragsmöglichkeiten sieht der Anleger aber keinen Cent.

Sicherlich ist für den Zertifikate- Käufer das Risiko um diesen Diskont geringer, andererseits erhält er aber nicht die Chance, am höheren Aktienkurs zu partizipieren. Außerdem geht er ein weiteres Risiko ein, nämlich das des Emittenten Risikos, d. h. wenn der Emittent insolvent geht, verliert der Käufer des Zertifikates seinen Einsatz.

Auch kann man mit diesen Diskontzertifikaten trefflich spekulieren, insbesondere mit Hilfe der finanzmathematischen Wahrscheinlichkeitsrechnungen = Blick in die Zukunft.

Zertifikate auf physisches Gold:

Bei solchen Papieren ist der Basiswert physisches Gold mit allen möglichen Vereinbarungen, ähnlich wie beim Diskont-Zertifikat. Großen Wert legt man hierbei auf das physische Gold, d. h., das Zertifikat muss durch physisches Gold 1:1 gedeckt sein. Macht man sich aber die Mühe und studiert das entsprechende Verkaufsprospekt, kann es passieren, dass irgendwann zwischen den Zeilen hinter einem Wort eine kleine Zahl erscheint, welche auf eine Fußnote am Ende der Seite hinweisen soll. Diese Fußnote ist dann in der Regel relativ klein geschrieben, manchmal muss man sogar eine Lupe bemühen (wie im Übrigen bei vielen Anzeigen der Banken mit solchen Sternchen). In dieser Fußnote habe ich dann den Hinweis vernehmen können, dass statt physischen Golds auch entsprechende Finanzinstrumente eingesetzt werden können, somit wäre dieses Zertifikat dann ein synthetisches, auf Derivate aufgebautes Produkt. Das wäre genauso als würde man geschnetzeltes Rind kaufen, im Kleingedruckten fände man allerdings den Hinweis, dass es auch Rattenfleisch sein kann.

Dies ist jetzt nur eine von vielen Zertifikate-Mechanismen, welche eine Vielzahl unterschiedlichster Schwellen und Bedingungen in den letzten Jahren geboren haben. Zwischenzeitlich gibt es bei einer Tagesproduktion von über 700 neuen Zertifikaten hunderttausende solcher Wettscheine und jeder Wettschein hat individuelle Bedingungen, die letztlich ein jeder Anleger vor Kauf eines solchen Wettscheines studieren müsste. Die Frage ist jedoch dann, wenn er sich die Mühe macht, diese Finanzproduktbeschreibung zu lesen, ob er diese dann auch versteht.

Dem Anleger soll diese Darstellung jedoch bewusst machen, welches Risiko er eingeht und wie ungleich besser der Wettpartner auf der anderen Seite gestellt ist.

In einem dem Handelsblatt gegebenen Interview wurde der Chef des honorigen Privatbankhauses Metzler, Herr von Metzler, zum Thema Zertifikate wie folgt befragt:

Handelsblatt:

„Viele Deutsche haben sich statt Aktien mit Zertifikaten angefreundet. Zu Recht?"

Von Metzler:

„Eine sinnvolle Geldanlage braucht keine derart komplizierten Produkte. Das Problem unserer Branche ist, das es noch nie zuvor so viele gut ausgebildete und kreative Mathematiker in den Banken gab. Was die Zertifikate angeht, ist das eher Fluch als Segen".

Erst kürzlich konnte man wieder in der Welt am Sonntag zum Thema „Zertifikate" eine positive Berichterstattung nachlesen, wie im Übrigen auch in anderen Tages- und Wirtschaftszeitungen. Unter der Überschrift „Keine Angst vor Zertifikaten" wird mit dem Satz begonnen „Es ist vertrackt. Ausgerechnet in den Jahren der Finanzkrise hätten Anleger mit Zertifikaten gut abschneiden können".

Jetzt frage ich mich, woher der Verfasser dieses Artikels, Herr Ralf Andress, diese Information hat? Gibt es eine Statistik hierüber über die hunderttausende von verschiedenen Zertifikaten?

Zum Journalisten, Herrn Andress, muss man aber wissen, dass er sich lt. seiner sehr mageren Homepage vor über 10 Jahren zur Welt der Derivate bekannt hatte, Chefredakteur des Magazins „Der Zertifikateberater" ist und somit zur Zunft der Befürworter von Zertifikaten eigentlich gehören muss und daher an einer kritischen und objektiven Berichterstattung zu diesem „Anlageprodukt" kein Interesse haben dürfte.

Des Weiteren wird in seinem Artikel die Frage gestellt, ob Zertifikate (aufgrund ihrer Komplexität) wirklich so schwierig sind?

Damit wurde zu Beginn des Artikels schon eine positive Grundstimmung, typisch für einen Verkäufer von Finanzprodukten, geschaffen.

Dieser Frage folgte dann der Hinweis, dass Ende November in Berlin zum elften Mal die besten Anbieter mit dem „Zertifikate-Awards" von der „Welt-Gruppe" ausgezeichnet wurden. Diese Preise vergab eine 35-köpfige Expertenjury aus Vermögensverwaltung, Wissenschaft(?), Beratungsdienstleistern und Fachmedien, welche letztlich alle Interesse am Bestand dieses Finanzproduktes und der „Welt" der Derivate haben, in den Kategorien für Produkte zur Rendite Optimierung.

Der erste Preis ging hierbei an die Deutsche Bank, welche auf derselben Seite des Pressartikels eine teure Anzeige mit dem Hinweis auf diesen Preis geschaltet hatte.

Der zweite Preis ging an die Commerzbank, welche auf der Seite davor mit dem Presseartikel mit der Überschrift „Besser schalten" von Daniela Helemann, ebenfalls eine journalistische Vertreterin der derivaten Finanzprodukte, auch eine recht große und sicherlich recht teure Anzeige (Werbung für drei Aktienanleihen) geschaltet hatte. Daniela Helemann erklärte in diesem Artikel die Funktionsweise von Expresszertifikaten, eine der risikoreichsten Zertifikate in einer Art und Weise, welche die Gefährlichkeit eines Vermögensverlustes absolut in den Hintergrund treten ließ.

Herr Andress führte des Weiteren aus, dass die Zertifikate, wenn man genauer hinschaut, erstaunlich leistungsfähig sein sollen und auch relativ leicht zu verstehen seien.

Leider kann man aufgrund der vielen hunderttausend Zertifikate nicht genauer hinschauen, wie die Masse der Zertifikate abgeschnitten hat, so dass man eine solche Behauptung aufstellen, bzw. es an wenigen erfolgreichen festzurren kann. Möglich, dass es positiv laufende Zertifikate gibt, bei denen sich die Investmentbanken mit ihren Wahrscheinlichkeitsrechnungen evtl. verrechnet haben. Die Wahrscheinlichkeit, dass die das Risiko eingehende

Masse der Anleger aber danebenliegt, dürfte aufgrund der sie kreierenden Wahrscheinlichkeitsrechnungen deutlich höher liegen.

Und was die leichte Verständlichkeit angeht, so empfehle ich jedem Leser, sich einmal die vielen Seiten der Produktbeschreibungen dieser Zertifikate zu beschäftigen, welche teilweise „denglisch" oder „jurististendeutsch" verfasst und womit viele Fallen für den normalen Anleger gelegt worden sind.

An diesen zwei Beispielen kann man im Übrigen sehr gut erkennen, wie hier die Presse und die Banken in gewisser Weise Hand in Hand zusammenarbeiten. Die Banken mit Blick auf eine weitere Verbreitungen einer obskuren Anlageideologie und die Presse mit Interesse an teuren Anzeigen, welche sich hauptsächlich Banken im großen Stil leisten können. Eine ähnliche Entwicklung war auch vor der Finanzkrise zu beobachten, allerdings hat sich dann die Presse, bzw. deren Vertreter nicht mehr an ihre kritiklosen Befürwortungen dieser Entwicklungen erinnert.

In beiden Presseartikeln fehlt der Hinweis auf dahinter stehende Wahrscheinlichkeitsrechnungen und über die ungleiche Wettpartnerschaft, bei der der Anleger saldiert nur verlieren kann. Diesen Hinweis findet man im Übrigen bei keinen Spezialausgaben der großen Tageszeitungen zum Thema „Zertifikate", was anscheinend immer beliebter wird. Da kommen nahezu nur Banker zu Wort und Finanzprodukthersteller, die vermutlich für diese „redaktionellen Beiträge" noch entsprechend hohe Beiträge an die jeweilige Zeitung entrichten mussten.

Dennoch möchte ich nicht verschweigen, dass die großen Tageszeitungen diesen Finanzprodukten mittlerweile doch sehr skeptisch gegenüberstehen und die Fragen bei den abgedruckten Interviews immer kritischer werden. Nur vereinzelte Wirtschaftsredakteure lassen sich anscheinend immer noch von den Presseabteilungen der Banken und dem Glanz und Gloria der rhetorisch versierten Vorstandsvorsitzenden beeindrucken, scheuen sich sogar, diese Herren mit kritischen Fragen aus der Reserve zu locken. Ich bin sicher, dass selbst diese Herrschaften nicht in der Lage sind, ihre derivaten Menüs zu erklären.

Aktienanleihen:

Kurzum, eine Aktienanleihe ist nichts anderes als ein Zertifikat, also ein Wettschein mit einer Zinskomponente. Seine Chancen sind somit nur auf diese begrenzt.

Mit dem Wort „Anleihe" will man auch hier den Eindruck vermitteln, dass es sich hier um eine Anleihe mit Zinsertrag handelt, man missbraucht regelrecht das Wort Anleihe, bei der man bei Fälligkeit sein eingesetztes Kapital wieder zurück bekommt. Weit gefehlt. Eigentlich müsste diese Wertpapiergattung „Aktien-Wettschein" benannt werden und sollte in den Wettbüros, in welcher Pferde- und Fußballwetten abgeschlossen werden, verkauft werden. Aber pardon, die Banken sind ja bereits Wettbüros. Vielleicht gehören diese Pferde- und Fußballwetten auch bald zum Angebots-Portfolio der Banken. Zu Zeiten der Fußballweltmeisterschaft in Deutschland blitzen solche vereinzelt auf.

Seit September / Oktober 2012 werden neben der Deutsche Bank auch von anderen Banken „lukrative" Verzinsungen bei dieser wieder „neuen" Anlageform in Höhe um die 10 % p.a. + x angeboten. Emittenten sind u. a. Banken und bonitätsstarke Unternehmen wie Daimler, Allianz, Bayer und BMW, die Laufzeiten bewegen sich im mittelfristigen Bereich (max. 1-2 Jahre) spielen also in der Zinsrechnung aufgrund dieser relativ kurzen Laufzeit in realen Euros gerechnet keine große Rolle, jedoch lockt der hohe Zins und weckt letztlich die unvernünftige Gier der Anleger.

Beim Kauf der Anleihe wird ein Basispreis festgelegt, welcher unter dem zu diesem Zeitpunkt gültigen Börsenkurs liegt, aber nach den bisherigen Beobachtungen nicht mehr allzu weit weg davon ist. Rückzahlung der Anleihe bei Fälligkeit erfolgt entweder zu 100 %, sollte der dann festgestellte Börsenkurs über dem Basispreis liegen (hohe Kursgewinne werden dadurch nicht berücksichtigt, die vereinnahmt auch hier der Emittent/die Investmentbank) oder in Form von Aktien, wenn der Basispreis unterschritten oder erreicht werden sollte oder in Form einer Barzahlung zum Preis des dann gültigen Börsenkurses. Somit wird der Anleger an einem evtl. deutlich höheren Börsenkurs nicht beteiligt, muss aber bei gesunkenem Börsenkurs diesen voll tragen (ähnlich wie bei dem oben beschriebenen Diskont-Zertifikat). In der Anzeige der Deutsche Bank steht folgender Satz: „Rückzahlung zum Nennbetrag, sofern die jeweilige Aktie zum Laufzeitende den festgelegten Basispreis nicht unterschreitet. Andernfalls erfolgt Rückzahlung in Form von Aktien mit 1:1 Partizipation an der negativen Kursentwicklung der Aktie **bis hin zum Totalverlust**.

Diese letzten vier Worte sollte sich jeder Anleger genau einprägen und sich dann fragen, ob er sein Vermögen einem evtl. Totalverlust aussetzen will.

Sollte der Basispreis also unterschritten werden, entsteht für den Emittenten der Riesenvorteil, weniger zurückzahlen zu müssen, als er bei Ausgabe der Anleihe eingenommen hat. Würden Anleger dann auf die Idee kommen, die Barzahlung auszuschlagen und Aktien als Rückgabepreis verlangen zu wollen, hätte das für den Emittenten dann den weiteren Vorteil, dass durch die Aktienkäufe der Kurs wieder steigt mit all den daraus bekannten Vorteilen. Es sei denn, der Emittent hat im Vorfeld durch eigene Aktienrückkäufe den Börsenkurs schon entsprechend nach oben getrieben (u.U. verbunden mit einer Gegenwette), um die Aktienanleihe noch attraktiver zu machen und dem Anleger dadurch eine lukratives Schnäppchen vorgaukeln zu können, da die Aktien ja nach oben tendieren und somit die Wahrscheinlichkeit einer verminderten Rückzahlung durch einen schlechteren Börsenkurs in weite Ferne rückt oder sogar „unwahrscheinlich" ist.

Diese Vorgehensweise macht allerdings nur dann Sinn, wenn man mit großer Wahrscheinlichkeit annehmen kann, wie sich ein Aktienkurs bis zu diesem Fälligkeitszeitpunkt evtl. entwickeln könnte und in diesem Fall nach unten. Diese Wahrscheinlichkeiten können diese hochkomplexen Systeme inzwischen immer mehr und immer trefflicher liefern, insbesondere dann, wenn die Aktienkurse schon gewisse Höhen erreicht haben und die Wahrscheinlichkeit eines Absturzes besteht.

Meine Anfrage bei der Deutsche Bank, dass man doch dem Anleger auch das Ergebnis dieser Wahrscheinlichkeitsrechnung fairerweise mitteilen sollte, blieb bis dato unbeantwortet.

Diese Wahrscheinlichkeitserkenntnisse muss der Emittent, wenn dieser keine Bank ist, mit entsprechend hohen Gebühren bezahlen, ist somit reines und lukratives Provisionsgeschäft für die Investmentbank. Ist der Emittent eine

Bank, streicht diese den (hohen) Unterschied zwischen Ausgabepreis und Rückzahlungspreis selbst ein, bzw. sichert damit evtl. ein eigenes Depot ab.

Steigt dagegen die Aktie über den Basispreis, eröffnen sich für die Bank wiederum diverse Ertragsmöglichkeiten außerhalb des Gesichtsfeldes des Anlegers.

Für den Anleger bleibt neben diesem Kursrisiko noch das Emittentenrisiko, d. h. wenn der Emittent – wer es auch immer sei – pleitegeht, verliert der Anleger seinen vollen Einsatz.

Kritisch wird es dann aber, wenn die Bank diese hohe Wahrscheinlichkeit gegenüber dem Anleger verschweigt, andererseits plakativ nur auf hohe Gewinnchancen hinweist (die seitenlangen Fact Sheets lesen die wenigsten) und schließlich noch aufgrund dieser Erkenntnisse dagegen wettet, wie es bei den US-Subprimes im großen Stil angewendet worden ist. Dies geschieht dann durch entsprechende Leerverkäufe oder Optionen und sonstiges Derivategebräu, welche den Börsenkurs noch zusätzlich nach unten dirigieren und somit den Anleger, welcher auf einen stabilen Kurs und somit hohe Zinsen bei Rückzahlung zu 100 % vertraut, eklatant benachteiligt.

Credit Default Swaps (CDS):

Die Erklärung in Wikipedia zu den CDS`s ist 11 Din A 4 Seiten stark und relativ klein gedruckt. Auf Seite 10 und 11 findet man eine Reihe von mathematischen Formeln, die letztlich nur ein Mathematiker beurteilen kann. Diese Derivate gibt es zwischenzeitlich in allen möglichen Schattierungen mit den Bezeichnungen Recovery Swap, Index Credit Default Swap (schon wieder ein Index!!), Digital Default Swap usw., um nur einige davon zu nennen und werden bei allen möglichen Finanzgeschäften eingesetzt. Zwischenzeitlich sind sie aber zu einem großen Baustein der weltweiten Heißluft-Spekulation geworden und ein großes Damokles Schwert für unser Finanzsystem, da es für diese Papiere keine Börse gibt, es sich um so genannte OTC-Geschäfte (Over The Counter = Schaltergeschäfte) handelt und sich daher das genaue Volumen noch im Nirwana befindet. Studien der British Bankers Association bezifferten das Volumen bis Mitte 2006 auf 50 Billionen US$, soll aber in 2008 von US$ 60 Billionen wieder auf US$ 40 Billionen zurückgegangen sein.

Die Grundstruktur eines CDS ist eine Kreditversicherung. Ein Kreditgeber, in den meisten Fällen eine Bank / Investmentbank, überträgt damit das Kreditrisiko eines Kredites, welches er eingegangen ist, an einen anderen Marktteilnehmer (Versicherungsgesellschaften, Pensionskassen, Investmentfonds und Hedgefonds aller Kategorien usw.) und zahlt diesem Marktteilnehmer für diese Risikoübernahme eine Prämie. Damit wird die Bilanzsumme des Abgebenden verkürzt zugunsten einer Verbesserung der Eigenkapitalquote. Damit gibt eine Institution, die eigentlich über eine entsprechende Kreditexpertise verfügen sollte, nämlich das Kreditinstitut selbst (deswegen heißen es ja auch so) und über den Kreditnehmer und somit über das Kreditrisiko am besten Bescheid weiß, eben dieses Kreditrisiko an Institutionen weiter, die nicht über eine fundierte Kreditexpertise verfügen. Jetzt kann man das Thema Bilanzsummenverkürzung und damit Verbesserung der Eigenkapitalquote einwenden, jedoch auch die Absicht, unliebsame Kreditnehmer und damit deren Kreditrisiko loszuwerden.

Sollte dann dieser Kreditnehmer in Schwierigkeiten geraten aufgrund von konjunkturellen Entwicklungen oder durch selbstverschuldetes Missmanagement und dann die Hilfe der Kredit gebenden Banken benötigen, sieht die Angelegenheit für den betroffenen Kreditnehmer manchmal katastrophal aus.

In solchen schwirigen Lagen der Unternehmen schließen sich die Banken zu einem gemeinsamen Pool, dem so genannten Bankenpool zusammen und beschließen, nachdem die Fortführungsprognose positiv bestätigt wurde, das weitere Vorgehen z. T. mit Hilfe externer Experten aus den finanz- und betriebswirtschaftlichen Bereichen, die Fortführung ihrer Kreditengagements, um dem Unternehmen u. a. durch weitere Kredite und damit Liquidität wieder auf die Beine zu helfen.

Erfahrungsgemäß gibt es in den ersten Sitzungen solcher Bankenpools ein regelrechtes Hauen und Stechen. Jede Bank positioniert sich entsprechend, um mit dem wenigsten Risiko in die Fortführung des Engagements zu gehen, bzw. um ja nicht die höchste Quote des Pools und damit das höchste Risiko führen zu müssen. Das ist aber üblich und auch nicht verwerflich, zumal keiner der Beteiligten weiß, wie die Sache ausgeht.

Hier muss ich einmal eine Lanze für die Banken brechen. Trotz aller Kindereien am Anfang solcher Pools kann man den Banken hohe Professionalität in dieser Art des Risikomanagements attestieren. Ich habe sogar die Erfahrung gemacht, dass die dann Verantwortlichen der jeweiligen Banken in Sachen Expertise und Rationalität die Besten sind und diese – losgelöst von der Frage nach der Verantwortung – den Unternehmen sehr professionell und ergebnisorientiert geholfen haben.

Was passiert aber, wenn eine der beteiligten und Kredit gebenden Banken dieses Kreditrisiko über ein CDS verkauft hat und statt der hiesigen Bank auf einmal ein Hedgefonds Manager am Bankentisch sitzt? In den mir bekannten Fällen haben diese Herren nur eines im Sinn, nämlich den Fortgang des Einigungsprozesses unter den Banken so stark zu stören in der Hoffnung, dass einer der beteiligten Banken oder alle anderen Banken gemeinsam dem Störfeuer des Hedgefonds überdrüssig sind und den Anteil des Hedgefonds quotal untereinander aufteilen und übernehmen, evtl. noch zu einem höheren Preis, als der Hedgefonds für den CDS bezahlt hat. Das kann gut gehen, aber auch voll daneben mit der Folge einer Unternehmensinsolvenz.

Wie so oft wurden bei der Emission von CDS in der Anfangsphase ihrer Marktpräsenz nur sehr gute Kreditrisiken von bonitätsstarken Unternehmen, meistens in den Bereichen der großen Indizes wie DAX und Euro Stoxx & Co. über diese CDS weiter gegeben und sehr gerne von den Investmentfonds, speziell den Geldmarktfonds übernommen, welche durch das Absinken des Zinsniveaus und dem Auslaufen hochverzinslicher Rentenpapiere in Renditenotstand kamen. Jedenfalls sind mir solche Papiere bei einzelnen Investmentfonds als Beimischung aufgefallen, aber nur bei intensivem Lesen der Verkaufsprospekte und Zwischenberichte. Es gibt sogar Fonds nur mit CDS-Papieren. Deren Risiken zu verifizieren ist somit äußerst schwer und sollte ein Privatanleger daher auf keinen Fall eingehen.

Die Kreditqualität dieser CDS sank auch hier im zunehmenden Maße und die Folge waren letztlich wiederum Vermögensverluste.

Die Kreditverträge aller Banken, auch die der Sparkassen und Volksbanken, haben in den letzten Jahren den Passus aufgenommen, dass zum Zweck der Refinanzierung dieser Kredite, d. h. das Kreditrisiko neben den Zentralbanken auch an Finanzinstitute weiter veräußert werden dürfen. Damit dies auch vollzogen werden kann, wird ganz deutlich darauf hingewiesen, dass der Darlehensnehmer den Darlehensgeber = **Bank vom Bankgeheimnis befreit**. Diesen Umstand sind sich die meisten Kreditnehmer, auch auf der Unternehmensseite, nicht bewusst und kann je nachdem zu sehr unliebsamen Entwicklungen – wie dargestellt – führen.

Jeder Kreditnehmer muss sich daher bewusst sein, dass bei Unterzeichnung eines solchen Vertrages das Kreditrisiko weiter gegeben werden kann. Abnehmer sind wie erwähnt Investmentfonds, Versicherungen, Pensionskassen und Hedgefonds nebst den Investmentbanken. Die beiden letztgenannten zeigen bei interessanten Unternehmen mit interessanten Produkten usw. sehr großes Interesse am Ankauf solcher CDS, insbesondere dann, wenn deren Inhaber entweder nicht verkaufen wollen oder einen zu hohen Verkaufspreis fordern oder wie auch immer den Interessen dieser beiden entgegen wirken. Mit dem Aufkauf dieser Papiere über die CDS entsteht somit die Möglichkeit, das Ziel-Unternehmen u. a. in Schwächephasen unter Druck zu setzen mit dem Ergebnis, dass die fällige Kreditschuld in Unternehmensanteile getauscht werden muss (debt-to-equity-swap) mit all den Nachteilen für den Unternehmer und dem Unternehmen.

Daher rate ich jedem meiner Mandanten, auf das Streichen dieses Passus zu bestehen, um stets die Gewährleistung zu haben, dass man es auch künftig nur mit der Bank des Vertrauens zu tun hat.

Asset Backed Securities (ABS)

Asset Backed Securities sind übersetzt forderungsbesicherte Wertpapiere, d. h. eine eigens dafür eingerichtete Zweckgesellschaft übernimmt Forderungen aller Art mit allen Gläubigerrechten und Gläubigerpflichten, fasst diese Forderungen in einem Pool zusammen, verbrieft diese Rechte und verkauft diese Rechte in Form einer Anleihe an Anlage suchende Investoren aller Art, wie z. B. Versicherungsgesellschaften, Investmentfonds, Pensionskassen usw. Investmentfonds kaufen diese wiederum als so genannte Beimischung zur Verbesserung der eigenen Rentabilität, da diese Anleihen mit höheren Zinssätzen ausgestattet sind.

Vor allem Banken nutzen dieses Instrument zur Refinanzierung ihres Kreditportefeuilles. Das bedeutet nun, dass sich ein ABS-Papier aus einer Vielzahl von Kreditnehmern zusammensetzt mit unterschiedlichen Branchen, Bonitäten, Größen und Geschäftsgegenständen. Diese Forderungen werden zwar mit entsprechenden Bonitätsratings versehen, für einen Außenstehenden ist es aber insgesamt äußerst schwierig, die Richtigkeit dieser Ratings zu verifizieren, insbesondere nach den vielen Skandalen der Banken in Sachen Subprimes.

Aber auch hier gilt das Gesetz „höhere Renditen, höhere Risiken" und wie bei den CDS ist nicht auszuschließen, dass die Banken über dieses Instrument versuchen, unliebsame oder kritische Kreditnehmer loszuwerden. Die rechtliche Grundlage zum Verkauf der Kreditforderungen liefern seit einigen Jahren ebenfalls die Kreditverträge, in welchem ausdrücklich, aber unter Paragraph xy, darauf hingewiesen wird, diese Kreditforderung verkaufen zu dürfen, womit der Kreditnehmer den Segen dafür gibt, die Bank vom Bankgeheimnis zu entbinden (siehe hierzu auch die Ausführungen zu den CDS).

Ein Treppenwitz dieser Konstellation könnte sein, dass der Inhaber / Geschäftsführer einer Firma, deren Kredite in einem ABS-Papier verbrieft worden sind, als Investmentfonds – Anlage im Wertpapierdepot des Firmeninhabers / Geschäftsführers wieder auftaucht, womit er seinen eigenen Firmenkredit letztlich mitfinanziert hätte, allerdings mit dem Unterschied, dass die Strukturierer und die Vertriebsorganisationen (Fonds, Banken usw.) an der Kreation dieses ABS-Papers kräftig verdient haben.

Die CDS- und ABS-Papiere zeigen eine Richtung bei der Refinanzierung der Kredite auf, womit die Banken / Investmentbanken nur noch als Intermediäre auftreten, d. h., sie vergeben die Kredite, verkaufen diese über Verbriefungen an den Markt (das bedeutet an uns alle über die strukturierten Finanzprodukte) wieder zurück. Ob gut oder schlecht strukturiert, bleibt dahin gestellt, jedoch entledigen sich die Banken damit ihrer eigentlichen Aufgabe, Hüter und Wächter eines ordentlichen Kreditprozesses zu bleiben, vor allem aber auch als Ansprechpartner der Kreditnehmer zu fungieren, die auch ein Interesse am Wohlergehen des Kreditnehmers und damit saldiert betrachtet an der Volkswirtschaft haben sollten.

Diese Entwicklung ist sehr beunruhigend und wird von keinem der Politiker wahrgenommen, ja sie fördern sogar diese Entwicklung und damit das unheilbringende Investmentbanking durch immer höher angesetzte Eigenkapitalquoten, die früher nicht nötig waren und dennoch zu einer gut funktionierten Kreditwirtschaft geführt haben, und durch eine unsinnig verschärfte Regulierung des Kreditgeschäftes. Am eigentlichen Problem der strukturierten Finanzprodukte änderte sich bis dato nichts. Es kann immer noch herumgemischt und vermatscht werden wie bisher.

Besonders krass wird es dann, wenn man eine Website einer Bank z. B. zu den ETF-Produkten öffnet und man bestätigen muss, dass man kein Bürger dieser oder jener Staaten ist, insbesondere kein Bürger der Vereinigten Staaten. Diesen Bürgern ist es sogar verboten, diese Webseite mit den darin aufgeführten Produkten zu lesen, geschweige denn diese zu kaufen.

Diese Restriktion bedeutet nichts anderes, als dass diese Art der strukturierten Anlageprodukte in den Vereinigten Staaten, dem Mutterland der strukturierten Finanzprodukte, verboten ist. Warum wohl? Antwort: Weil das Risiko zu hoch ist.

Wenn man die Bank dazu befragt, wird das mit dem unterschiedlichen Rechtsgebiet und der daraus entstehenden Komplexität beantwortet. Dazu muss man wissen, dass das angelsächsische Recht sicherlich eines der komplexesten ist, aber den höchsten diesbezüglichen Verbraucherschutz beinhaltet. Davon sollte sich unser Verbraucherschutzministerium eine Scheibe von abschneiden.

Alle hier aufgeführten strukturierten Finanzprodukte stellen nur einen winzigen Teil aller Möglichkeiten in diesem Segment dar. Diese alle hier zu beschreiben, hätte den Rahmen des Buches gesprengt, bzw. kann auch nachgelesen werden in den diversen Ausführungen im Internet. Mit der Strukturierung, dem Filetieren und dann Zusammenfügung verschiedener Umstände zu ganz neuen Gebilden usw. ist die Basis für all die Skandale im Finanzbereich gelegt worden, die Anfang dieses Jahrtausends ihren Anfang genommen haben und mit der Manipulierung des Libors, des Euribors und jetzt auch sogar des japanischen pendants, die allesamt die Basis für die vielen strukturierten Finanzprodukte sind, vorerst ihren Höhepunkt erreicht haben.

Geschlossene Fonds:

Diese Anlageform ist eine **Vermögenskastration** in reinster Form, man kann sie zwischenzeitlich auch in die Kategorie Kapitalvernichtung erster Güte einreihen.

Sie sind mit hohen weichen Kosten belastet, zu langfristig ausgelegt und zudem äußerst illiquide, bzw. nur schwer am hierfür speziellen Markt (Name: Zweitmarkt) und dann nur zu deutlichen Abschlägen zu veräußern. Die hoch gepriesenen Ausschüttungen, in der Regel 6 %, werden dabei grundsätzlich mit der Rendite verwechselt und stellen nichts anderes dar, als eine Kapitalrückzahlung, d. h. der Anleger bekommt in Scheibchen – wenn überhaupt – sein Geld zurück abzüglich der vielen weichen anfänglichen und dann später die jährlichen Kosten, womit eine Armada von Fondsmanagern, Steuerberatern und Rechtsanwälten sowie Banken permanent gefüttert werden.

In den meisten Fällen ergibt sich bei diesen geschlossenen Fonds in der Gewinn- und Verlustrechnung ein Verlust aufgrund einer hohen Abschreibung des damit finanzierten Produktes neben den Kosten des Managements inkl. der eingebundenen Berater. Der Fonds hat aber dennoch genügend Geld in der Kasse, da die Abschreibungen nur fiktive und steuerliche Aufwendungen sind. Somit wird praktisch die Abschreibung ausgeschüttet und kein Gewinn, d. h. jede Ausschüttung bei einer Verlustsituation reduziert entsprechend die jeweilige Kommanditeinlage.

Tritt nun der worst case ein, machen die Banken dicht oder die Liquidität fehlt aufgrund der Verluste weit über der Abschreibung, kann der Fonds verlangen, dass die erfolgten Ausschüttungen sogar wieder zurückgezahlt werden müssen(siehe §HGB 161).

Die eigentliche Rendite am Ende einer z. T. 20 jährigen Laufzeit, nachlesbar in der Gesamtausschüttung, die in den Prospekten meistens mit deutlich über 100 % angegeben wird (100 % ist die Höhe der Zeichnung des Fonds ohne das obligatorische Agio von 5 %) ergibt sich meistens erst am Ende der Fondslaufzeit und zwar dann, wenn das über den Fonds finanzierte Gut (Immobilie, Flugzeug, Schiff usw.) und zwischenzeitlich voll abgeschriebene Gut veräußert wird. Und das erfolgt dann in 10 bis 30 Jahren zu Zeitpunkten, nachdem die Verkäufer dieser Produkte längst von der Bildfläche verschwunden sind. Ende eines solchen geschlossenen Fonds, vergleichbar mit einer geschlossenen Anstalt, daher völlig offen.

Mit geschlossenen Fonds werden im Wesentlichen einzelne oder mehrere Objekte langfristig (10 – 30 Jahre) finanziert, entweder nur mit „eingeschwätztem" Eigenkapital oder auch im Zusammenhang mit Fremdkapital / Bankkredite. Beliebt sind hier hauptsächlich größere Immobilienobjekte, Schiffe, Windparks, Biogas- und Solarparkanlagen, Flugzeuge, Unternehmensbeteiligungen (Private Equity Fonds), Lokomotiven und Waggons und neuerdings auch die Suche nach Gold und sonstigen Metallen. Der Phantasie sind hier keine Grenzen gesetzt.

Diese geschlossenen Fonds werden in der Regel in der Rechtsform einer GmbH & Co.KG geführt, welche sich dann an einer Objektgesellschaft beteiligen, die das zu finanzierende Objekt aktiviert und in welcher sämtliche Kosten verbucht werden. Meistens wird dem Inhaber eines geschlossenen Fondsanteils die Einsicht in die Bilanz dieser Objektgesellschaft vorenthalten, nur finden in diesem Zahlenwerk die gesamten sehr fraglichen Buchungen – meistens zu Gunsten des Initiators – auf diesem Feld der Vermögensanlagevernichtung statt. Kosten werden dort verbucht auf Teufel komm raus und sind daher schwer nachzuvollziehen, insbesondere wenn sich diese Gesellschaft im Ausland befindet.

Das ist jetzt eine einfache Version eines geschlossenen Fonds, die komplizierteren sind in ihrer Gesellschaftsstruktur noch weiter aufgesplittert und mit vielen Saugnäpfen, d. h. weiteren Beteiligungen belastet.

Der Käufer eines geschlossenen Fonds tritt bei Erwerb in die Funktion eines Kommanditisten ein, wird also Gesellschafter und geht damit eine unternehmerische (Risikoübernahme-) Funktion ein, was den Anlegern in den allermeisten Fällen nicht so bekannt und auch nahe gebracht wird.

Die Aufzählung der Risiken erscheint hier wie bei den offenen Fonds in seitenlangen Ausführungen, welche sich die meisten Anleger nicht durchlesen und auch nicht verstehen. Unternehmerische Funktion heißt aber auch, dass bei Verlusten des Fonds es passieren kann, dass je nach rechtlicher Konstruktion der Anleger = Kommanditist zu einem Kapitalnachschuss verpflichtet ist, so geschehen bei einigen Schiffsfonds.

Ist der Kommanditist nicht verpflichtet, wird mit markigen Worten das Schicksal des Fonds heraufbeschworen und versucht, in einer einberufenen außerordentlichen Gesellschafterversammlung weiteres Kapital zur Sanierung des Fonds einzusammeln.

Bei einem solchen Schiffsfonds hatte ich das „Vergnügen", für einen Mandanten an einer Schicksals- Gesellschafterversammlung in Hamburg teilnehmen zu dürfen. Bezeichnend war für mich, dass sich der anwesende Gesellschafterkreis aus relativ betagten Herrschaften zusammensetzte, denen je nach Kapital-Gewicht ein Betreuer des Fonds zur Seite gegeben wurde. Dieser Betreuer hatte dann die Aufgabe, die für einen Laien schwer verständliche Fondssprache wohlwollend und freundschaftlich zu übersetzen, ja sogar ihnen zu zeigen, an welcher Stelle sie ihr Kreuzchen machen sollten. Das für mich Unverschämte war dann noch, dass keine aktuellen Zahlen des Schiffsfonds vorlagen, der agile Redner sich während seines Vortrags dabei auf zwei Jahre alte Ziffern berief. Meine diesbezüglichen Hinweise wurden mit bösen Blicken der älteren Herrschaften, die anscheinend Unternehmer spielen wollten, abgestraft, manche Blicke entsprachen dem eines Richters des Jüngsten Gerichts.

Positiv anmerken möchte ich aber hierbei, dass ich als Vermögensbetreuer, was ein Family Officer ist, mit Bankausbildung zu dieser Gesellschafterversammlung zugelassen worden bin. Bei einigen sehr risikoreichen geschlossenen Fonds wurde mir die Vertretung des Mandanten sogar verweigert unter Hinweis auf eine Vertretungsklausel im Gesellschaftsvertrag des geschlossenen Fonds. In diesem steht der Passus, dass entweder der Gesellschafter selbst an diesen Gesellschafterversammlungen teilnehmen darf (wie großzügig!!) oder ein zur Verschwiegenheit verpflichteter Berufsangehöriger, womit qua Definition ein Rechtsanwalt, ein Wirtschaftsprüfer oder Steuerberater gemeint ist. Ein Family Officer, der wie kein anderer das Vermögen seines Mandaten kennt und die persönlichen Dienstleistungen nur leisten kann aufgrund seiner äußersten Verschwiegenheit, fällt somit nicht unter diese Definition. Ich wurde sogar mehrmals von einem Immobilienfonds mit ausländischen Wurzeln unter Hinweis auf diese Klausel ausgeladen.

Diese Einschränkung wird von den meisten geschlossenen Fonds mit Bedacht gewählt und zwar aus folgenden Gründen. Rechtsanwälte, Steuerberater und Wirtschaftsprüfer sind hoch bezahlte Fachleute ihres Fachs, Stundensätze von € 250,- aufwärts bis € 600,- sind keine Seltenheit. Da nun die Gesellschafter der Fonds meistens weit verstreut in unserer Republik domizilieren, wären Reisespesen, Flug oder Bahnfahrt und dann auch noch die Reisezeit entsprechend zu bezahlen. Die Gesellschafterversammlungen dauern je nach Brisanz ein bis vier Stunden +x, wenn dann noch ein Witze reißender Fondsmanager, wie der Herr Jagdfeld der Fundus Gruppe einer ist und ich dieses Talent schon mehrmals an der Adlon-Gesellschafterversammlung vernehmen durfte, bis zu 2 Stunden die Gesellschafter unterhält, kann es sogar noch länger dauern.

Kurzum, ein ganzer Tag würde so für einen „zu Verschwiegenheit Verpflichteten" mindestens ins Land, nicht zu vergessen die dann folgenden Schriftsätze. Dieser Spaß könnte somit einem Anleger um die € 1.000 bis € 3.000 plus x kosten, was von den meisten Anlegern, die sich nach meiner Erfahrung aus der Mittelschicht zusammensetzen, doch als recht schmerzhaft empfunden wird mit der Konsequenz, dass daher solche zur Verschwiegenheit Verpflichtete nicht eingesetzt werden. Außerdem stellt sich dann noch die Frage, ob diese „zur Verschwiegenheit Verpflichteten" über die zur Beurteilung eines komplexen Fonds notwendige Kreditexpertise verfügen, die man bei einem guten Family Officer voraussetzen muss.

Diese Teilnahmeverhinderungsklausel führt dann dazu, dass die Beiträge der anwesenden Gesellschafter äußerst dürftig ausfallen und von den agilen und rhetorisch geschulten Fondsmanagern schlankweg ausgehebelt werden. Ist dann einmal ein guter und kritischer Beitrag eines Gesellschafters oder eines seiner Vertreter vernehmbar, wird von Seiten des Fondsmanagers darauf hingewiesen, dass er später noch darauf zurückkommt, um es dann aber zu vergessen oder er wird gebeten, aufgrund der Komplexität seiner Fragestellung es schriftlich dem Fondsmanagement einzureichen. Ist dann aber ein sehr guter Fragsteller am Werk, dauert es nicht lange, bis missmutige und genervte Zwischenrufer, die nur auf das Büfett ungeduldig warten, dem Frage-Antwort-Spiel ein Ende machen wollen.

Auch muss ganz klar festgehalten werden, dass die BaFin auch hier nicht die Risiken und die Gebührenpolitik des geschlossenen Fonds überprüft. Sehr oft wird im Prospekt der Hinweis auf den ersten Seiten angebracht, dass die BaFin die Voraussetzungen für diesen Fonds überprüft hat und der Fonds von dieser zugelassen wurde, womit man auch hier suggerieren möchte, dass die

Bafin auch das Risiko überprüft hat und es sich aufgrund dessen um ein seriöses Anlageprodukt handelt. Liest man den Hinweis genau durch, erkennt man diese Fehleinschätzung.

Krasses Beispiel für einen geschlossenen Fonds:

Vorab möchte ich bemerken, dass es bei dieser Anlageform unzählige krasse Fälle einer strukturierten Ausbeutung gibt, die alle zu beschreiben Jahrzehnte meines Lebens beanspruchen würden. Ich kann daher nicht verstehen, warum man diese Anlageform nicht stärker an die Kandare nimmt oder sogar ganz verbietet.

Hier ist ein ganz besonders krasses Beispiel.

Landentwicklungsfonds in Kanada:

Es handelt sich hier um einen so genannten Landentwicklungsfonds (klingt gut), d. h. eine Einzweckgesellschaft = Fonds sammelt Geld ein und kauft damit sukzessive billige landwirtschaftlich genutzte Flächen auf, um diese dann zu deutlich teurem Bauland zu entwickeln. Der Unterschied zwischen Einkauf und Verkauf dieser Grundstücke ist sehr hoch und kann somit sehr profitabel sein.

Soweit so gut, klingt sehr plausibel. Die Umsetzung sollte sogar innerhalb weniger Monate möglich sein, wurde zumindest vom Verkäufer des Fonds als Verkaufsargument benutzt.

Studierte man aber das über 200 Seiten starke Prospekt, musste man feststellen, dass die „wenigen Monate" bis zu 10 Jahren dauern können + x was dann natürlich auch eintrat, und darüber hinaus der größte Teil des Fondskapitals sofort in die Kanäle des Fondsinitiators verschwand.

Das Fondsvolumen von Can$ 33,84 Mio., davon verlorenes Agio von Can$ 1,61 Mio. wurde wie folgt „investiert":

Fondsvolumen (von den Anlegern voll finanziert):	Can$ 33.840.000
Kaufpreis der Grundstücke von Tochtergesellschaft des Initiators:	-Can$ 6.424.000
Kauf des Erschließungskonzepts vom Initiator:	-Can$ 19.273.000
Vertriebsprovision an Komplementär des Fonds(Initiator)	-Can$ 967.000
Vertriebsprovision an „Vertriebspartner"	-Can$ 4.835.000
Sonstige weiche Kosten /Liquiditätsreserve für sonst. Kosten d. Initiators	-Can$ 2.341.000

Der Nettowert des Fonds bestand somit nur aus dem Grundstück zu einem Kaufpreis von € 6,424 Mio. = rd. 18 % des Fondsvolumens, welches von einer Gesellschaft des Initiators gekauft wurde, wobei nicht sicher war, ob das der ursprüngliche Kaufpreis war oder ob diese Gesellschaft des Initiators daran auch schon verdient hatte. Den Rest hat sich größtenteils der Initiator (Can$ 22,581 Mio. = rd. 67 %) gegönnt und damit dieses strukturierte Finanzprodukt auch gut verkauft werden konnte, hat man rd. 14,2 % = Can$ 4,834 Mio. an Vertriebsprovision an die Helfershelfer, auch „Vertriebspartner" genannt, großzügig ausgeschüttet.

Damit aber nicht genug.

Die Fondsgesellschaft = Beteiligungsgesellschaft hat sich mit diesen Can$ 33,84 Mio. an der Objektgesellschaft beteiligt, welche diese Grundstücke hielt. Somit erschien in der Bilanz der Fondsgesellschaft auf der Aktivseite kein Grundstück, sondern eine Finanzbeteiligung in etwa dieser Höhe.

Neugierig geworden ließ ich mir die Bilanz dieser Objektgesellschaft geben und stellte fest, dass diese Objektgesellschaft plötzlich diese Grundstücke mit einem Wert von rd. Can$ 27,4 Mio. aktiviert hatte, obwohl der Kaufpreis der Grundstücke nur Can$ 6,424 Mio. betrug. Letztlich hat man den Kaufpreis der Grundstücke mit dem „Wert" des Erschließungskonzeptes von

Can$ 19,3 Mio. sowie weitere weiche Kosten zusammenschmelzen lassen und daraus den hohen Wert der Immobilie kreiert, obwohl das Grundstück noch nicht zum Bauland entwickelt worden war.

Normalerweise müsste aus Gründen der Bilanzklarheit und Bilanzwahrheit das in dieser Bilanz entsprechend dargestellt werden, d. h. Can$ 6,4 Mio. als Immobilie und Can$ 19,3 Mio. + x als Erschließungskonzept oder immaterielle Aktiva (intangible assets). Erklärt wurde mir das dann von einem von dieser Fondsgesellschaft angeheuerten und sichtlich nervösen PWC-Mitarbeiter mit dem so genannten Canadian Gap, was immer das heißen mag. Seine Schweißperlen auf der Stirn wurden dabei immer größer.

Kurzum, ich konnte für meinen Mandanten zumindest die Can$-Einlage wieder zurückholen und sogar ein kleines Plus aufgrund des gestiegenen Can$ damit erreichen, welche nur etwas den eingetretenen Zinsverlust wettmachte, hätte man dieses Geld in eine normale Bundesanleihe gesteckt.

Kapitel 7

Mittelstand in Gefahr?

Erinnern wir uns daran, dass die rd. 300.000 mittelständischen Betriebe in der Bundesrepublik zwei Drittel des BIB (Bruttosozialprodukt) und 80 % der Beschäftigung stemmen. Hier spielen im Wesentlichen Familienbetriebe die größte Rolle, bei denen man eine deutlich sozialere Einstellung als bei den unpersönlichen und gesichtslosen Konzernen konstatieren kann. Die Halbwertszeiten für deren Vorstände von nur wenigen Jahren erinnern mich sehr stark an die Zeitarbeitsbranche nur mit dem Unterschied, dass bei Beendigung der Funktion diese fürstlich zu Lasten der Substanz des Unternehmens entlohnt werden. Manchmal fragt man sich für was.

Die Mechanismen der Investmentbanken reichen zwischenzeitlich in weite Teile der mittelständischen Betriebe und führen mittel- bis langfristig sukzessive zu einer Konzentration mit immer größeren Gruppierungen und Konzernen, deren Intentionen – wie bei den Investmentbanken – die reine Ertragsmaximierung ist.

Diese Entwicklung wird sehr stark forciert über die M & A Abteilungen – wie beschrieben –, aber auch von den vielen Private Equity Gesellschaften, welche in den wenigsten Fällen saldiert einen Mehrwert für die Volkswirtschaft geleistet haben. Letztlich verdienen nur wenige an solchen Deals. Konzerne werden dadurch immer größer oder kaufen sich dadurch künftig hohe Verluste ein und lassen künftige Restrukturierungen schon Hallo sagen. Oder Hedgefonds quetschen waidwunde Firmen weiter aus, bis schließlich die Insolvenz dem Unternehmen den letzten Todesstoß gibt. Auf der Strecke bleiben stets Arbeitsplätze und eine verdünnte Industrie- und Dienstleistungslandschaft. Die Profiteure sonnen sich dagegen an der Cote d`Azur oder sonstigen Spielplätzen der Reichen.

Dies wird immer so weiter gehen, auch forciert durch eine Nachfolgegeneration, die sich nicht den Mühen des Unternehmerdaseins unterziehen wollen und lieber das sorgenlose und süße Nichtstun dem Vorzug geben, bis schließlich nur noch eine Oligopol-Landschaft, d. h. nur noch wenige Konzerne das Wirtschaftsleben gestalten.

Aktuell wird diese Entwicklung durch den prosperierenden Markt der mittelständischen Unternehmensanleihen unterstützt. Auslöser ist wiederum das derzeit sehr niedrige Zinsniveau, welches Wasser auf die Mühlen der Investmentbanken und – abgeleitet davon – der Hedgefonds schüttet.

Die Anleger befinden sich derzeit in einer sehr misslichen Situation, bzw. in einem Anlagenotstand. Die Gründe sind die politisch gedrückten niedrigen (seriösen) Zinsen, welche z. T. nicht einmal die offizielle Inflationsrate neutralisieren, eine durch politische Maßnahmen induzierte volatile Börsenlandschaft sowie dadurch explodierende Preise für gute Substanzanlagen. Der Ursprung für diese Situation ist auch hier in der immer noch andauernden Finanz- und Schuldenkrise, u. a. auch ausgelöst und gefördert von den Produkten der Investmentbanken zu finden.

Die Unternehmen, insbesondere die mittelständischen, befinden sich ebenfalls in einer sehr misslichen Situation. Die Bankenlandschaft, welche für die Finanzierung des laufenden Geschäftsbetriebes bei der überwiegenden Anzahl der Unternehmen unerlässlich geworden ist, auch wegen der hohen Steuerbelastung und damit einer verminderten Eigenkapitalbindung, hat sich u. a. aufgrund dieser Finanzkrise nur noch auf wenige Bankengruppen reduziert. Diese sind die Geschäftsbanken Deutsche Bank, Commerzbank, Unicredit/Hypovereinsbank, die Sparkassen und ihre Landesbanken sowie die Volks- und Raiffeisenbanken zusammen mit der DZ-Bank, also nur noch 5 ernst zu nehmende Bank-Gruppierungen, wobei die Sparkassen/Landesbanken und Volks-Raiffeisenbanken mit der DZ-Bank weit über 60 % des Marktanteils vereinnahmen. Darüber hinaus sind diese verbliebenen Bankgruppierungen nunmehr gezwungen, ihr Kapital zu erhöhen (Basel III), welches viele Banken durch Abbau von Kreditrisiken und damit Reduzierung der Bilanzsumme, wodurch die EK-Quote automatisch steigt, zu erreichen versuchen.

Vielen, insbesondere mittelständischen Unternehmen, wird bei sich abzeichnenden Risiken somit langsam der Kredithahn zugedreht, der Kreditnotstand wird eintreten, auch wenn dies von allen Seiten geleugnet wird. Dazu beitragen werden im Übrigen auch die von staatlicher Seite lächerlich hohen Anforderungen an das Kreditgeschäft, als hätte diese Seite des Bankgeschäftes zu der Finanzkrise geführt, während die für die Prüfer anscheinend zu komplizierte Anlageseite unverändert ein Prüfer-Aschenputteldasein führt.

Wen wundert es, wenn die Unternehmen diesem oft sehr schroffen Diktat der Banken entfliehen wollen und in andere Finanzierungsformen flüchten, bzw. die Anleger höhere Renditen suchen und dabei die Risiken vergessen. Beliebt sind derzeit die Unternehmensanleihen, welche anfangs nur den (DAX-) Unternehmen im Investment-Grade-Bereich vorbehalten waren. Nun erscheinen auch solche von mittelständischen Unternehmen mit einem Rating deutlich darunter auf dem Markt.

Dieser Zyklus erinnert sehr stark an die Entstehung der Subprimes (strukturierte Anleihen auf Basis minderwertiger Hypothekenkredite). Zuerst wurden nur hochwertige Hypothekenkredite in Anleihen verpackt. Nachdem sich diese Anlageform insbesondere für die vertreibenden Banken als profitabel erwiesen hatte, wurde den guten immer mehr schlechte Hypotheken beigemischt, bis nur noch schlechte = Subprimes auf den Markt geworfen wurden und nach Bekanntwerden dieses Risikos ihr Ende in der Finanzkrise fanden.

Ähnliches zeichnet sich jetzt bei den Anleihen mittelständischer Unternehmen ab. Nachdem die Anleihen von Unternehmen mit hoher Bonität auf dem Markt großen Anklang gefunden haben, werden inzwischen hoch verzinsliche Anleihen von Unternehmen mit wesentlich schlechterer Bonität emittiert, die somit bei weitem noch nicht reif hierfür sind und daher ein <u>gewaltiges Risiko sowohl für den Zeichner der Anleihe = Anleger als auch für das emittierende Unternehmen selbst darstellen.</u>

<u>Risiken für das emittierende Unternehmen:</u>

Die Volumina von mittelständischen Unternehmensanleihen nehmen nicht selten eine Größe ein, welche für die meisten Unternehmen einen reinen Geldsegen darstellen, soll er doch damit die hohen Kosten der Strukturierung (6-10 % Nebenkosten + Anleihezins selbst von 6 % bis 9 %) vergessen machen. Diese Höhe übersteigt nicht selten die bestehende Bilanzsumme des emittierenden Unternehmens oder erreicht die Höhe aller bisherigen Bankkredite, womit bei Umsetzung eine sehr einseitige Abhängigkeit von einem Finanzierungsinstrument entsteht.

Nimmt dann die Höhe der Unternehmensanleihe eine Größe (€ 10 – € 20 Mio.) ein, welche an der Börse – so sie denn zum Börsenhandel zugelassen wird – aufgrund der geringen Größe meistens zu sehr volatilen Kursbewegungen führen kann, ist nicht auszuschließen, dass bei interessanter Marktstellung oder bei einem interessanten Produkt Aufkäufer (Investmentbanken / Hedgefonds, Konkurrenz usw.) mit immensen Geldmitteln für den Ankauf der Anleihe bereit stehen. Das kann u. a. dazu führen, dass bei schwacher Nachfrage oder schlechten Unternehmensnachrichten die Kurse dieser Anleihen sehr schnell fallen und die Aufkäufer sukzessive in den Besitz dieser Unternehmensanleihen zu Preisen weit unter dem Ausgabekurs kommen, um sie bei Fälligkeit mit 100 % wieder zur Rückzahlung zu präsentieren.

Sollte dann das Unternehmen bei Fälligkeit in einer wirtschaftlich prekären Situation stecken und nicht fähig sein, die Rückzahlung der Anleihe zu bedienen, entsteht sehr schnell die Forderung nach einem so genannten debt-to-equity-swap, d.h. Tausch der Anleihe gegen Anteile des Unternehmens mit der Folge, dass der Aufkäufer dann sehr preiswert zu einem hoch interessanten Unternehmen gekommen ist, bzw. der Unternehmer sein in Jahrzehnten aufgebautes Unternehmen weit unter Preis – wenn überhaupt – verlieren wird.

Sollte andererseits eine Unternehmensanleihe aus Gründen wie auch immer nicht voll platzierbar sein, kommen auch hier diese Aufkäufer sehr schnell zu ihrem Ziel, indem sie den Rest aufkaufen, um dann genauso zu verfahren, wie oben beschrieben.

Risiken für die Anleger

Bei diesen durchweg bestehenden Konstellationen für Anleihen mittelständischer Unternehmen mit einem für die Börse nur geringen Volumen besteht für den Anleger damit die Gefahr eines Verfalls des Anleihewertes innerhalb kürzester Frist und sogar Verlust des eingesetzten Kapitals. Nutznießer sind die Aufkäufer, deren Gewinn der Verlust der Anleger ist. Wie so oft!

Mit diesen Ausführungen möchte ich mich jetzt nicht als einen Ablehner oder Verweigerer dieser Finanzierungsform outen. Unternehmensanleihen können eine sehr wohltuende langfristige Ergänzung des Finanzierungsmixes eines Unternehmen darstellen, dürfen aber keinesfalls das alleinige Finanzierungsinstrument sein oder dürfen nie eine Größe einnehmen, welche das Unternehmen davon abhängig macht.

Wichtig ist jedoch, dass das Unternehmen hierzu auch reif ist, d. h. über eine gute Bonität verfügt, die Finanzlogistik den hohen Anforderungen der Berichterstattung gerecht und die Produkte auf dem Markt akzeptiert werden sowie ein entsprechend hohes Wachstum vorzeigen können, somit das Unternehmen einer der Marktführer der Branche ist.

Diese seriösen Aspekte und Struktur sichern dem emittierenden Unternehmen eine hohe Unabhängigkeit und machen es vor Aufkäufern sicher. Und den Anlegern gibt es die Sicherheit, dass am Ende der Laufzeit das angelegte Geld wieder zurückgezahlt wird.

Eine weitere und sehr hohe Gefahr besteht in der maßlosen Ausbeutungsspirale der Politik in Form der nicht enden wollenden Steuererhöhungen oder Kreationen neuer Besteuerungsformen, welche den Mittelstand in ein zunehmendes Abhängigkeits- und damit Ausbeutungsverhältnis zur Finanzindustrie bringen.

Hierzu siehe weitere Ausführungen im folgenden Kapitel.

Kapitel 8

Geld und die Politik, und die Folgen

Die Finanzindustrie verfügt nicht nur über exzellente Wahrscheinlichkeitsrechnungen, sondern auch über erstklassige politische und wirtschaftliche Kontakte, die sich wie eine Krake über die Machtzentren der Welt stülpen und somit diese Rechner mit weiteren, nicht für jedermann bestimmte Informationen füttern. Man kann diese Kontakte als eine Art „back-up" (Absicherung) der Wahrscheinlichkeitsrechnungen bezeichnen, sollten so genannte non-market-forces, womit die Politiker und deren nicht ausgeprägter wirtschaftspolitische Sachverstand gemeint ist, die Marktgesetzte über den Haufen werfen, bzw. außer Kraft setzen. Man könnte dieses Back-up auch als eine Art weiteres Insiderwissen bezeichnen.

In dieser Phase befinden wir uns seit 2011 im Zuge der Euro-Schuldenkrise, in der die Politik und die EZB nebst FED völlig gegen die Marktgesetze entscheiden, bzw. entschieden haben, ungesunde Wirtschaftsrelationen damit entstanden sind, die irgendwann einmal kollabieren müssen und so sicher wie das Amen in der Kirche zum nächsten Finanzcrash führen werden. Selbst die privaten deutschen Banken befürchten deshalb eine neue Finanzkrise, sollte die Geldschwemme der vom Club Med angeführten EZB, dem der Italiener und Investmentbanker Draghi vorsteht, noch lange anhalten.

Diese nahezu mafiösen Verbindungen zur Politik geißelte in der Polit- Satire Sendung „Neues aus der Anstalt" am 13.11.2012 Herr Pelzig mit fränkischem Akzent am Beispiel **Goldman Sachs** in einem Sketch wie folgt (genauer Wortlaut wird wiedergegeben / er bediente sich dabei eines Flip Charts, auf dem die Porträtfotos der erwähnten Personen wie ein Konzernschaubild sternförmig aufgeheftet und per Filzstift miteinander verbunden wurden):

Pelzig:

... So ... So ja meine Damen und Herren, es gab in diesem grauen Novembermonat (2012) durchaus auch Lichtblicke ich meine z. B. die Wiederwahl von

Herrn Obama. Bitte, ich möchte das jetzt nicht überbewerten, aber ich bin ehrlich, es hat mich doch jetzt eine wenig überrascht, weil diese Wiederwahl die Wallstreet, die Finanzindustrie, die Banken, hatten doch sehr auf Romney gesetzt und ihm die Milliarden wirklich für den Wahlkampf eben reingeblasen, gell, und fast hätte es auch geklappt und dann kam der Hurrikan Sandy, eine Naturkatastrophe, auf die hofft wahrscheinlich auch der Steinbrück, ja, und interessant fand ich, dass einen Tag nach der US-Wahl die Aktienkurse der amerikanischen Großbanken aber wirklich in den Keller gesaust sind.

Allein **Goldman Sachs** hat verloren um 6,6 % und ich habe gedacht, ja super, dann beweist doch am Ende entscheidet nicht nur das große Geld und ich habe mich gefragt, beginnt jetzt vielleicht eine neue Zeit.

Und bevor Sie sich solchen Gedanken hingeben möchte ich Ihnen beweisen, dass da keinen Anlass besteht zu einem Optimismus und dass es einer Bank wie **Goldman Sachs** wirklich am Arsch vorbei gehen kann, wer da grade jeweils den amerikanischen Präsidenten spielt, weil, die haben genug eigene Leut.

Jetzt schauen Sie her, **Goldman Sachs**, großer Krisengewinner und wieder mit einem Milliarden schweren Quartalsgewinn.

Der US-Chef von **Goldman Sachs,** das ist Herr **Lloyd Blankfein** ein Mann, der in der Bronx aufgewachsen ist und deswegen sehr gut weiß, wie man anderen auf die Fresse gibt.

Der Deutschlandchef von **Goldman Sachs** ist **Alexander Dibelius** und fürs internationale Geschäft im Vorsitz sitzt bei **Goldman Sachs** der Ire **Peter Sutherland**, ein Ire, ehemaliger EU Kommissar und Mitglied in der **Trilateralen Kommission.**

Die **Trilaterale Kommission**, das muss ich jetzt ganz kurz erklären.

Die Trilaterale Kommission ist eine kleine, sehr feine und private Politikberaterin in Washington, da sitzen 300 bis 400 Leut mit sehr viel Macht. Da sitzen z. B. in der Trilateralen Kommission sitzen z. B. Leut wie **Lukas Papademos**, kennen wir noch, griechischer Übergangsregierungschef oder in der Trilateralen Kommission bis vor kurzem auch noch der italienische Regierungschef **Mario Monti.**

Was verbindet **Papademos** und **Monti** darüber hinaus?

Richtig, beide waren einmal bei **Goldman Sachs**.

In der Trilateralen Kommission aber auch vertreten **Paul Wolfowitz**. **Paul Wolfowitz** war einmal Chef der Weltbank, musste dann aber sein Pöstli abgeben, weil er seine Freundin protegiert hat. Er hatte ihr in der Weltbank ein Pöstli zugeschoben mit Gehaltserhöhung, musste zurücktreten, sein Nachfolger wurde **Robert Zoellick**.

Wo war Zoellick vorher? Richtig bei **Goldman Sachs**.

Zoellick bitte niemals verwechseln mit dem Vorsitzenden der deutschen Bischofskonferenz **Robert Zollitsch**. Ah, Robert Zollitsch hat an dieser Tafel eigentlich überhaupt nichts zu suchen, aber ich lass ihn mal hängen, man weiß ja nicht.

Und im Übrigen fällt mir ja gerade ein und auf, **Peter Sutherland** ist ja nicht nur im Vorsitz von **Goldman Sachs** International und in der Trilateralen Kommission, sondern er ist ja auch noch Berater der apostolischen Güterverwaltung. Und wo hockt die apostolische Güterverwaltung? In Rom! Und wer hängt dauernd in Rom herum? Zollitsch jetzt habe ich dich doch am Haken ... ah.

Goldman Sachs, Goldman Sachs hat aber noch andere Nutztiere laufen am großen Straßenstrich der Macht. Z. B. **Petros Christodouviou** war bei **Goldman Sachs** und was macht er heute? Chef der Griechischen Schuldneragentur. (Anmerkung des Verfassers: Goldman Sachs hat Griechenland geholfen, durch fragwürdig Swap-Geschäfte die Schulden von Griechenland in die Zukunft verschwinden zu lassen zwecks besserer Darstellung und Aufnahme in die EG)

Oder **Charles Henrie de Croisset** war lange 7 Jahr bei **Goldman Sachs.** Was macht der Franzose heut? Er überwacht in Frankreich die Finanzaufsicht oder **Philip D. Murphy** war 23 Jahre bei **Goldman Sachs**. Was macht er heute? Er ist US Botschafter in Berlin. **Philip D. Murphy**, auch Mitglied der **Atlantikbrücke.**

Die **Atlantikbrücke**, das muss ich jetzt ganz kurz erklären.

Die Atlantikbrücke ist ein Elitenetzwerk, ein deutsch- amerikanisches Elitenetzwerk, da hocken Politiker, Finanzgesindel, Journalisten, ja, denken über die Zukunft nach, eine Denkfabrik und sie kümmern sich auch um den politischen Nachwuchs der Zukunft. Die Atlantikbrücke hat Förderprogramme, young leadership, Förderprogramm von den Programmen der Atlantikbrücke z. B. haben profitiert Cem Özdemir von den Grünen oder Julia Glöckner von der CDU. Aber die Atlantikbrücke hat auch gefördert, halten sie sich fest, zu Gutenberg, Christian Wulff und Silvane Koch Merlin ... man möchte sich vor Vergnügen in die Hose schiffen.

Mitglied, Mitglied in der Atlantikbrücke auch **Goldman Sachs** Chef **Alexander Dibelius** und unsere geschätzte Kanzlerin, die allerdings sich ganz direkt beraten lässt von **Alexander Dibelius** von **Goldman Sachs.**

Sehen wir mal hier, ah ja, **Robert Rubin**, ja war mal Finanzminister unter dem Clinton und wo kam er her? Genau von **Goldman Sachs.** Ja was macht **Robert Rubin** heut? Er berät den **Timothy Geithner**, den jetzt noch amtierenden Finanzminister, allerdings ist der **Geithner** nur noch bis Januar (2013) im Amt, dann mag er nicht mehr, dann braucht er ein neues Pöstli!

Wo geht er hin? Ich wes es nicht, ich vermute mal zu **Goldman Sachs**.

Geithner war noch nie bei **Goldman Sachs** und deswegen hat er einen ganz engen Mitarbeiter, Mark Patterson und wo war Mark Patterson vorher? Bei **Goldman Sachs. Timothy Geithner** übrigens auch ehemaliges Mitglied der Trilateralen Kommission und Mitglied im **Council on Foreign Relations.**

Den **Council on Foreign Relations** muss ich jetzt ganz kurz erklären.

Der Council on Foreign Relations, das ist eine der mächtigsten Denkfabriken der Welt, da hocken drei- vier Tausend wirklich mächtige Oberheinzen, ja, und die denken nach über die Zukunft und nachdenken über die Zukunft, das kostet Geld. Und wo kommt das Geld her für das Council on Foreign Relations? Wo kommst her? wo kommst her? Unter anderem von **Goldman Sachs**.

Mitglied im Council on Foreign Relations ist auch **Henry Paulson**. Er war mal Finanzminister unter **George W Bush**. Und wo war er vorher? Bei der Sparkasse in Lüdenscheid, nein, Spässle, nein Spässle. Wo war **Paulson** vorher? Wo war **Paulson** vorher? Natürlich er war der alleroberste Chef von **Goldman Sachs**.

Paulson dadurch sehr gut vernetzt mit **E. Gerald Corrigan**. **Corrigan** war der amerikanische Notenbankchef. Und was macht er jetzt?

Er ist jetzt bei **Goldman Sachs**. Aber er ist auch Mitglied Council on Foreign Relations und er ist Mitglied in der **Group of thirty.**

Die **Group oft Thirty**, das muss ich jetzt ganz kurz erklären.

Das ist eine ja eine ja eine ja eine eine eine ist ein Lobbyclub der Finanzmafia. Da ist der **Corrigan** drin. Und wer ist noch in der Group of Thirty? **Mario Draghgi!!** Und wo war **Mario Draghi** vorher? Bei **Goldman Sachs** und was macht **Mario Draghi** jetzt? Er ist Chef der EZB und wer war auch bei der EZB? Mein Würzburger Landsmann **Otmar Issing** war jahrelang Chefökonom und Berater der Kanzlerin. Und was mach **Otmar Issing** jetzt? Der berät **Goldman Sachs** und deswegen ist **Issing** vernetzt mit **Jean Claude Trichet** und hier die Verbindung der Vorgänger von **Mario Draghi**. Was mach **Trichet** jetzt? Er ist in der Group of Thirty und in der Trilaterealen Kommission und deswegen kennt er auch den **Papademos** und den **Mario Monti** und die kennen sich alle und der war in Rom, in Rom des ... dess dess... dess...dess ....desss

Priol: Ruhig ruhig Brauner, ganz ruhig, ruhig, ganz ruhig das haben sie sehr schön gemacht Herr Doktor, sehr schön, fast perfekt

Pelzig: Wieso fast?

Priol: Ja pass auf, Sie haben ein paar kleine Fehlerlein eingeschlichen, wenn ich Ihnen das als ihr Öffentlichkeitsarbeiter mal so sagen darf!

Pelzig: Was Fehler, wo wo?

Priol: Robert Zoellik ist auch Mitglied der Trilateralen Kommission und in der Group of Thirty

Pelzig: Ach ja, Klugscheißer, das weiß ich auch

Priol: Ja warum haben sie es dann nicht gezeigt

Pelzig: Ich wollte keinen verwirren!

<u>Anmerkung des Verfassers</u>: Herr Josef Ackermann ist ebenfalls Mitglied der Trilateralen Kommission.

Die mit sehr vielen Lacheffekten unterbrochene Darstellung des Goldman Sachs Netzwerkes als Paradepferd des Investment Bankings gibt ein gutes Bild über die Verwicklungen dieser Branche mit der Politik sowie den maßgeblichen Finanzinstitutionen der Welt und lässt einem das Lachen eigentlich gefrieren. Solche Netzwerke haben nur ein Ziel, nämlich den Informationsvorsprung gegenüber den Anlegern, welche letztlich die Dummen sind, auszubauen und in harte Dollars umzusetzen. Staaten in Staaten entstehen und stellen letztlich eine Gefahr für eine freiheitliche Demokratie dar.

In Sachen Goldman Sachs sei noch daran erinnert, dass dieses von „Gott gesandte" Institut (Aussage von Herrn Blankfein) im so genannten Abacus Skandal der SEC eine Geldbuße von US$ 550 Mio. gezahlt hat, um Ermittlungen wegen des Verkaufs von strukturierten Anleihen zu beenden.

Abacus ist der Name eines Portfolios, welches Goldman Sachs unter Mitwirkung von John Paulson (schon wieder ein Paulson), einem US-Hedge-Fondsmanager und Milliardär (zu Lasten der Anleger), mit Subprime-Titel zusammengestellt und in dem Wissen, dass diese Papiere bald an Wert verlieren, verkauft und sogar dagegen gewettet hätte. John Paulson soll mit diesem Wissen frühzeitig auf den Verfall der Kurse von US-Banken gewettet und damit seinen Ruf als Star Hedge-Fondsmanager begründet haben. Jetzt hat der

Versicherer ACA, der die Papiere gegen Ausfall versichert hat, Herrn John Paulson auf mindestens US$ 120 Mio. Schadensersatz verklagt.

Das riecht nach Insiderwissen dieser „Gottesjünger".

Resümierend kann man somit festhalten, dass sich alle Systeme gegenseitig stützen und befruchten und damit ein hohes Entwicklungstempo vorlegen. Die Resultate hieraus lassen sich in den hohen Gewinnen dieser Institute ablesen, welche die Anleger bezahlen.

Anderes Beispiel, der Großflughafen in Berlin.

Das Desaster um den Berliner Großflughafen hat es einmal wieder gezeigt, die Politiker können es nicht, sie können nicht mit Geld umgehen und sind auch keine Unternehmer. Der Aufsichtsrat dieses Flughafen BER, welcher – wie der Name schon sagt – das Unternehmen beaufsichtigen soll, hat darin kläglich versagt. Der Flughafen entpuppt sich als ein Milliardengrab, für das der Steuerzahler für die Unfähigkeit der handelnden Politiker wieder einmal herhalten muss. Sicherlich ist der Aufsichtsrat eines Unternehmens keine Ersatz-Geschäftsführung, allerdings sollte sich ein Aufsichtsgremium, sei es in Form eines Aufsichtsrates oder Beirates oder Verwaltungsrates – wie auch immer – aus Fachleuten zusammensetzen, die auch fachlich geeignet sind, ein Unternehmen zu beaufsichtigen, einen professionellen Rat erteilen zu können und sollten auch über eine Expertise verfügen, welche einer Schönwetterberichterstattung einer Geschäftsleitung entgegensteht.

Aber schauen wir uns doch einmal den Aufsichtsrat des Flughafen BER an, welcher sich Anfang Januar 2013 aus folgenden Personen zusammensetzte:

Vertreter des Landes Berlin

- **Klaus Wowereit**, regierender Bürgermeister von Berlin, Vorsitzender des Aufsichtsrates, Mitglied seit 21.10.2003, Beruf: Jurist, Partei: **SPD > Politiker/Beamter**

- **Michael Zehden**, Geschäftsführer A-Z Hotel Hotelmanagment und Beratungs GmbH & Co.KG, Mitglied seit 21.10.2003, Beruf Kaufmann, Partei: nicht bekannt, man sagt ihm aber eine persönliche Freundschaft zu Herrn Wowereit nach = **Beziehungsgeflecht**.

- **Frank Henkel**, Senator, Senatsverwaltung für Inneres und Sport, Mitglied seit 9.12.2011, Beruf: Dipl. Kaufmann, Partei: **CDU > Politiker/Beamter**.

- **Margaretha Sudhof**, Staatssekretärin Senatsverwaltung für Finanzen, Mitglied seit 23.3.2012, Beruf: Juristin, Partei **SPD > Politikerin/Beamter**

Vertreter des Landes Brandenburg:

- **Matthias Platzeck**, Ministerpräsident, Landesregierung Brandenburg, Mitglied seit 21.10.2003, Beruf: Dipl. Ingenieur, Jurist, **Partei: SPD > Politiker/Beamter**.

- **Ralf Christoffers**, Minister Ministerium für Wirtschaft und Europaangelegenheiten des Landes Brandenburg, Mitglied seit 26.3.2010, Beruf: Schiffsbauer, Dipl. Gesellschaftswissenschaftler, **Partei: Die Linke > Politiker/Beamter**.

- **Helmuth Markov**, Minister, Ministerium für Finanzen des Landes Brandenburg, Mitglied seit 25.3.2011, Beruf: Dipl. Ingenieur, Partei: **Die Linke > Politiker/Beamter**.

- **Günter Troppmann**, Ex- Vorstandsvorsitzender Deutsche Kreditbank AG (dort angabegemäß krankheitshalber ausgeschieden), Mitglied seit 6.12.06, Beruf: **Bankmanager, Partei: nicht bekannt.**

Vertreter der Bundesrepublik Deutschaland:

- **Rainer Bomba**, Staatssekretär, Bundesministerium für Verkehr, Bau- und Stadtentwicklung, Mitglied seit 26.3.2010, Beruf: Maschinenbauingenieur, Partei: **CDU > Politiker/Beamter**

- Werner Gatzer, Staatssekretär Bundesministerium der Finanzen, Mitglied seit 11.3.2011, Beruf: Jurist, Partei: **SPD > Politiker/-Beamter.**

Des Weiteren befinden sich im Aufsichtsrat noch die 6 gewerkschaftlich organisierte Arbeitnehmervertreter, u. a. Herr Holger Rößler, Gewerkschaftssekretär Verdi, Bezirk Berlin, Partei: nicht bekannt.

Ist das nicht eine Supermannschaft für die Beaufsichtigung eines Großprojektes? Das wäre so, als würde bei einer komplexen Gehirnoperation der Gesundheitsminister assistieren (Hinweis: der jetzige Bundesgesundheitsminister hat den Beruf eines Bankkaufmanns gelernt / sein Vorgänger Philip Rössler ist übrigens der einzige Arzt in der langen Liste von 15 Bundesgesundheitsministern seit 1961)

Dieses Chaos des Flughafen BER ist symptomatisch für nahezu fast alle Unternehmungen, bei denen der politische Proporz seine Finger im Spiel hat. Hier ist das Auswahlkriterium für solche Gremien nicht die fachlich Qualifikation und die berufliche Erfahrung, sondern nur das Proporzdenken und „Freundschaften ", wie auch immer.

Bei diesem Tohuwabohu, welches den Steuerzahlern vermutlich das Doppelte an den bisherigen Milliarden, wenn nicht sogar das drei- bis vierfache der ursprünglich angesetzten Investitionsaufwendungen kosten wird, müsste sich der zwischenzeitlich zurückgetretene Aufsichtsratsvorsitzende Woworeit eigentlich schämen. Was macht dieser aber, er erklärt sehr vollmundig vor dem Berliner Senat, er hätte sich nicht um die Verantwortung gedrückt. Die Folge war heftiges Klatschen der Abgeordneten (aus der großen Koalition aus SPD und CDU), welches man als eine Klatsche für die Steuern zahlenden Bürger interpretieren kann.

Den Vorsitz dieses Aufsichtsrates hat danach Herr Platzeck übernommen, d. h. ein versagender Vorsitzender wurde durch seinen versagenden Vize ersetzt, dessen Bestreben es dann war, das Arbeitsklima zunächst zu verbessern(??)

Ich frage mich nur, welche Verantwortung Wowereit denn übernehmen wollte. Er hatte und hat doch keine Ahnung, wie man ein solches Großprojekt beaufsichtigen kann und wie soll man bei einer solchen Ahnungslosigkeit Verantwortung übernehmen? Hat Herr Platzeck mehr Ahnung?

Und dann setzt das Theater in den Landesparlamenten und im Berliner Senat dem Ganzen noch die Krone auf. Im Berliner Senat stellte die Opposition, bestehend aus Grünen, Die Linke, FDP und Piraten die Vertrauensfrage, welche von den Abgeordneten der Großen Koalition, bestehend aus SPD und **CDU**, abgeschmettert wurde. Das bedeutet, dass Herr Wowereit als regierender Bürgermeister von Berlin sein Pöstchen und damit auch die SPD- und **CDU** – Abgeordneten ihre Pfründe behalten können.

Im Landesparlament von Brandenburg stellte Herr Platzeck selbst die Vertrauensfrage und wurde nun dort von der **CDU**, welche u. a. die Opposition stellt, zum Rücktritt aufgefordert (?).

Ist das noch zu verstehen? Die jungen Leute würden sagen, das ist krass!

Dieses Polittheater zeigt aber wieder ganz plastisch, wie die Parteien und die sie vertretenden Politiker uns Bürgern auf der Nase herumtanzen und nur auf eines erpicht sind, nämlich im fetten Butterfass der Macht sitzen bleiben zu dürfen und das letztlich immer nur auf Kosten der Steuerzahler, die man ja immer wieder zur Kasse bitten darf.

Dieses aktuelle Beispiel der staatlichen Unfähigkeit zeigt aber ganz deutlich, dass unsere derzeitigen Politiker – und da sind sie nicht unterschiedlich zu den Potentaten der Vergangenheit bis ins hohe Mittelalter – nicht mit dem ihnen anvertrauten Geld umgehen können und als Folge dessen nur eines im Kopf haben, wie sie die Steuern weiter erhöhen und wie sie weitere erfinden können und das nicht zu gering. Man kann es als ein Steuererhöhungs-**Gen** bezeichnen, welches quer durch alle Parteien zu finden ist.

Und damit die Bürger diese Entwicklung nicht so wahrnehmen, wird unser Steuersystem immer komplexer und für den Normalbürger nicht mehr durchschaubar. Die Steuergesetze haben zwischenzeitlich einen Umfang genommen, welche die Finanzgerichte auf Jahre hinaus beschäftigen und somit die Bürger immer mehr in eine Grauzone hineinwachsen lassen werden.

Dieses komplexe System ist ähnlich aufgebaut, wie das System der strukturierten Finanzprodukte, man könnte fast annehmen, beide Parteien haben sich diese Komplexität der Ausbeutung abgeschaut.

Jeder Unternehmer muss seinem Steuerberater vertrauen, dass er die Zahlen in der Steuererklärung richtig zusammenstellt und vor allem, dass sie der Steuerehrlichkeit entsprechen. Für die Mehrheit der deutschen Steuerberater kann man diese Professionalität Gott sei Dank noch unterstellen. Aber wehe, wenn das nicht so ist, auch hier gibt es schwarze Schafe und zudem noch Vertriebsprofis in Sachen strukturierte Finanzprodukte.

Zwischenzeitlich müssen nahezu alle Bürger, angefangen vom Angestellten, Facharbeiter, Handwerker oder Unternehmer etwa oder mehr als die Hälfte ihres Arbeitslohnes an den Staatsapparat und die sozialen Einrichtungen abliefern, das sind über 50 %. Ich möchte daran erinnern, dass es früher wegen des „Zehnten" = 10 % Steuern blutige Bauernaufstände gab.

Bei diesen rd. 50 % sind die noch vielen Abgaben, die auf allen Gütern in Form einer Mehrwertsteuer (welcher Mehrwert? für den Bürger sicherlich nicht), Benzinsteuer, Branntweinsteuer, Versicherungssteuer usw. und dann noch die kommunalen Abgaben zwecks Unterhalt der immer größer werdenden kommunalen Verwaltungen lasten, noch nicht gerechnet.

Ganz schlimm wird diese Rechnung, wenn man die effektiven Kosten, die ein Arbeitnehmer einem Unternehmen verursacht, ins Verhältnis zu dem setzt, was dem Arbeitnehmer dann noch zum Leben übrig bleibt.

Folgendes Beispiel eines Angestellten in einem mittelständischen Betrieb:

Bruttogehalt € 2.800 + Sozialabgaben des Arbeitgebers € 608,86 = € 3.408,86 Gesamtpersonalaufwand des Mitarbeiters.

Bruttogehalt € 2.800 abzüglich aller Abgaben über € 1.046,59 = € 1.753,41 Nettogehalt.

Das bedeutet, dass von einem Gesamtaufwand des Arbeitgebers in Höhe von € 3.408,86 ein Betrag von € 1.655,45 = rd. 49 % in das staatliche System (Einkommenssteuer, Krankenkasse, Rentenversicherung usw.) fließen.

Von diesen € 1.753,41 müssen dann die erwähnten sonstigen Abgaben wie Mehrwertsteuer, die diversen Stromsteuern usw. usw. nebst den kommunalen Abgaben bezahlt werden. Berücksichtigt man dann diese Beträge, kann man von weiteren rd. € 300 – € 500 pro Monat ausgehen. Hat man dann noch (kleine) Kinder, sieht die Rechnung noch katastrophaler aus.

Das ist eine Ausbeutung der Bürger par excellence zu Gunsten weniger in diesem Staat und es machen sich nirgendwo Absichten breit, diesen ausbeuterischen Wahnsinn zu stoppen oder zurückzufahren.

Und was tragen nun die Staatsdiener zur Finanzierung unseres Staatsgebildes bei? Was zu Ihrer Rente, deren Höhe je nach beruflichem Werdegang von einem Nichtstaatsdiener niemals erreicht werden kann.

Nachdem der Interessenvertreter der Bundestagsabgeordneten, der Bundestagspräsident Herr Prof. Dr. Norbert Lammert ebenfalls in das linke Horn der Erhöhung des Spitzensteuersatzes auf 49 % (+ Kirchensteuer und Soli ca. 52 %) geblasen hatte, wollte ich nun wissen, wie es mit der Steuer- und Abgabenbelastung unserer Volksvertreter aussieht, die ja permanent über die Höhe unserer Steuerbelastung entscheiden.

Zu Herrn Prof. Dr. Lammert bleibt vorab noch zu bemerken, dass er die Fächer Politikwissenschaft, Soziologie, Neuere Geschichte und Sozialökonomie an der Ruhr-Universität Bochum und der Universität Oxford studiert und seine Studien 1972 als Diplom-Sozialwissenschaftler abgeschlossen hatte.

In 1975 wurde er in den Stadtrat von Bochum gewählt und ging von dort in den Deutschen Bundestag, war von 1983 bis 1989 stellvertretender Vorsitzender des Ausschusses für Wahlprüfung, Immunität und Geschäftsordnung usw. usw. bis er in 2002 zum Vizepräsidenten des Deutschen Bundestages gewählt wurde und in 2005, nach dem Wahlgewinn von Angela Merkel das Amt des Bundestagspräsidenten übernahm.

Kurzum, eine typische Politiker-Partei-Karriere wie so viele bei unseren Politikern, allerdings ohne fundierte praktischen Erfahrungen in wirtschaftspolitischen Dingen, geschweige denn in der Führung eines Unternehmens, womit Herr Prof. Dr. Lammert mit all den Problemen konfrontiert worden wäre.

Hier offenbart sich ein Dilemma unseres Bundestages, welcher sich aus der Mehrzahl von-+ Bundestagsabgeordneten mit Beamtenstatus ergibt, nämlich die fehlende praktische Erfahrung mit der Wirtschaft. Andererseits trifft dieses Gremium Entscheidungen mit weitreichenden Auswirkungen für die Unternehmen und die Verbraucher.

Meine Recherchen – Stand Februar 2013 – i.W. über Wikipedia ergaben folgendes Bild:

Abgeordnetendiäten / Abgeordnetenentschädigung:

Derzeit beträgt diese für einen Bundestagsabgeordneten € 8.252,-. Diese ist seit 1977 steuerpflichtig, bleibt aber von Rentenbeiträgen befreit, wie bei der Heerschar der deutschen Beamten, diese Renten darf der Steuerbürger mitfinanzieren.

Kostenpauschale:

Diese zusätzliche Kostenpauschale ist steuerfrei und soll zur Abdeckung aller Aufwendungen im Zusammenhang mit der Abgeordnetentätigkeit dienen (Unterhaltung von Wahlkreisbüros/Fahrten in den Wahlkreis/Wahlkreisbetreuung / Zweitwohnung), jedoch werden diverse zusätzliche Aufwendungen erstattet (siehe nachfolgende Auflistung). **Einzelnachweise hierfür müssen keine geführt werden.** Diese steuerfreie Kostenpauschale beträgt seit 1.1.2013 € 4.123,-. Gegenüber 2012 ein Plus von 2,4 %. Dafür können die Abgeordneten keine Werbungskosten geltend machen.

Diese steuerfreie Kostenpauschale kann in etwa verglichen werden mit dem steuerfreien Einkommen eines Bürgers, welches für Ledige bei € 8.130 und für zusammen Veranlagte bei € 16.260 liegt.

Diese steuerfreie Kostenpauschale wird jährlich in Höhe der angestiegenen Lebenshaltungskosten angepasst und bietet damit einen Gegenpol zur kalten Progression, welche vielen Bürgern insbesondere bei Gehaltserhöhungen teilweise zu einer Null-Netto-Einkommenserhöhung verhilft. Bemühungen zur Abflachung dieser kalten Progression beim Steuerbürger verpufften immer wieder, und wurden von dieser oder jener Partei, zuletzt von der SPD und Grünen, u. a. aus parteipolitischem Kalkül verhindert. Die eigene steuerfreie Kostenpauschale wird dagegen Jahr für Jahr ohne viel Aufhebens entsprechend erhöht. Letztlich ein Skandal.

Das erinnert mich an das Verhalten der Dresdner Bank Vorstände, die trotz großer Fehlleistungen ihre Vorstandsbezüge jährlich um bis zu 15 % angehoben hatten, den Mitarbeitern aber die Gehaltserhöhungen verweigerten.

Mitarbeiterpauschale:

Die Abgeordneten haben das Recht, bis zur Gesamthöhe von € 15.053,- auf Kosten des Bundestages Mitarbeiter einzustellen. Bei mittlerweile 620 Bundestagsabgeordneten kann man sich vorstellen, welcher Kostenblock hierbei besteht.

Reisekostenerstattung:

Den Abgeordneten wird die freie Nutzung aller staatlichen Verkehrsmittel eingeräumt. Beispielsweise erhält er im Rahmen seiner Amtsausstattung eine Netzkarte der Deutschen Bahn als Freifahrtschein. Zudem werden Kosten für Flüge und Schlafwagen gegen Nachweis der Mandatsreisen im Inland erstattet.

Zuschuss zur Krankenversicherung:

Die Abgeordneten können sich entscheiden, ob sie sich gesetzlich oder privat krankenversichern lassen wollen. Bei gesetzlich Versicherten übernimmt der Bundestag die Hälfte der monatlichen Belastungen, wie bei jedem anderen Arbeitnehmer der Arbeitgeber. Ebenso verfährt der Bundestag bei privat versicherten Abgeordneten, d. h. auch hier wird jeweils die Hälfte der Beiträge übernommen. Etwa 40 % der Abgeordneten sind derzeit gesetzlich und rd. 60 % privat krankenversichert.

Arbeitslosen- und Rentenversicherung:

Bundestagsabgeordnete zahlen aus ihrer Abgeordnetenentschädigung keine Beiträge zur Arbeitslosen- und Rentenversicherung und erhalten daher auch keine Leistungen aus den gesetzlichen Sozialversicherungen, wie z. B. Arbeitslosengeld, dafür aber Hartz IV, erwerben allerdings wie Beamte pensionsähnliche Ansprüche, die je nach entsprechend langer Zugehörigkeit Höhen erreichen, die ein steuerzahlender Normalbürger – auch wenn er zusätzliche Einzahlungen vornehmen würde – nie erreichen wird.

Das sind die wesentlichsten Einkommensbezüge der Abgeordneten. Sie heben sich deutlich von denen der Normalbürger ab.

Man wollte mit diesen Vergünstigungen ganz sicher die Unabhängigkeit der Abgeordneten stärken und schützen, was ich auch sehr unterstreichen möchte, es hat aber nun dazu geführt, dass sich dieser Teil der Gesellschaft, den man u. a. um die vielen Landtagsabgeordnete noch erweitern kann, vom eigentlichen Leben der Bürger abgekoppelt hat.

Diese Staatsdiener sind zwar auch den hohen Einkommens- Grenzsteuersätzen ausgesetzt, haben aber neben den geschilderten Vergünstigungen nicht die Sozialversicherungsbeiträge – hier den Arbeitnehmeranteil – in Höhe von ca. 25% zu tragen. Diese zusätzlichen Belastungen gehen in der Diskussion völlig unter, vermutlich deswegen, weil Abgeordnete diesen Sozialversicherungsbelastungen nicht ausgesetzt sind.

Wenn beispielsweise ein Herr Steinbrück oder ein Justizminister Busemann (ehemals in Niedersachsen) zwecks Stimmenfangs vollmundig eine Erhöhung des Spitzensteuersatzes auf 49 % fordern, werden diese beiden Herren nie im vollen Ausmaß erleben, welche Auswirkungen dies auf die Einkommensempfänger hat. Insbesondere bei den mittelständischen Unternehmen, welche sich meistens aus Personenhandelsgesellschaften zusammensetzen, der Gewinn (vor Steuern) somit dem Einkommen des Inhabers zugerechnet wird, bewirken solche zusätzliche Steuererhöhungen einen weiteren Liquiditätsentzug, welcher für Investitionen dringend benötigt wird. Folge: weitere Abhängigkeit von der Finanzindustrie.

Mein Credo lautet daher: Abgeordnete sowie die Masse der Beamten sollen ebenso allen Einkommensbelastungen, wie sie jeder Einkommensempfänger erfahren muss, ausgesetzt sein. Dies würde den Werten einer Demokratie auf jeden Fall mehr entsprechen, als das bisherige System von staatlich privilegierten Gesellschaftsgruppen und die damit eingeleitete Bildung von Kasten und Gesellschaften in den Gesellschaften. Auch würde dann der Staat die volle Last der Sozialabgaben eines Arbeitgebers spüren und dann hoffentlich bei der Ausweitung seiner Beamtenschaft die Wirtschaftlichkeit einführen. Wie viel in den Verwaltungen Geld verbrannt wird aufgrund eines zu hohen Verwaltungsapparates, ist schon sehr abenteuerlich.

Ich glaube, in meinem Leben werde ich es nicht mehr erleben, dass die Steuern wirklich gesenkt und nicht durch" Gegenfinanzierungen" ausgehebelt und neutralisiert, bzw. damit über die Hintertür wieder angehoben werden mit der Folge eines saldierten Null-Ergebnisses für die Bürger.

Den Solidaritätsbeitrag wegen Eingliederung der DDR wird es vermutlich in 100 Jahren + x aufgrund vieler anderer und neu erfundener Solidaritätsgründe genauso geben, wie die vor 111 Jahren eingeführte Sektsteuer zur Finanzierung der deutschen kaiserlichen Kriegsmarine, die jetzt am Meeresgrund des Skagerrak dahinrostet oder die Schaumweinsteuer, womit der deutsche Kaiser den Nord-Ostsee-Kanal bauen ließ. Da dieser dringend renoviert werden muss, bin ich gespannt, ob Herrn Ramsauer oder einem anderen künftigen Verkehrsminister nicht vielleicht noch eine Steuer einfällt. Die Pkw-Maut wollte Herr Ramsauer schon einführen und man muss leider davon ausgehen, dass diese in den nächsten Jahren auch eingeführt wird.

Als Gründe für den permanenten Drang nach Steuererhöhungen werden vor allem die „soziale Gerechtigkeit" genannt, ohne aber einmal genau zu definieren, was denn soziale Gerechtigkeit ist.

Ist es sozial gerecht, dass sowohl Selbstständige, Handwerker als auch mittelständische Unternehmer ein Arbeitspensum von bis zu 15 Stunden pro Tag ablegen, dazu auch noch persönlich in die Haftung genommen werden mit all ihrer Existenz, Arbeitsplätze schaffen und damit Prosperität für das Gemeinwohl produzieren, für den Staat die Mehrwertsteuer noch eintreiben und als Dank dafür vom Staat mit hohen Steuern abgezockt werden nach dem Motto, starke Schultern sollen mehr belastet werden als schwache? Wenn diese aber dadurch schwach werden, wer soll dann die künftige wirtschaftliche Prosperität fördern? Die Politiker?

Diese Schilderung der Steuerbelastungen ist symptomatisch auch auf alle Berufsgruppen übertragbar und führt dazu, dass der Bürger immer weniger Gelegenheit bekommt, für sich selbst und seine Familie vorzusorgen.

Selbst wenn er Geld von seinem versteuerten Geld auf die Seite legt, wohl gemerkt von seinem versteuerten Geld, greift der Staat auch hier noch zu in Form der Abgeltungssteuer zu. Allein dieses Wort „Abgeltungssteuer" lässt die Frage entstehen, um welche Form einer Abgeltung es sich hier denn handelt? Muss man eine Schuld abgelten, nur weil man vorgesorgt hat?

Diese derzeit hohe Steuerquote von 42%, mit Kirchensteuer und Solidaritätsbeitrag rd. 47% **ab nur € 52.882 Gewinn** führt dazu, dass viele mittelständische Unternehmer, Selbstständige, Handwerker und letztlich auch die Angestellten und Arbeiter, somit alle Bürger dieses Staates in vielerlei Hinsicht immer mehr in die Fänge der Finanzindustrie geraten, sei es aus Geldmangel wegen der an den Staat abgelieferten hohen Abgaben, sei es, um angeblich Steuern zu sparen und dafür Schrottanlagen verkauft zu bekommen oder sei es, um die optimale private Vorsorgemaßnahmen einer Bank oder Versicherung zu „kaufen", woran diese sehr kräftig und vor allem langfristig verdienen.

Dieser Grenzsteuersatz von 42% wurde zwar durch mehrere Schritte von 53% noch in 1999 bestehend auf die jetzige Größe gesenkt, allerdings dabei auch die Höhe des Einkommens von damals € 61.376 auf die jetzigen € 52.882.

Diese Relationen haben sich seit 1958 mehrmals jeweils nach „Steuerreformen" verschoben, erschreckend hierbei ist jedoch die Feststellung, dass sich die Höhe des Jahreseinkommens, bei der dieser Höchststeuersatz einsetzt, seit 1958, also innerhalb von 55 Jahren, kaum verändert hat. In 1958 kam ab einem Jahreseinkommen von € 56.263 der Grenzsteuersatz von 53% zur Geltung, momentan wird dieser von 42% bei einem Jahreseinkommen von € 52.882 berechnet.

Berücksichtigt man die in diesen 55 Jahren erfolgte Geldentwertung und die Einkommenssteigerungen, müsste diese Einkommensgrenze eigentlich deutlich höher liegen, Presseberichten sprechen von rd. € 1,5 Mio.

Für die innovativen mittelständischen Unternehmen bedeuten die hohen Steuerzahlungen einen gewaltigen Aderlass an Liquidität, manche können diese ohne bereitgestellte Bankkreditlinien nicht einmal mehr aufbringen. Diese Steuerzahlungen verhindern den Aufbau von starkem Eigenkapital und machen diese Unternehmen immer anfälliger für schwierige Zeiten. Sie geraten somit immer mehr in die Abhängigkeit von den Banken, die mit Hilfe der angelsächsischen Denke nunmehr nur noch auf 5 wesentlichen Banken(gruppen) in dieser Republik zusammengeschrumpft sind. Dadurch ist eine Macht im Staat entstanden, zu der es kaum mehr einen Gegenpol gibt.

Eine Studie von Ernst & Young (Handelsblatt 31.1.2013) stellte fest, dass fast jedes zehnte mittelständische Unternehmen aufgrund von Umsatzeinbußen sich derzeit in seiner Existenz bedroht fühlt. Diese repräsentative, alle halbe Jahre durchgeführte Umfrage bei 3.000 mittelständischen Unternehmen, die zwischen € 30 und € 100 Mio. umsetzen, lässt aufhorchen und ist ein Beleg für eine schwache finanzielle Basis der mittelständischen Unternehmen. Würde der Staat durch seine rigiden Steuerforderungen den Unternehmen nicht so viel Liquidität abschöpfen und damit den Aufbau einer gesunden Eigenkapitalbasis verhindern, wären Umsatzeinbußen, die aus konjunkturellen Gründen, aber auch durch unsinnige Staatseingriffe immer wieder entstehen, nicht so dramatisch, könnten von den Unternehmen besser aufgefangen werden und Personalfreisetzungen, die dem Staat und damit den Steuerzahlern wieder eine Menge Geld kosten, könnten auf ein Minimum reduziert werden.

Aber diese Erkenntnis scheint sich in der Politik noch nicht durchgesetzt zu haben und sie gibt sich eher und sehr gerne als den Wohltatenverteiler. Anders ausgedrückt. Erst einmal nimmt der Staat einem das hart verdiente Geld weg, um es dem Bürger auf Antrag xy nach Abzug seiner Verteilerprovision = Verwaltungskosten, wieder zum Teil zurückzugeben. Man betrachte u.a. nur die unzähligen und zinssubventionierten Kreditprogramme der KfW sowie den hohen Aufwand, solche Kredite genehmigt zu bekommen. Ein seltsames Wirtschaftsdenken!

Die hohen Steuerbelastungen tragen auch maßgeblich zu den hohen Kirchenaustritten bei, um das monatliche Einkommen wieder aufzupäppeln. Man kann zu den Kirchen stehen wie man will, diese werden von Menschen geführt mit all den Stärken und Schwächen. Eines kann man den Kirchen aber nicht absprechen, nämlich eine einzigartige soziale Einstellung zu ihren Mitmenschen, die auch unsere christliche Kultur in der Vergangenheit – auch hier nicht ohne Kritik – sehr stark geprägt hat, bzw. immer noch sehr stark prägt und auch Basis unseres Rechtssystems ist. Ich kann mir auf jeden Fall ein Leben im Rechtsrahmen einer Scharia, die von irgendwelchen alten Herren mal so und mal so je nach Gutdünken ausgelegt wird, nicht vorstellen.

Folge ist die Schwächung eines sehr starken sozialen Zweiges und damit sukzessiver Übergang von deren Leistungen auf staatliche Institutionen, welches wiederum auf den Bürger über Steuererhöhungen irgendwann zurückschlagen wird. Ich gebe jedenfalls meiner Kirche lieber das Geld als dem gefräßigen Finanzamt.

Zur wirtschaftlichen Prosperität tragen hohe Steuern keineswegs bei, sie ersticken den Leistungswillen und führen zu Ungerechtigkeiten anderer Art. Viele Beispiele haben das gezeigt und zeigen das unverändert. Das Verhältnis hohe Steuern = schwache Wirtschaftslage lässt sich z. B. an der Höhe der Grunderwerbsteuersätze in Deutschland ganz deutlich ablesen. Die niedrigsten Grunderwerbsteuersätze mit 3,5 % haben, raten Sie mal, natürlich Bayern und Sachsen, zwei prosperierende Bundesländer. Und wer hat den höchsten Grunderwerbsteuersatz und das ganz allein? Das Heimatland des roten Lafontaine und zwar mit 5,5 %. Das Saarland geht am Krückstock und vergrault mit solchen Sätzen Investoren, die es eigentlich dringend nötig hätte. Die befinden sich woanders, zu denen das halbe Saarland morgens hinfährt, um abends wieder zurückzukehren.

Vergleicht man die Wirtschaftsleistung am Beispiel Umsatz verarbeitendes Gewerbe, die Basiswertschöpfung schlechthin, so weisen manche Landkreise mit nur einem Landrat und Kreistag und ohne aufwändigen Landtag und Ministerpräsidenten mit allen Vergünstigungen deutlich höhere Wirtschaftsleistungen aus. Beispielsweise ist auf Basis dieses Parameters der Landkreis Ortenau, zwischen Karlsruhe und Freiburg gegenüber Straßburg gelegen, in dem ich wohne und als Banker wirken durfte, zugegebenermaßen der größte Landkreis in Baden Württemberg, in der Wirtschaftsleistung auf allen Ebenen aber dreimal größer als das rote Saarland. Und so könnte man viele solcher Beispiele nennen, wie z. B. die Gewerbesteuerhebesätze. Um in der Ortenau zu bleiben, müssen dort die Kommunen mit den niedrigsten Hebesätzen keine Kredite bei den Banken aufnehmen, diese geben sie den Banken.

Mir scheint, dass in der Politik immer noch ein Defizit in der Wahrnehmung des Zusammenhangs von Steuern und Wirtschaftsleistung besteht, ebenso in der Abhängigkeit von Bürgern und Unternehmen zur Finanzindustrie aufgrund dieser hohen Steuerabgaben, ganz zu schweigen vom Zusammenspiel von Gewinn und Investition und daraus folgernd die Prosperität einer Volkswirtschaft.

Vielmehr betrachten sich alle Politiker als die Wohltäter und Schrittmacher unserer Gesellschaft für nur wenige, dafür aber laute Gesellschaftsschichten, die unverändert mit hohen Abgaben finanziert werden müssen und sich damit sukzessive zu einer eigenen Kaste in dieser Republik entwickelt haben. Daran dürfte sich auch in absehbarer Zeit nichts verändern, die Erweiterung des Deutschen Bundestages zum drittgrößten Parlament der Welt nach Rot China und Nordkorea belegt dies sehr deutlich.

Dies ist u.a. auch ein wichtiger Grund, warum der Staat oder die Staaten (alle fahren sie diesen wirtschaftlichen Unsinn) die Banken derzeit stützen, denn ohne die Banken und der für die Industrie eingeräumten Kreditlinien könnte ein Großteil der Steuerzahler aus dem Unternehmer- und Selbstständigen – Lager die hohen Steuerzahlungen einfach nicht mehr bezahlen. Der Mittelstand gerät somit immer mehr in eine Schulden- / Ausbeutungsfalle.

Würde der Staat den Bürger durch die hohen Abgaben nicht entmündigen, könnte er auch viel besser zum Beispiel für sein Alter vorsorgen.

In den letzten Monaten konnte man sehr viel in der Presse über die Altersarmut lesen. Bisher hat sich aber noch kein Politiker Gedanken darüber gemacht, dass diese Altersarmut auch eine wesentliche Ursache in der hohen Steuer- und Abgabenquote hat. Wenn die Bürger etwa 50 % ihres Einkommens an den Staatsapparat abgeben müssen, bleibt einfach kaum etwas übrig für die private Vorsorge, insbesondere dann, wenn noch Kinder vorhanden sind.

Die Vorsorge-Programme der Banken und Versicherungen haben zwar steuerliche Vergünstigungskomponenten, diese werden aber letztlich von den hohen Gebühren dieser Institute am Anfang und während der Laufzeit mehr als aufgefressen.

Ich habe mir mehrmals die Mühe gemacht, solche Vorsorgeangebote mit ganz normalen Sparverträgen mit gleicher Laufzeit und gleichen Sparleistungen, aber ohne staatliche Zuschüsse, zu vergleichen (über Excel ganz leicht nachzuvollziehen bei Beherrschung der simplen Zinsformel). Das Ergebnis ist niederschmetternd. Ein solcher Sparvertrag wäre deutlich günstiger gegenüber dem Vorsorgeprodukt auch inkl. der „versprochenen" Überschüsse, man käme sogar auf ein höheres Endkapital und könnte den Rest ohne Abzüge für die Banken und Versicherungen weiter vererben.

Somit sind diese Programme eine hohe Einkommensquelle für die gesamte Finanzindustrie, zumal der propagierte Nutzen für den Sparer erst in 20 oder 30 Jahren offensichtlich wird, die Verkäufer dieser Produkte gibt es dann vermutlich nicht mehr und keiner kann zur Verantwortung gezogen werden. Bisherige Erfahrungen mit abgelaufenen Lebensversicherungen, deren Auszahlungsbeträge bei Weitem nicht den Versprechungen bei Abschluss des Vertrages entsprachen (auch schon vor der jetzigen Niedrigzinsphase), teilweise sogar noch geringer sind, als die geleisteten Einzahlungen insgesamt, lassen Schlimmes befürchten.

Warum überlässt man dem Bürger nicht selbst, in welche Anlageform er vorsorgen möchte. Warum haben immer nur die Finanzprodukte der Finanzindustrie steuerliche Anreize. Warum wird ein simpler und vor allem sehr langfristiger Sparvertrag nicht ebenfalls gefördert? Die Frage ist schnell beantwortet: Daran verdient die Finanzindustrie nichts

Ergo: Staat und Finanzindustrie zeigen auch hier ihre tiefe Verbundenheit.

Warum geißeln diese schmerzliche Enteignung über die Steuerzahlungen nicht die Gewerkschaften, die stets für höhere Löhne zur Ankurbelung der Binnenkonjunktur plädieren und kämpfen. Was hilft aber ein höherer Bruttolohn, der zudem viele Mittelständler weitere Substanz kostet und in Finanz-/Liquiditätsnöte bringt, wenn durch die kalte Progression die Abgaben in den Staatsapparat ansteigen und somit netto für den Arbeitnehmer kaum etwas übrig bleibt. Erste zaghafte Versuche die kalte Progression zu mildern, wurden von der Opposition mit „Geschenken" an die Reichen verglichen. Was für ein Blödsinn. Die eigene steuerfreie Kostenpauschale aber geht bei allen Parteien dagegen Jahr für Jahr ohne großes Tamtam durch den Bundestag, dem Elfenbeinturm unserer Machtpolitiker.

Auch die Aufgeregtheit unserer Arbeitsministerin von der Leyen (Stand Juli 2013) zum Stress am Arbeitsplatz, sogar ein mögliches „Antistressgesetz" (?) machte die Runde. Wie das gehen soll, ist mir ein Rätsel.

Kein Politiker hat sich auch hier nicht die Frage gestellt, ob ihre permanenten und hohen Ausgabenwünsche und die daraus folgende hohe Steuerquote daran schuld sind. Die Unternehmen werden durch diesen Steuerabgabendruck regelrecht gezwungen, immer mehr Mitarbeiter freizusetzen und die verbliebene und weiter angestiegene Arbeit auf den verminderten Mitarbeiterstamm zu verlagern. Dies führt unweigerlich zu einem sehr hohen Leistungsdruck, Krankheiten, Kuren usw. und letztlich zu sehr hohen Sozialkosten, welche wiederum den Abgabendruck in Form von höheren Krankenkassenbeiträgen produzieren werden und damit zu noch weiteren Belastungen der Bürger.

Ein Kreis der sich immer weiter schließt und nach unten führt. Hohe Steuern, Schwächung der Steuerzahler, Abhängigkeit von der Finanzindustrie, welche sich der Risiken und durch die über Basel III höheren Eigenkapitalanforderungen entlasten will, Verbriefung der Kreditforderungen, Verkauf an die nicht informierten Anleger, dadurch vorprogrammierter Verlust u. a. der Altersvorsorge auf allen Ebenen, Ersatz durch Steuermittel, weiter ansteigende Sozialkosten, hohe Steuern und dann geht es wieder von vorne los. Ergebnis weiter wachsende Staatsquote und weiter steigende Bevormundung der Bürger.

Dieser negative Trend führt unweigerlich zu einer weiter ansteigenden Produktion von strukturierten Finanzprodukten und damit zu Luftnummern mit hohem Ertragspotenzial für die Finanzindustrie, die unverändert in den Markt bewusst geschwemmt werden. Dieser Markt wird dadurch immer größer und unüberschaubarer und stellt damit das Kerosin für die Finanzindustrie dar. Sein Geld vernünftig in direkte und transparente Anlagen zu investieren ist kaum mehr möglich, da diese entweder von den Fondsgesellschaften immer mehr absorbiert werden oder nicht das Ertragspotenzial für die Finanzindustrie beinhalten. Analysiert man die aktuellen Wertpapierdepots bei allen Banken, so fällt einem die hohe Anzahl der strukturierten Finanzprodukte unvermindert auf und die Tendenz, diese nur noch anzubieten, ist stark steigend.

Das System, wie es dazu kommt ist perfide und baut auf die Unwissenheit der Anleger auf, die ihr Geld nicht mit Geldgeschäften verdient haben und somit kaum die Funktion und die Risiken eines strukturierten Finanzproduktes kennen, ja nicht einmal wissen wie sich dieses und jenes strukturierte Finanzprodukt zusammensetzt und welche Risiken sich daraus ergeben. Das kann man ihnen auch nicht verdenken, zumal fast täglich neue strukturierte Finanzprodukte auf dem Markt erscheinen, die selbst die verkaufenden Finanzindustriellen an der Verkaufsfront nicht mehr verstehen.

Diese Umstände und die damals schon gemachten negativen Erfahrungen veranlassten mich im Januar 2007, Herrn Jochen Sanio, damaliger Präsident der Bundesanstalt für Finanzdienstleistungen (BAFIN) diese Erfahrungen in einem Schreiben zur Kenntnis zu bringen. Mein Vorschlag war daher, folgenden fett gedruckten und nicht übersehbaren Hinweis am Anfang des Verkaufsprospektes eines strukturierten Finanzproduktes anzubringen (wie bei den Zigaretten auf deren Schachteln):

„DIESES FINANZPRODUKT GEFÄHRDET IHRE VERMÖGENSSUBSTANZ"

Damit hätte man den Anleger explizit auf die Gefährdung seiner Vermögenssubstanz mit diesem Finanzprodukt hingewiesen und diesen Hinweis nicht versteckt auf Seite xy irgendwo im Verkaufsprospekt nachlesen müssen. Außerdem wäre es den Verkäufern immer schwerer gefallen, solche Produkte an den Mann zu bringen.

Zwei Monate später erhielt ich dann im März 2007 von einem Assistenten den Hinweis auf das Wertpapierprospekt, dessen Bestimmungen seit dem 1.7.2005 gelten und angeblich die Anforderungen erheblich erhöht hätten. Außerdem würde die Umsetzung der MIFID (Markets Financial Instruments Directive, auf Deutsch „Finanzmarktrichtlinie" > Richtlinie der EU zur Harmonisierung der Finanzmärkte im europäischen Binnenland) weitere regulatorische Vorgaben mit sich bringen.

Des Weiteren wies er darauf hin, dass im Rahmen der Umsetzung der Richtlinie 2004/39/EG vom 21.4.2004 über Märkte für Finanzinstrumente zudem die Verordnung zur Konkretisierung des Wertpapierhandelsgesetzes (WPHG) erstmals materielle Vorschriften über Werbung enthalten seien, deren Einhaltung von der BaFin überwacht werden würde.

Hauptziel der BaFin wäre es, „im öffentlichen Interesse ein funktionsfähiges, stabiles und integres deutsches Finanzsystem zu gewährleisten. Bankkunden, Versicherte und Anleger sollen dem Finanzsystem als Ganzem vertrauen können. Im Rahmen ihrer Solvenzaufsicht sichert die BaFin die Zahlungsfähigkeit von Banken, Finanzdienstleistungsinstituten und Versicherungsunternehmen. Durch Ihre Marktaufsicht setzt die BaFin zudem Verhaltensstandards durch, die grundlegende Interessen der Anleger schützen sollen".

Was fällt einem zu dieser Aussage nur ein? Die BaFin hat versagt, die Finanzkrise ließ dies offensichtlich werden.

Und die Krone des Ganzen war sein Hinweis, dass auch die Industrie bemüht sei (?), die Transparenz zu verbessern. So hätte das Derivate Forum – eine **Interessengemeinschaft** von 8 Emissionsbanken (ABN-Amro Bank, BNP-Paribas, Deutsche Bank, Dresdner Bank, DZ-Bank, HVB, Goldman-Sachs, Oppenheim, West-LB) vor wenigen Wochen einen Derivate Kodex vorgestellt, der als freiwillige Selbstverpflichtung Mindeststandards für die Strukturierung, Emission, Vertrieb, Marketing und Handel derivater Wertpapiere formuliert.

In diesem Kodex wird auf die freiwillige Selbstverpflichtung bezüglich Mindeststandards für Strukturierung, Emission und Vertrieb etc. gesetzt. Unter Punkt 4 des Kodexes heißt es." Die Preisbildung vollzieht sich im freien Wettbewerb zwischen den Emittenten nach den Kriterien der modernen Finanzmarkttheorie (da haben wir wieder die mathematischen Wahrscheinlichkeits-rechnungen) und beruht auf unterschiedliche Einflussfaktoren". Übersetzt bedeutet das, dass ein Anleger ein Finanzmathematiker sein muss, um ein Derivat zu verstehen.

In der Pharmaindustrie gibt es keine solchen freiwilligen Verpflichtungen oder ehrenrührige Kodexe, welche die Arzneimittelkontrolle überflüssig machen. Sicherlich aus gutem Grund, da man hier den fehlenden Fachkenntnissen der Bürger Rechnung trägt. Es kann ja schließlich nicht jeder Bürger ein

Chemiker sein. Auf der Finanzseite unterstellt man aber ein allumfassendes Wissen der Bürger bis hin zur hohen Finanzmathematik.

Dieser Kodex sollte damals als Beruhigungspille dienen und der Derivateindustrie weiterhin freie Hand im damals schon hoch komplexen und hoch profitablen Derivategeschäft gewähren. Was kann man auch von den 8 Emissionsbanken anderes erwarten, die zu den damals größten Derivatehändlern gehörten.

Wenn man das im Nachhinein alles so liest, fällt einem auf, dass diese ach so strengen Maßnahme, Bestimmungen und Kodexe vor der Finanzkrise (beginnend im Sommer 2007 mit der IKB) beschlossen worden waren, die Finanzkrise aber nicht verhindern konnten.

Diese Ausführungen des BaFin-Beamten zeigten mir aber auch, dass die Grundlage hierfür sicherlich keine praktischen Erfahrungen mit der von mir beschriebenen Problematik waren. Da hat ein Beamter ohne praktische Erfahrungen und mit hoher Ignoranz geantwortet.

Dieses Schreiben an Herrn Sanio hatte ich auch dem hiesigen CDU – Bundestagsabgeordneten für meinen Wahlkreis, der kein geringerer war und noch immer ist (Stand Juli 2013) als der jetzige Bundesfinanzminister Dr. Wolfgang Schäuble (damals war er Bundesinnenminister!), ebenfalls zur Kenntnis gebracht, da mir der Sachverhalt als äußerst wichtig erschien. Seine Antwort erreichte mich dann 7 Monate später im August 2007. Seine Ausführungen waren im Gegensatz zur Antwort des BaFin-Beamten von einer deutlich höheren Qualität und besserem Kenntnisstand (inzwischen hatte auch die Finanzkrise eingesetzt), aber auch er verwies auf Gesetze wie das Transparenzrichtlinie-Umsetzungsgesetz (TUG) vom 20.2.2007 und auf die Wertpapierdienstleistungs- Verhaltens- und Organisationsverordnung (WpDVerOV) – wie blumig kann doch die deutsche Sprache sein –, welche am 23.7.2007 im Bundesgesetzblatt veröffentlicht worden war.

Seine abschließenden Sätze „Letztlich hat aber jeder selbst zu entscheiden, welche Risiken er in finanzieller Hinsicht einzugehen bereit ist. Bei den hochspekulativen Anlagen ist es im Ergebnis wie beim Glücksspiel: Wer hoch pokert, kann viel verlieren" machten mich doch dann etwas stutzig. Ich gab ihm damit zwar vollkommen Recht, jedoch fragte ich mich, ob Herr Dr. Schäuble schon jemals ein Wertpapierprospekt oder auf neudeutsch ein Fact Sheet gelesen hatte.

Bei solchen Entscheidungen muss man aus dem Wirrwarr der Produktbeschreibungen und deren Komplexität die Risiken auch entsprechend ersehen können. Mit der „denglischen" und damit schwer verständlichen Darstellungsweise der Risiken ist dies für die meisten Anleger mit ganz anderen Berufen schwer nachvollziehbar. Die Verkäufer dieser Produkte sind in den meisten Fällen Bankangestellte, welche die Risiken verniedlichen, aber andererseits lesen die Anleger auch nicht die Beschreibungen (Fact Sheets) mit einem Umfang von meistens 20 bis 40 Seiten, ebenso wie die Bestimmungen der Versicherungspolicen. Hand aufs Herz, wer hat diese eng beschriebenen Versicherungsbedingungen von Anfang bis Ende gelesen?

Die Monate davor hatten nämlich gezeigt, dass selbst die für den Eigenhandel der Banken zuständigen „Anlagespezialisten" und vor allem die Ratinggesellschaften die Risiken dieser vermischten und vermatschten Anlageprodukte nicht mehr abschätzen konnten und sich damit hohe Verluste von den angelsächsischen Zunftbrüdern eingefangen hatten. Wie soll dann ein normaler Bürger selbst entscheiden können, welches Produkt spekulativ oder sicher ist.

Mir scheint, dass zu diesem Zeitpunkt Herr Dr. Schäuble zu sehr unter dem Einfluss von Herrn Dr. Ackermann, dem damaligen Vorstandsvorsitzenden der Deutsche Bank, einem der Oberinstitute des Investmentbankings und Berater der Bundesregierung, stand. Seine im Zusammenhang mit der Griechenlandkrise einberufene gemeinsame Pressekonferenz in 2011 zusammen mit Herrn Dr. Ackerman ließ eine recht respektvolle Haltung des Herrn Dr. Schäuble gegenüber seinem Ratgeber deutlich erkennen.

Erst Anfang des Jahres 2013 gab Herr Dr. Schäuble im Zusammenhang mit der Einführung der Finanztransaktionssteuer öffentlich zu, dass man sich in der Vergangenheit doch zu sehr auf die Zusicherungen der Banken verlassen hatte. Wie wahr, wie wahr.

Die Einführung der Finanztransaktionssteuer zeigt mir im Übrigen, dass die Politik die wahren Ursachen der Finanzkrise immer noch nicht begriffen hat. Es werden alle möglichen Gründe hierfür vorgeschoben, der eigentliche

Grund ist aber die Einnahmequelle für den Staat. Herr Dr. Schäuble rechnet mit einigen Milliarden an Steuereinnahmen, die er sicherlich nicht zurücklegen, sondern in den überschuldeten Haushalt einfließen lassen wird. Und wenn er diese Milliarden wirklich zurücklegen sollte, ein angebliches Vorhaben für die Bankenabgabe, wie will er diese denn angelegen? Sicherlich wird er die Geldscheine nicht in einen Tresor legen. Was bleibt dann übrig? Ich vermute in diverse Fonds, die sich mit Staatsanleihen und strukturierten Finanzprodukten vollpumpen und im Krisenfall nichts taugen werden. Und somit haben wir dann wieder den Kreislauf. Es scheint ohne dieses Giftzeug nicht mehr zu gehen. Was soll mit der Finanztransaktionssteuer dann besser werden?

Außerdem schädigt man mit dieser Steuer wiederum den Steuerzahler, der vorsorgt oder spart. Diesbezügliche Kalkulationen haben ergeben, dass damit die Renten auf Basis einer privaten Vorsorge eine deutliche Schmälerung erfahren werden. Die Banken werden diese Steuer nicht selber tragen, sondern einfach an die Anleger weiter reichen.

Die strukturierten Finanzprodukte und nicht auf die Realwirtschaft bezogenen Derivate eröffnen den hochintelligenten und teilweise kriminellen Akteuren auf dem Finanzmarkt, und Beispiele der Vergangenheit belegen dies eindeutig, alle Möglichkeiten, um Volkswirtschaften und damit deren Bürger massiv zu schaden. Die Ergebnisse dieser Machenschaften sind bekannt und haben in der Finanzkrise ihren Anfang genommen und werden sich unvermindert fortsetzen. Diese Produkte sind genauso schädlich wie Rauschgift und zersetzen sukzessive das Volksvermögen, die Ersparnisse und künftige Renten der Bürger, bzw. konzentrieren ein unermesslich hohes Vermögen auf nur wenige Personen, die sich dann in den Jet-Set-Zentren dieser Welt auf ihren dicken Millionen-Yachten eines ins Fäustchen lachen.

Aktuelles Beispiel ist wieder der hochbestaunte Gewinn des Spekulanten Soros, der sich verpflichtet fühlte, die europäischen Regierungen belehren zu müssen, steckt doch dahinter das eiskalte Kalkül seines eigenen Profits. So konnte Herr Soros angeblich eine Milliarde US$, das sind tausend Millionen US$, Gewinn mit der Spekulation gegen den Yen verbuchen. Alle bewundern diesen Spekulanten, hat er doch dadurch die Unternehmen anderer Volkswirtschaften in anderen Währungszonen wieder einmal in die Bredouille gebracht. Folge ist ein schwacher Yen und somit bessere Exportmöglichkeiten für die japanische Industrie, welche Absatzschwierigkeiten der Unternehmen in anderen Währungsgebieten und damit auch Arbeitsplatzverluste zur Konsequenz haben. Somit bezahlen eine Menge Arbeitnehmer den Gewinn dieses greisen Spekulanten mit Einkommenseinbußen und vielleicht sogar Arbeitsplatzverlust. Warum die Presse solche Schädlinge des Allgemeinwohls ständig in den Himmel hebt, ist mir ein Rätsel.

Warum verbietet man daher nicht diese nicht auf die Realwirtschaft bezogenen, nur auf die menschliche Rendite-Gier und damit Spekulationswut abzielenden undurchsichtigen Finanzprodukte, wie die verschieden Formen des extremen Rauschgiftes? Das wäre dann eine echte Regulierung und Verbraucherschutz. Glaubt man wirklich, mit einer Finanztransaktionssteuer dieses Rauschmittel Spekulation/strukturierte Finanzprodukte etc. diesen zersetzenden Prozess aufhalten zu können. Leidtragende sind dann doch nur die vorsorgenden Sparer, die über diese neue Form der Besteuerung nach der Abgeltungssteuer und den vielen Steuern davor wieder ausgebeutet werden.

Der Politik muss man nicht unbedingt den guten Willen, die durch die Finanzkrise offenbar gewordenen Auswüchse zu unterbinden, unterstellen. Man kuriert derzeit nur an den Symptomen herum und hat den eigentlichen Kern des Übels noch nicht entdeckt oder will ihn nicht entdecken, da eigene hohe Interessen dem entgegenstehen. Das ist auch kein Wunder, zählen doch die Hauptnutznießer dieser Krise, die Investmentbanken, unverändert zu den Beratern der Politik.

Diese Ursache liegt – wie schon mehrfach erwähnt – in dem künstlich aufgeblähten Markt der strukturierten Finanzprodukte, deren Anzahl von Tag zu Tag immer größer, mit Derivaten in unzähligen Ausprägungen noch ergänzt und dadurch immer unüberschaubarer wird und somit zu einer weiter ansteigenden Handelsvolumina, einem die Ethik auffressendem Monster mutiert.

Allein die höheren Eigenkapitalanforderungen an die Banken über Basel III werden die Kreditverbriefungen zwecks Entlastung der Bilanz und damit Steigerung der Eigenkapitalquote immens nach oben treiben und den Markt mit weiteren intransparenten Finanzprodukten beliefern.

Dieser rasante Anstieg der Kreditverbriefungen wird unvermeidlich das Handelsvolumen der strukturierten Ausbeutungsprodukte immer mehr erhöhen, denn irgendein Marktteilnehmer muss sie ja schließlich kaufen und irgendein Händler muss sie andererseits an den Mann bringen und will daran mit seiner Bank verdienen. Und dann kommen noch die diversen Vertriebseinheiten irgendwelcher Banken und Vertriebskolonnen hinzu, die auch noch daran verdienen wollen. Somit werden immer mehr hoch spezialisierte Händler und „Vertriebsspezialisten" einen Arbeitsplatz finden und diese werden je nach Qualifikation immer hoch bezahlt bleiben, da kann sich die liebe Bürgerseele drehen und wenden wie sie will.

Und schon sind wir bei den Boni, ein unsägliches Reizwort, auch für mich. Diese einzudämmen, wie jetzt von der EU-Kommission vorgeschlagen und beschlossen, ist zwar ehrenrührig, dürfte aber nicht zu dem gewünschten Ergebnis führen. Es ist zum einen fraglich, ob die Engländer mitmachen und zum anderen ob die Amerikaner und viele andere in der Welt verstreuten Handelszentren diesem Beispiel folgen werden. Sicherlich, einmal muss der Anfang gemacht werden, jedoch wird die menschliche Gier gepaart mit dem menschlichen Ideenreichtum, Regeln zu umgehen, diesem Vorhaben schnell ein Ende setzen.

Dann wird eben woanders dieses riesige und immer weiter wachsende Volumen gehandelt, sei es in New York, Dubai, Singapur oder sonst wo auf irgendeinem Archipel. Die lachen sich eher eins in Fäustchen und werden dort die Handelsräume und die Rechnerkapazitäten noch mehr erweitern und damit noch mehr Macht auf unser good old Europe/Germany ausüben, bzw. uns vorschreiben, was richtig oder falsch ist.

In Dubai zum Beispiel gibt es das Dubai Financial Center, einem eigenen Distrikt (dort steht auch der Bursj Khalifa, das derzeit höchste Hochhaus der Welt), in welchem neu angesiedelte Unternehmen in den ersten fünf Jahren keine Steuern zahlen müssen und dem juristischen Rahmen des angelsächsischen Rechts unterliegen. Dort und in vielen anderen ähnlich gelagerten Standorten werden künftig diese Herren sitzen und mit der ganzen Welt verdrahtet ihre (unlauteren) Geschäfte weiter betreiben. Sie hätten dann sogar noch den Vorteil, dass ihre Boni in diesen Staaten deutlich weniger oder gar nicht besteuert würden als in der EU.

Diverse Call-Center, zuständig für deutsche Kunden diverser Unternehmen sitzen jetzt aus Kostengründen schon in Indien & Co. und keiner merkt es.

Ich möchte auch nicht ausschließen, dass diese Maßnahmen zur Gründung vieler weiterer Hedgefonds führen werden, bei denen die einstigen Händler plötzlich als Partner oder Gesellschafter auftreten und somit den erzielten Gewinn als Gewinnausschüttung (in Deutschland zum verminderten Steuersatz, da als Dividende =Abgeltungssteuer = 25 % + Kirchensteuer + Solizuschlag) vereinnahmen können. Es würde mich dann auch nicht wundern, wenn Herr Anju Jain als solcher die Deutsche Bank verlassen würde und damit auch seine gesamte Truppe von Investmentbankern.

Ebenso verhält es sich mit dem Hochfrequenzhandel. Der wird mit solch ansteigendem Volumen noch weiter befeuert. Die Regulierungsmaßnahmen der deutschen Bundesregierung, von Herrn Klaus-Peter Flosbach im deutschen Bundestag ganz stolz als einzigartig und als erstmals weltweit reguliert bezeichnet, werden genauso wie das Thema Boni ins Leere laufen und auch hier in anderen Handelszentren wieder die Champagnerkorken knallen lassen. Maschinen und Computer können ruckzuck woanders domiziliert werden und von dort aus ihre Programme abspulen. Die Frage wird dann nur sein, ob die europäischen Börsen auf Dauer noch eine wichtige Rolle auf den Finanzmärkten spielen. Es bleibt zu befürchten, dass an Handelsplätzen mit keinen solchen Restriktionen auch die Börsen eine wachsende Bedeutung bekommen werden, eben befeuert durch die Verlagerung dieses automatisierten Wertpapierhandels.

Was ist nun der richtige Weg?

Das Grundübel dieser Entwicklung ist die riesige Handelsvolumina an Wertpapieren, die ihren Anfang mit der Verbriefung von Risiken aller Art, hauptsächlich von Kreditrisiken, und deren Weiterverkauf, versetzt mit weiteren Strukturierungen und Derivaten, die dann wieder „gehedgt" (abgesichert) werden müssen, denen dann weitere Hedging-Maßnahmen folgen usw. usw. Dieses Thema ist somit eine unendliche sich ständig multiplizierende Geschichte und gehört einfach unterbrochen, abgeschafft und letztlich verboten. Schädliches Rauschgift steht schließlich auch aus gutem Grund auf der Verbotsliste.

Dieser fromme Wunsch wird ein frommer Wunsch bleiben. Aber vielleicht hilft die Pflichtveröffentlichung der Ergebnisse der Wahrscheinlichkeitsrechnungen, die der Anlass für die strukturierten Finanzprodukte waren. Aber auch hier wäre Skepsis angebracht. Wer überprüft dann, ob diese Analyse die wirklich Ausschlag gebende war.

Bankkredite sollten in den Kredit vergebenden Banken verbleiben und nicht wie Kartoffeln auf dem Markt herumgereicht werden dürfen. Banken würden dadurch die Kreditvergabe professioneller angehen und wären nicht versucht, schlechte Risiken als gute an die nicht informierten Anleger zu verkaufen, so wie es mit den „Subprimes" geschah. Damit wären auch die hohen Eigenkapitalanforderungen nicht in dem Maße erforderlich, die sich zudem in der Berichterstattung der Banken nur auf die „harte Kernkapitalquote" unter Weglassung der (fraglichen) risikolosen Aktiva (Vermögenswerte) bezieht. In früheren Zeiten ging es auch und das ganz gut mit der bekannten und niedrigeren Eigenkapitalquote, gerechnet auf die volle Bilanzsumme.

Damit würde auch das weltweit äußerst gefährlich aufgeblähte Derivatevolumen sukzessive zurückgeführt werden und hielte dann

– allerdings nur nach deren langfristig erfolgter Dezimierung und Beschränkung auf die Realwirtschaft –

nicht mehr dieses gefährliche Damoklesschwert über unser aller Vermögen wie derzeit.

Nicht ohne Grund warnen seit Jahren hoch angesehene Wirtschaftswissenschaftler vor den Auswirkungen dieser hoch gefährlichen Derivate.

Dieser Ratschlag ist einfach, aber sehr wesentlich. Die Finanzgeschäfte müssen einfacher, transparenter und wieder seriöser werden. Den Wertpapierhandel wird man nicht abschaffen können und das wäre letztlich auch äußerst schädlich. Das hohe Volumen und die damit einhergehende hohe Intransparenz ist es aber und das muss dringend gekappt werden. Insofern sollte die Regulierung der Märkte auf die Eindämmung der immer höher werdenden Handelsvolumina und damit strenge Regulierung der Kreditverbriefungen abzielen.

Dieser harte Einschnitt ist dringend vonnöten, sonst erhöht sich dieser Kreislauf immer mehr und wird unweigerlich zu einem weiteren Zusammenbruch der Finanzmärkte führen. Wenn dann die Bürger merken, dass ihre Renten und Ersparnisse verzockt worden oder im Derivatesumpf auf nur wenige Personen übergegangen sind, dürften Unruhen nicht ausbleiben, Pogrome gegen die Banker werden die Folge sein. 2008 in Großbritannien und in 2012 und 2013 in Griechenland sind schon die ersten Vorboten.

Ob die Politiker zu diesen harten Einschnitten – und das weltweit – fähig sind, wage ich sehr zu bezweifeln. Der Anleger muss daher seine eigene Anlagestrategie entwickeln und sich klar werden, wie er sein Geld anlegen möchte, mit Chancen und damit Risiken, oder auf die Chancen verzichten, um damit die Risiken zu vermeiden. So haben es alte Familien, wie z. B. die Familie Metzler vom Bankhaus Metzler geschafft, ihr Vermögen über die vielen Krisen von über zwei Jahrhunderten zu bewahren. Nähere Ausführungen siehe Kapitel „Wie soll man anlegen?".

Herr Julius Bär vom Privat-Bankhaus Bär in der Schweiz hat in seinem Buch „Seid umschlungen Millionen" die hohen Gehälter der Finanzindustrie (die nur über die unlauteren strukturierten Finanzprodukte erzielt werden können = Anmerkung des Verfassers), als Aufruf zur Revolution betitelt. Diese hat es aber immer dann gegeben, wenn die einen zu viel und die anderen zu wenig hatten.

Kapitel 9

Europa – eine Insolvenzverschleppung

Europa ist ein Verbund von Staaten, die jeweiligen Staaten sind in unterschiedliche Bundesländer aufgeteilt, die Bundesländer in unterschiedliche Landkreise, die wiederum in unterschiedliche Kommunen aufgeteilt sind. In den Kommunen leben große oder kleine, arme, wohlhabende oder reiche Familien, die Grundstruktur unserer Gesellschaft, außerdem Singles oder andere akzeptierte Lebensgemeinschaften. Somit kann man Europa als ein hohes individuelles und föderatives Gebilde – mit einigen Ausnahmen – betrachten.

Die Basis dieser föderalen Verbünde ist die freiheitliche Grundstruktur, welche eine hohe persönliche Individualität der jeweiligen Bürger gewährleistet und zu prosperierenden Unternehmungen aller Art und somit zu der wichtigen Wertschöpfung = Produktion von Waren, den Grundstein für den hohen wirtschaftlichen Wohlstand der in diesen Verbünden lebenden Bürger geführt hat.

Nur diese Individualität und der Ideenreichtum der in Freiheit lebenden Bürger hat aus Europa das gemacht, was es heute ist, man muss allerdings bald dazu sagen, was es war. Individualität und Ideenreichtum bedürfen ein hohes Maß an Freiheit, über das Ergebnis dieser Arbeit, dieser Leistung, nämlich den Gewinn oder das Einkommen oder die Ersparnisse größtenteils selbst bestimmen zu können. Wie schon mehrfach ausgeführt, unterläuft ein bestimmtes Politiker-Gen, nämlich das Steuererhöhungs- oder auch Gleichmacher-Gen oder auch „Möchte-gern-wiedergewählt-Gen" diese Basis zunehmend. Das Ergebnis dieser Gene ist eine Jahr für Jahr ansteigende Staatsverschuldung in Größenordnungen, welche das Bruttosozialprodukt einiger Länder mehr als übersteigt. Das ist vergleichbar mit einem Unternehmen, dessen Verschuldung deutlich höher ist als der Umsatz.

In einigen Staaten hat man das erkannt und zumindest etwas pragmatisch gelöst mit der Folge einer weiteren positiven wirtschaftlichen Entwicklung, in anderen Staaten denkt man nur an die nächste Wiederwahl und an die Beglückung aus „sozialer Gerechtigkeit" (noch einmal: was ist das?).

Diese Politiker-Gene möchte ich noch um ein weiteres ergänzen, nämlich um das Europa-Gen.

Bei aller großen Sympathie für Europa und den großen Vorteilen, die ein Zusammenschluss der Länder in jeder Hinsicht mit sich bringt, darf man aber die jeweilige Individualität der insgesamt 27 Staaten mit einer Vielzahl von unterschiedlichen Sprachen nicht einfach wegwischen und versuchen sie gleichzuschalten, sie zu zentralisieren. Jeder Staat hat seine Geschichte, Sprache und Tradition, die ihn und seine Bürger geformt haben. Diese großen Unterschiede machen auch den Reiz und die Stärke von Europa aus und haben in der Vergangenheit Europa zu der wirtschaftlichen Stärke geführt, der es in der Weltgemeinschaft den Spitzenplatz einräumt. Dazu gehören auch die nicht wegzudenkende Verantwortung für die eigenen Einnahmen und Ausgaben somit für die Finanzen insgesamt, eigentlich auch so, wie man es bei Familien und Unternehmen voraussetzt, es sei denn, der Staat meint, dies besser vollziehen zu können (siehe DDR).

Was haben aber die Europasozialromantiker getan? Sie haben allen Ländern denselben Finanzrahmen und dieselbe Währung gegeben, sie letztlich finanziell gleichgeschaltet, egal ob es sich jetzt um ein industriell, agrarwirtschaftlich oder touristisch geprägtes und damit armes oder reiches Land handelt und all diesen Bürgern damit den gleichen Wohlstand, ja dieselben Lebensumstände wie in den reichen Ländern versprochen. Die Finanzierung dieses Wohlstandes sollte dann über das endlose Füllhorn einer Staatsverschuldung erfolgen, da Staaten ja nicht pleitegehen können.

Die Finanzmärkte haben in den Anfangsjahren der Euphorie diese Risikolosigkeit ebenso gesehen und dieser Umstand war auch abzulesen an den Renditen der entsprechenden Staatsanleihen, die mit denen für Deutschland in etwa gleichzogen.

Ein Land ist finanztechnisch vergleichbar mit einem Unternehmen, welches Waren oder Dienstleistungen produziert, damit Umsatzerlöse generiert, womit die Lieferanten, die Mitarbeiter und das Finanzamt bezahlt werden können. Werden die Waren nicht vom Markt angenommen, sinkt der Umsatz und der Gewinn wird je nach dem geringer oder es muss ein Verlust ausgewiesen werden.

Ändert die Unternehmensleitung nichts an dieser Situation, wird der Fremdfinanzierungsbedarf zur Deckung der Kosten immer größer, d. h. die Bankkredite steigen und steigen bis zu einem Punkt, an dem die Banken dem Unternehmen die rote Karte zeigen und entweder die Kredite kündigen oder Restrukturierungen zur Verbesserung der wirtschaftlichen Situation verlangen.

In dieser Situation stand/steht Europa mit Griechenland, Irland, Portugal und jetzt Zypern. Andere Länder scheinen kurz davor zu stehen. Was war geschehen?

Mit großem Pomp wurde die Eingliederung dieser Länder in die Eurozone mit gleicher Währung und gleicher Zentralbank gefeiert, obwohl deren Wirtschaftsleistung nicht vergleichbar war mit der der reichen Euroländer und waren dadurch in einer Währung und deren Voraussetzungen gefangen. Sie hatten somit keine Möglichkeit mehr, durch Währungsabwertungen ein gewisses Gegengewicht zur eigenen schwächeren Wirtschaftsleistung zu schaffen, um ihre eigenen Produkte damit preiswerter auf den Markt zu bringen. Langfristig sind Währungsabwertungen zwar auch keine Lösung, sind aber in solchen Phasen behilflich, den Übergang zu den wirtschaftlich stärkeren Ländern zu finden.

Jetzt mussten sich auf einmal deren Betriebe mit Betrieben aus der Bundesrepublik und anderen Industrieländern messen, deren Produkte viel weiter entwickelt, besser und günstiger waren, als die eigenen. Selbst die eigenen Landsleute zogen die Produkte aus diesen Ländern den Produkten aus ihren Heimatländern vor, zumal diese Produkte ebenfalls in Euro feil geboten wurden und deren Preisunterschiede nicht gravierend waren.

Folge war ein rückläufiges BIP und Export (vergleichbar mit dem Umsatzrückgang eines Unternehmens) dieser Länder und dadurch eine immer geringer werdende Fähigkeit, die hohen Importe aus anderen Ländern damit zu bezahlen (auch vergleichbar mit einem Unternehmen, welches mit dem Umsatzerlös seine Lieferanten bezahlt). Die Konsequenz aus dieser Situation wäre eigentlich gewesen, die eigenen Produktions- und damit Lohnkosten dramatisch herunterzufahren. Reduzierungen von 30 % bis 40 % machten von vielen Fachleuten die Runde. Das war aber politisch nicht gewollt und durchsetzbar, bzw. hatte man im Vorfeld nicht so erkannt.

Anstatt nun dieser Notwendigkeit der Kostenreduzierung zu folgen, erhöhten sich sogar die Lohnkosten in diesen Ländern, um mit den reicheren gleichziehen zu können und zwar noch stärker als beispielsweise in der Bundesrepublik. Die Konsequenz war ein immer höheres Defizit und somit eine immer schneller werdende Abwärtsspirale für diese Länder, d. h. die Einnahmen aus den Exporten wurden sukzessive geringer und die Ausgaben zur Erhaltung dieses auf tönernen Füßen aufgebauten Wohlstandes immer größer. Diese Differenz zwischen Exporteinnahmen und Importausgaben plus der staatlichen Wohltaten wurden dann durch eine immer höhere Schuldenaufnahme des Staates ersetzt.

Vergleichbar ist diese Struktur mit einer staatlich verordneten Einräumung von Kreditlinien für Unternehmen in unbegrenzter Höhe. Man braucht sich dann nicht wundern, wenn Unternehmen mit schlechter Bonität (schlechte Produkte / zu hohe Kosten / zu schlechter Vertrieb) diese Kreditlinien bis ins uferlose ausnutzen und damit insolvent werden.

Die Finanzkrise, ausgelöst von den Banken, verstärkte diese Schuldenaufnahme bis zu einem Punkt, an dem die Finanzmärkte endlich hellhörig wurden und die Finanztitel dieser Länder nicht mehr kaufen wollten. Die Politik hat dann diese hohe Verschuldung sehr gerne den Banken in die Schuhe geschoben, letztlich haben aber die Bankenrettungen die Verschuldung der Staaten nicht induziert.

Zu diesem Zeitpunkt war aber das Kind schon in den Brunnen gefallen. Die Banken, Versicherungen, Investmentfonds und Pensionskassen hatten sich mit den Finanztiteln dieser Länder vollgesogen, auch aufgrund der Möglichkeiten, damit ihre Bilanzen schönen zu können (Berechnung der Eigenkapitalquote ohne Staatsanleihen), womit das Gebilde Europa auf einmal erpressbar war. Man fragt sich hierbei, was diese Institutionen im Anlagesektor eigentlich für ein miserables Risikomanagement haben?

Und somit nahm die Schuldenkrise ihren unseligen und bekannten Verlauf. Eine Rettungsaktion nach der anderen fand statt, geschlossene Verträge wurden und werden reihenweise gebrochen, die EZB ihrer ureigenen Funktion beraubt und zum Spielball der Politik, ein Ende dieser Fehlgriffe ist nicht abzusehen. Ein Sammelsurium von falschen Entscheidungen, die „auf Sicht" erfolgen und keinerlei Rücksicht auf die langfristigen Auswirkungen nehmen, folgte. Politiker wurden plötzlich zu Kredit gebenden Bankern, ohne die hierfür fachliche Ausbildung und Sensibilität solcher Handlungen zu besitzen.

Anstatt nun langsam zu den finanzphysikalischen Gesetzen eines ordentlichen Wirtschaftens zurückzufinden, wird die Angelegenheit noch weiter verschlimmert. Insbesondere die Herren aus Brüssel fordern vehement eine Schulden- und Bankenunion, womit alle Eurostaaten und alle Banken füreinander haften, für die Schwierigkeiten der anderen einstehen sollen, ohne Einfluss auf die jeweiligen Ursachen zu bekommen. Man kann dieses Ansinnen auch als eine schleichende und indirekte Enteignung der Bürger bezeichnen.

Solche Haftungsverbünde ohne Einfluss auf die Ursachen entsprechen nicht der menschlichen Seele und führen Europa nicht zusammen, sondern lassen es auseinanderdriften. Haftet zum Beispiel Siemens für die Verbindlichkeiten von Nestlé oder umgekehrt, oder der Herr Maier für die Verbindlichkeiten von Herrn Schulze, nur weil diese in Europa ihren Sitz haben?

Mich würde die Reaktion von Herrn Baroso interessieren, wenn er mit seinem Gehalt und Vermögen für die Schulden eines seiner Brüsseler Kommissare einstehen müsste. Sicherlich wird er diese persönliche Haftung auch aus guten Gründen nicht übernehmen, von der Staatengemeinschaft verlangt er dies aber.

Die Konsequenz solcher widersinnigen Haftungsverbünde wäre eine ungehemmte weitere Schuldenaufnahme der schwachen Länder, die sich dann um die geschlossenen Vereinbarungen „einen Dreck scheren", wie dies jetzt auch schon letztlich von allen Ländern vorgenommen wird. Infolgedessen müssten die „reichen" Länder dann deren ungehemmte Ausgaben indirekt mitfinanzieren und ich kann mir nicht vorstellen, dass sich dies die Bürger, insbesondere die um ihre Lebensleistung betrogenen Rentner dieser Länder auf Dauer gefallen lassen würden.

Dieses Ansinnen erinnert ganz fatal an den deutschen Länderfinanzausgleich, welcher Berlin mit einer sehr schwachen eigenen Wirtschaftsleistung seit Jahren zu einer erhöhten Schuldenaufnahme verleitet hat. Dumm ist nur, dass diese „reichen Länder" aber schon jetzt allesamt hoch verschuldet sind.

Bei aller Europaverklärung werden solche Haftungsverbünde Europa in einen Nordteil und einen Südteil auseinanderdividieren. Den natürlichen Egoismus kann man einfach nicht ausschalten, das haben die Kommunisten schon versucht und sind daran gescheitert, die Sozialisten haben daraus immer noch nichts gelernt.

Eigentlich hätte man bei der Einführung des Euros aus der Eingliederung der ehemaligen DDR in die Bundesrepublik lernen müssen. Diese Eingliederung hatte zur Folge, dass nahezu alle ostdeutschen Betriebe pleitegingen aufgrund der nicht vorhandenen Wettbewerbsfähigkeit ggü. den westdeutschen Betrieben. Politisch war diese Eingliederung sicherlich richtig, wirtschaftlich ein Fiasko und äußerst teuer und zwar immer noch. Es war einfach unprofessionell angegangen worden und getrieben vom nächsten Wahltermin und der wirtschaftlichen Unkenntnis der Bürger und der Politiker.

In beiden Fällen, DDR und Europa, hatte man der schnellen Politik den Vorzug gegeben und die wirtschaftlichen Aspekte und Auswirkungen dabei völlig außer Acht gelassen. Wie sollte es auch anders sein bei dem unterentwickelten Sachverstand der Politik in Sachen sozialer Marktwirtschaft und deren Marktmechanismen.

Sicherlich weiß man am Ende das meiste besser als vorher, da kann sich keiner davon ausnehmen. Eine fundierte Eingliederung der jeweiligen Länder in die Eurozone wäre aber der bessere Weg gewesen. Diese Fehler jetzt nur durch eisernes Sparen zu beheben, ist ebenfalls der falsche Weg. Diese Länder brauchen auch Wertschöpfung und müssen vom Weltmarkt akzeptierte Waren und Dienstleistungen produzieren und anbieten können, um ihre Schulden durch deren Erlöse wieder zurückzahlen zu können bei gleichzeitigem Abbau des öffentlichen und meist absolut unwirtschaftlichen Sektors. Missachtet man beispielsweise bei Unternehmensfusionen solche wirtschaftlichen Notwendigkeiten, steht das fusionierte Unternehmen bald vor der Insolvenz, wie auch jetzt Europa selbst.

Das beste Beispiel, wie wenig unsere Politiker, insbesondere die Finanzminister, die Funktionen einer sozialen Marktwirtschaft kennen und verstehen, ist der Fall Zypern. Wie kann man nur so dämlich sein und die (Klein)Sparer durch eine Zwangsabgabe zur Sanierung des maroden Bankenapparates, der durch staatliche Misswirtschaft nicht nur des Zypriotischen Staates entstanden ist, so verprellen. Mit diesem Griff in eine vermeintliche Sanierungskiste wurde eine weitere rote Linie überschritten und damit ein Grundvertrauen der sparwilligen Bürger in ein funktionierendes Finanzwesen und damit auch die Grundstruktur einer Demokratie mit Füßen getreten.

Die FAZ schrieb: „Der Eurogruppe war offenbar nicht bewusst, dass sie mit Sprengstoff hantierte. Vertrauen ist das Wesen des Geldes. Vertrauen ist der gesellschaftspolitische Kern der Krise. Es ist verlorengegangen".

Einen Tag später waren sich die Herren der Eurogruppe dann dieses dummen Fehlers bewusst und alle maßgeblich Verantwortlichen für diesen Fauxpas suchten dann jeweils die Schuld beim anderen und keiner wollte es gewesen sein.

Nachdem man zurückruderte und die Kleinsparer bis € 100.000 von dieser Zwangsabgabe ausnahm, setzte der neue Vorsitzende der Eurogruppe Dijsselbloem, der erst wenige Monate davor zum niederländischen Finanzminister berufen worden war, noch „eines drauf" und bezeichnete den vereinbarten Rettungsplan für Zypern als Vorbild für andere Problemfälle, womit künftig nicht mehr die Steuerzahler für marode Banken in der Eurozone aufkommen sollen, sondern zunächst die Eigentümer und Gläubiger. Sind Sparer keine Steuerzahler? Zudem suggerierte er, dass auch andere Länder ihren Finanzsektor schrumpfen lassen sollen (Handelsblatt 27.3.2013).

Auch wenn die anscheinend auf geringe Erfahrungswerte basierenden Aussagen von Herrn Dijsselbloem von ihm selbst dann wieder als „falsch verstanden" revidiert wurden und er als auch die Vertreter der Währungsunion und der EZB diese Maßnahmen als Sonderfall darstellten, was wenig glaubwürdig war, kann man mit Zypern den Beginn der staatlichen Repressionen in Europa markieren. (Ist der Ruf erst ruiniert, lebt es sich weiter ungeniert). Wenige Monate danach entschieden die europäischen Finanzminister dann genau die Haftungskaskade wie von Herrn Dijsselblom beschrieben. Gute Nacht kann man da nur sagen. Weitere Zwangsabgaben werden nicht ausbleiben, der diesbezügliche Ideenreichtum, angefeuert von der Ausgabenwut unserer Politiker, ist ja unbegrenzt. Die Sanierung der Banken auf dem Rücken der anderen Steuerzahler, nämlich der Sparer rückt damit immer näher. Die europäischen Finanzminister tagen einfach zu oft.

Es wurde immer von der Beteiligung der Gläubiger gesprochen, die sich an der Sanierung beteiligen müssten. Diese Forderung geht durch alle Schichten unserer Gesellschaft. Jetzt stellt sich aber die Frage, ob ein Sparer ein Gläubiger einer Bank ist? Juristisch betrachtete ist das leider so, de facto muss man hier große Zweifel anmelden. Ein Sparguthaben ist immer noch das Vermögen des Sparers, welcher es der Bank treuhänderisch zur Verfügung gestellt hat, es der Bank zur Aufbewahrung gibt. Es ist somit kein Vermögen der Bank. Es stellt ein Sondervermögen dar, wie die Wertpapiere eines Investmentfonds, die auch nicht für das Geschäftsgebaren einer Fondsgesellschaft haften und für die Verbindlichkeiten der Fondsgesellschaft. Die arbeitet nur mit diesem Geld.

Jetzt könnte man einwenden, dass sich der Sparer laufend über die Bonität seines Bankinstitutes informieren sollte, um bei einer entsprechenden Verschlechterung durch Abzug und Verlagerung auf eine andere Bank diesem Verlust – wie in der freien Wirtschaft – zu umgehen. Diesem Argument steht aber die kryptografische Darstellung der Bilanzzahlen der jeweiligen Banken entgegen, die sogar der Baseler Ausschuss, welcher zur Einführung hoher und möglichst einheitlicher Standards in der Bankenaufsicht gegründet wurde, nicht mehr übersieht. Wie soll dann die breite Masse der Normalbürger eine solche Kryptografie verstehen (siehe hierzu Kapitel 11 Kernkapital der Banken, ein unseriöses Lockmittel).

Diese Spareinlagen sind aber im Nirwana, wenn die Bank Insolvenz anmeldet, also damit Kreditgeschäfte auch in Form von Ankauf von Staatsanleihen getätigt hat, die nicht mehr bedient werden können, wie hier in Zypern die Staatsanleihen von Griechenland. Jetzt kann man die Frage stellen, wie dämlich doch diese Banker und deren Risikomanagement gewesen sein müssen, solche schlechten Papiere zu kaufen? Es stellt sich dann aber auch dann die Gegenfrage, warum es erlaubt war, solche schlechten Anlagepapiere auf den Markt zu werfen? Wo waren hier die Aufsichtsorgane, wo die EZB und deren Risikomanagement?

Ist es nicht äußerst fraglich bis kriminell, solche Anlagen mit dem Siegel der Seriosität zu versehen, ja sogar dabei den Banken zu erlauben, solche Staatspapiere als eine risikolose Aktiva zwecks Reduzierung der Bilanzsumme und damit Anhebung der Eigenkapitalquote zu betrachten? Hat auch hier die Politik geschlafen? Die Antwort wird lauten ja, ganz sicher, aber auch nein, ganz sicher nicht, weil es ja im Interesse der Politik war, über diese Anleihen an das Geld der Anleger zur Finanzierung der Staatsdefizite zu kommen.

Kauft jedoch ein Anleger eine Bankanleihe und gibt damit der Bank einen direkten Kredit zum Betreiben eines Bankgeschäftes, sieht die Sache ganz anders aus. Hier ist er echter Gläubiger und die Bank der Kreditnehmer. Noch stärker verhält es sich mit den Aktionären = Gesellschaftern einer Bank, die an der letzten Stelle im Ranking eines Gläubigers stehen. Insofern sollten diese Anleger, welche auch für den Kauf einer Anleihe aufgrund des Risikos deutlich höhere Zinsen als für die Einlagen bei einer Bank bekommen, diejenigen sein, welche die Sanierung einer Bank alleine tragen müssten, nicht aber die Sparer, die der Bank das ersparte Geld zur Aufbewahrung und derzeit äußerst geringen Verzinsung geben.

Gefährlich ist auch der weitere Umstand. Da man für Spareinlagen sowieso so gut wie keinen Zins mehr bekommt, könnten sich nach diesem Zypern-Desaster viele Sparer fragen, warum man einer Bank noch Spareinlagen anvertrauen sollte, wenn die Politiker diese je nach Gutdünken als Sanierungsmasse künftig betrachten und man zudem sowieso kaum Zinsen – die dann noch besteuert werden – für die Überlassung bekommt.

Dafür haben die Euro-Finanzminister mit Hilfe der EZB schon gesorgt, natürlich unter dem Vorwand der Rettung des Euros, letztlich aber nur zum Zwecke einer sehr günstigen Refinanzierung der Staatsschulden und deren Reduzierung. Diese Maßnahmen gehen aber massiv zu Lasten der sparenden Bürger und deren Altersversorgung und werden die Altersarmut weiter erhöhen. Dies wird den Staaten und deren Politiker mangels Weitblick später doppelt auf die Füße fallen und die Sozialkosten und damit die Staatsverschuldung weiter drastisch erhöhen. Mit diesem räuberischen Griff in die Sanierungskiste laufen jetzt alle europäischen Staaten Gefahr, dass die Spareinlagen sukzessive zurückgehen und damit ein wichtiger Baustein der Finanzierung der Wirtschaft verlorengeht. Aber wer soll dann das Geld für die Finanzierung der Staatsschulden aufbringen? Vermutlich die Maschine der EZB, die Druckerpresse.

Weitere staatliche Repressionen werden daher nicht ausbleiben. Man muss dies leider befürchten.

Die Reaktionen der Zyprer, die Leidtragenden dieser massiven Fehlentscheidung, haben mich richtig erfreut und ich hätte mir gewünscht, dass meine deutschen Mitbürger bei ähnlichen Raubzügen des Staates in Form von Steuererhöhungen und damit Zugriff auf unseren Geldbeutel, natürlich nur zur Erreichung einer „sozialen Gerechtigkeit", ebenso auf die Straße gehen würden.

Jetzt ist sogar die Vermögenssteuer wieder in, ohne zu bedenken, dass dies logistisch schwer umsetzbar ist, wurde sogar als maßgeblicher Punkt im Wahlprogramm der SPD aufgenommen, dessen Parteivorsitzender die Zwangsabgabe der Kleinsparer in Zypern als Enteignung bezeichnete. Ja was ist denn dann die Vermögenssteuer, die auch bei Verlust eines Unternehmens fällig wird und somit massiv in die Unternehmenssubstanz eingreift und damit Arbeitsplätze kostet, die Abgeltungssteuer von 25 % + x auch auf die Sparzinsen bei uns, was ist denn die hohe Einkommenssteuer, der Solidaritätszuschlag und so weiter und so weiter. Ist das denn keine Enteignung, eine Entmündigung der eigenen Finanzhoheit der Bürger oder ist es ein natürliches Recht der Politiker, je nach Gutdünken und Finanzerfordernisse das Vermögen der Bürger als Sanierungsmasse zu betrachten?

Die Krone hat dann Gregor Gysi, das Oberhaupt der Linken, dem Ganzen noch draufgesetzt. Seine Partei, die dem fleißigen Bürger nahezu alles wegsteuern und ihn in Sachen Einkommen und Vermögen so gut wie enteignen will, hatte die Unverfrorenheit, die Zwangsabgabe in Zypern ebenfalls als Enteignung zu geißeln. Für wie dumm halten uns eigentlich diese Politikfrontmänner.

Mit diesem Tabubruch, dem Griff auf die bereits versteuerten Spareinlagen, ich wiederhole, bereits versteuerten Spareinlagen, bleibt zu befürchten, dass bei weiteren Krisenfällen die Politiker die Spareinlagen als künftige Sanierungsmasse betrachten werden. Zwangsabgaben dieser Art dürften somit in Zukunft die Regel sein.

Bestes Beispiel für eine Zwangsabgabe ist – wie bereits erwähnt – der seit 1991 geltende Solidaritätszuschlag, der nur für ein Jahr gelten sollte, dann aber wieder eingeführt wurde und zwischenzeitlich uns schon seit nahezu 2 Jahrzehnten abgezogen wird. Da es eine Bundessteuer ist, haben etwa 25 % des bisher vereinnahmten Betrages von über € 200 Milliarden den Bundeshaushalt unterstützt und der Rest den Ministerpräsidenten in den neuen Bundesländern ein behagliches Auskommen gesichert.

Auch wenn die FDP daran etwas ändern will, bleibt ein Bestehen dieser Zwangsabgabe nach einem dann aufkommenden Sturm der Entrüstung der dortigen Politiker und Forderungen nach Gegenfinanzierung bis auf weiteres zu befürchten. Der Finanzminister (Stand Juli 2013) Schäuble hat vorsichtshalber schon verlauten lassen, dass dieser bis 2019 fest geschrieben ist und selbst unsere Bundeskanzlerin hat schon angedeutet, dass damit andere Dinge finanziert werden könnten. Der Phantasie der Politiker sind hier bekanntermaßen keine Grenzen gesetzt.

Dieser Soli hat u. a. unseren ostdeutschen Landsleuten die beste Infrastruktur gebracht, dem Westen dagegen eine abgenutzte à la DDR.

Warum gehen wir nicht auch entrüstet deswegen auf die Straße. Das ist unser Geld, das wir nicht für die notwendige Altersvorsorge verwenden können, um einer drohenden Altersarmut vorzubeugen. Die Integration der ehemaligen DDR hat die Bundesrepublik sehr viel Geld gekostet und zur jetzigen hohen Verschuldung mit beigetragen, irgendwann muss Schluss sein.

Was hat das Ganze jetzt aber mit der strukturierten Ausbeutung der Anleger zu tun? Die Finanzindustrie wird die Schulden dieser Länder mit Hilfe und Interesse der Staaten in alle möglichen strukturierten Pakete packen und versuchen, sie im Markt unterzubringen. Dankbare Hilfsgenossen sind hier der komplexe Aufbau solcher Finanzprodukte, die staatlich gelenkten sehr niedrigen Zinsen zwecks Erhöhung des Renditenotstands und die immer mächtiger und größer werdenden Investmentfonds, die aufgrund ihrer Marktmacht nahezu alles aufkaufen können, um es dann in Fonds aller Art mit den Staatsanleihen dieser Länder zu vermischen.

Ich erinnere mich immer noch an die Aussage des damaligen Vorstandsvorsitzenden der Deutsche Bank, Herrn Ackermann, auf einer Talkshow, in der er die Meinung vertrat, dass die Finanzkrise vorbei ist, wenn die Risiken im Markt allokiert sind. Diese Allokationen finden derzeit statt.

Diese derzeit vorherrschenden Marktumstände und Risiken sollten daher jeden Anleger, der sein Geld auch noch in 10 Jahren wiedersehen möchte, dazu veranlassen, den Kauf von strukturierten Finanzprodukten und von direkten Anleihen der gefährdeten Länder ohne entsprechende Wertschöpfung dringend zu meiden. Damit trägt er im Übrigen zu einem seriöserem Wirtschaftsgebaren und Anlagemarkt bei, hoffentlich!

Kapitel 10

Kulturwandel der Banken?

Es ist doch schon irgendwie irritierend, dass die Banken jetzt einen so genannten Kulturwandel ausrufen. Gesteht damit diese Branche nicht sogar die unlauteren Absichten des bisherigen Finanzproduktverkaufs oder zumindest eine massive Benachteiligung der Kunden zu Gunsten der eigenen Erträge ein?

Alle reden sie zudem vom Rückgewinn des Vertrauens, was anscheinend verloren gegangen ist und daher als weiteres Eingeständnis eines unredlichen Handelns gewertet werden muss.

Herr Anju Jain, Co Chef der Deutsche Bank, sprach sogar davon, O-Ton: „Die größte Herausforderung ist, den Vertrag mit der Gesellschaft zu erneuern. Wir müssen das Vertrauen in uns wiederherstellen". Man fragt sich nur, was er mit erneuern des Vertrages meint? Hat die Deutsche Bank den Vertrag mit der Gesellschaft gebrochen oder soll ein neuer Gesellschaftsvertrag im Sinne der Investmentbanker geschlossen werden? Lag dem ein unlauteres Handeln zugrunde?

Selbst der ehemalige Risikovorstand der Deutsche Bank, Herr Hugo Bänziger bläst in dieses Horn. Und gerade er muss es aus der herausgehobenen Stellung eines Risikovorstandes wissen.

Der von allen Geschäfts- und Investmentbanken ausgerufene Kulturwandel bleibt insgesamt fraglich. Diesbezügliche Bekundungen diverser Vorstände nehmen bei Betrachtung des in deren Filialen und Private Banking Abteilungen unveränderten Angebots von Investmentbankprodukten, die Schmiermittel der Finanzkrise und Basis für ungeheuer hohe Vermögensverluste weltweit, pharisäerhafte Züge an, insbesondere dann, wenn die ausrufenden Personen sich bis in die tiefsten Haarwurzeln dem Investmentbanking verpflichtet fühlen, dieses jahrelang in den Bankhäusern maßgeblich geprägt und somit auch zu der Finanzkrise mehr oder weniger entsprechend beigetragen haben.

Selbst der Sparkassen- und der Volksbanksektor scheinen sich von diesen Investmentbank-Produkten nicht trennen zu wollen.

Gegen diesen Kulturwandel sprechen einfach zu viele Indizien, die man täglich in der Wirtschaftspresse nachlesen und am Bankschalter erleben kann. Darunter kann man auch die Freikaufprogramme der Banken verstehen, d. h. sie zahlen lieber Hunderte von Millionen und sogar einige Milliarden (Bank of America US$ 10 Milliarden) an Strafe, um langwierige Prozessabläufe und damit das unlautere System mit den kriminellen Details zu vermeiden. Was wollen diese Banken denn eigentlich verbergen?

Das Investmentbanking und deren Produkte sind schon viel zu tief in der Bankenlandschaft verwurzelt, tragen bei allen Banken – auch bei den Sparkassen und Volksbanken – maßgeblich zu deren Ertragslage bei und sind somit in den Anlageproduktprogrammen aller Banken nicht mehr wegzudenken.

Herr Pete Hahn, welcher an der Londoner Cass Business School lehrt, war selbst einmal Investmentbanker gewesen, sagte im Herbst 2012 der Investmentbank-Branche eine düstere Zukunft voraus. Er bezeichnete den Ex-Chef von Barclays, Bob Diamond oder Anshu Jain, Co-Chef der Deutsche Bank, als Auslaufmodelle aufgrund der Eurokrise und der sich abzeichnenden Regulierungswut der Politiker, welche sich in deutlich härteren Anforderungen an Liquidität und Kapital äußert. Stichwort hierzu Basel III, jedoch hat die USA schon signalisiert, dass es Basel III erst später – wenn überhaupt – einführen will.

Ich frage mich, welchen Zweck dann Basel III noch verfolgen soll? Schwächung der europäischen Banken zugunsten der Stärkung der eigenen Zocker-Finanzindustrie in den USA, damit diese die Welt weiter ausnehmen kann?

Selbst Roland Berger sieht für die Zukunft des Investmentbankings schwarz. Von den 500.000 Arbeitsplätzen im globalen Investmentbanking könnten in den kommenden Jahren rd. 15 %, bzw. 75.000 Arbeitsplätze wegfallen,

425.000 wären aber noch voll intakt. Was werden diese 425.000 Zocker dann tun? Die Anleger bezüglich seriöser Anlagen beraten?

Ganz sicher nicht! Meines Erachtens treiben diese dann unverändert ihr strukturiertes Unwesen weiter. Hat da Roland Berger nicht berücksichtigt, dass viele Stellen im Investmentbanking durch Maschinen ersetzt werden?

Ich erinnere noch an die Feststellung, dass die Summe aller europäischen Bankbilanzen das Dreieinhalbfache des europäischen BIB`s ausmacht, wogegen die Summe aller US-amerikanischen Banken kleiner als das US-amerikanische BIB ist. Das heißt letztlich, dass sich die europäischen Banken von den angelsächsischen eine Menge Finanzschrott haben aufdrängen lassen, der aber noch immer in den Kellern der Banken und Versicherungsgesellschaften schlummert und nur darauf wartet, von den nicht informierten Anlegern als Beimischung oder sonstigem innovativem Singsang aufgenommen zu werden unter dem Motto „Chance und Risiko". Dazu beitragen wird auch das politisch künstlich niedrig gehaltene Zinsniveau u. a. zwecks Verstärkung des Renditenotstands bei den Anlegern, woraus eine starke Verbindung zwischen Staat und Banken dokumentiert wird.

Die Anleger werden jedoch nur aus reinen Rendite Überlegungen irgendwann schwach werden und sich dann doch wieder den Renditeversprechungen der übrig gebliebenen 425.000 Investmentbanker und der Finanzvertriebe aller Finanzinstitute hingeben, die gerade jetzt das Wort „Vertrauen" wieder in den Mund nehmen und darauf hoffen, damit den verspielten Vertrauensbonus wieder erlangen zu können. Die Marketingmaßnahmen der Banken laufen diesbezüglich auf Hochtouren.

Erste Presseberichte bestätigen dies bereits, so die FAZ mit der Überschrift „Die Lust am Risiko kehrt zurück ", wobei hier u. a. der Anstieg der Nachfrage nach Anleihen der Risikoländer gemeint war, welches man als die Vorstufe zu den dann folgenden strukturierten Finanzprodukten werten kann.

Ich bin sicher, dass dieses Spiel für die Finanzindustrie leider wieder aufgehen wird bis zur nächsten Enttäuschung und zum nächsten, viel tiefer gehenden Kollaps.

Somit kann ich mir auch **nicht** vorstellen, dass der Vertriebsdruck der Banken nachlassen wird eben wegen dieser vielen Finanzleichen im Keller der Banken, die untergebracht werden müssen.

Aktuelle Erfahrungen aus meiner Family Office Tätigkeit belegen dies sehr deutlich, wie die beiden aktuellen Beispiele belegen:

Beispiel 1:

Von einem Mandanten wurde ich vor einigen Monaten gebeten, seine Depots einer Analyse zu unterziehen und die bestehenden Risiken dabei herauszuarbeiten. Beim Depot seiner Hausbank befanden sich verdächtig viele Fonds, die größtenteils eine langjährige negative Performance ausgewiesen haben und das trotz des „langfristigen Anlagehorizonts". Man ist versucht zu glauben, dass dieser langfristige Anlagehorizont gleichgesetzt werden kann mit einem langfristigen Gebühreneinnahmehorizont dieser Bank.

Kurzum, es wurde beschlossen, diese durch relativ sichere Unternehmensanleihen aus dem DAX-Bereich auszutauschen mit mittleren Laufzeiten, deren Renditen aufgrund des niedrigen Zinsniveaus derzeit bekanntermaßen recht niedrig, dafür aber relativ sicher sind. Bei solchen Anlagen kann man sich zumindest ziemlich sicher sein, sein investiertes Geld am Laufzeitende zuzüglich der Zinsen wieder zurückzubekommen.

Nach langer Diskussion mit dem Bankberater kam plötzlich eine „Anlageidee" auf den Tisch, nämlich, raten Sie mal, natürlich, ein offener Immobilienfonds des eigenen Bankhauses wurde aus dem Hut gezaubert und mir als sichere Immobilienanlage versucht zu verkaufen. Mein Hinweis, dass derzeit eine Reihe bekannter offener Immobilienfonds geschlossen seien, die Anleger somit nicht an ihr Geld kämen, bzw. nach Liquidation vermutlich Verluste zu verzeichnen haben, und darüber hinaus damit zu rechnen ist, dass diese aufgrund der staatlichen Regulierungen den geschlossenen Fonds nahezu gleichgestellt werden, ließ ihn ungerührt, da natürlich dem Fonds seines Bankhauses dieses Schicksal nicht ereilen würde. Meine Frage, ob er sich jemals eine Bilanz eines offenen Fonds angesehen hätte, wurde nur zögerlich beantwortet, woraus ich sein Bildungsdefizit erkennen konnte.

Aus meiner Analysetätigkeit hatte ich mehre offene Immobilienfonds analysiert und dabei festgestellt, dass das deren Vermögen zu rd. 50 – 60 % aus einer Vielzahl von Immobilienbeteiligungen, 20 – 30 % aus direkt gehaltenen Immobilien und der Rest aus Guthaben/liquiden Mitteln bestand.

Um nun die Bonität eines solchen Fonds feststellen zu können, müsste man sich sämtliche Immobilienbeteiligungen, d. h. deren Bilanzen ansehen, welches bei der Vielzahl der Immobilienbeteiligungen (teilweise über 60 umfangreiche Beteiligungen) schlichtweg unmöglich ist. Darüber hinaus ist aufgrund der mageren Berichterstattung dieser Fonds (berichten einmal im Jahr ca. 6-8 Monate nach Bilanzstichtag) nicht abzusehen, wie sich deren Liquiditätslage jeweils aktuell ergibt, bzw. auf wie viele Investoren / Großinvestoren (?) sich die ausgewiesene Liquidität zusammensetzt. Bekanntlich haben gerade diese Großinvestoren die offenen Immobilienfonds durch Rücknahme ihrer Liquidität und damit die Kleinanleger in Schwierigkeiten gebracht.

Letztlich wollte der Bankberater meinem Mandanten mit Mitte 70 ein intransparentes und evtl. schwer liquidierbares Finanzprodukt (bei Krankheit evtl. nötig) verkaufen.

Beispiel 2:

Ein Mandant bat mich, ihm Anlagevorschläge in Höhe einer siebenstelligen Zahl mit Blick auf Sicherheit und Nachhaltigkeit zu unterbreiten. Diese setzten sich u. a. aus einer Reihe von sicheren Dax-Unternehmensanleihen mit bekannten Weltmarktprodukten und guten Bilanz- und Ertragskennzahlen, jedoch mit niedrigen, dafür seriösen Zinssätzen, in welche dann mein Mandant auch investierte und in einem Depot bei seiner Bank deponierte, zusammen. Damit endete dann mein Mandat.

Dies erfuhr der Berater dieses Bankhauses und es dauerte nicht lange, bis über die niedrige Rendite dieser Anlagen gemeckert wurde und strukturierte Produkte des eigenen Hauses mit deutlich höherer (in Aussicht gestellter) Rendite in den Fokus seiner Beratung rückte. Ist das ein Kulturwandel?

Die Kundenberatungen dieses Bankberaters bestanden somit nur darin, das Depot dieses Anlegers auf Produkte des Bankhauses einzustimmen und wenn möglich dann so oft wie möglich zu drehen, d. h. ständig Produkte zu kaufen, um sie nach nicht allzu langer Liegezeit wieder zu verkaufen.

Hin und her macht die Taschen leer, nämlich die Taschen des Anlegers, es sei denn, es handelt sich um strukturierte Finanzprodukte wie Fonds und Zertifikate, welche der vertreibenden Bank attraktive Bestandsvergütungen – auch Halteprämien genannt – ohne viel Aufwand Jahr für Jahr bescheren und somit kein Interesse besteht, diese bei schlechter Performance zu verkaufen.

Aus diesen beiden Schilderungen, die sicherlich von vielen Lesern in ähnlicher Form fortgesetzt werden können, muss man an dem ausgerufenen Kulturwandel einfach zweifeln. Aber auch Presseverlautbarungen oder Interviews dieser maßgeblichen Kulturwandler lassen die Skepsis immer größer werden.

Kulturwandel Deutsche Bank:

Beginnen wir mit dem Branchenprimus und einem Hauptvertreter des Investmentbankings weltweit, der Deutsche Bank.

Anmerkung: Ein Primus ist an sich ein Vorbild. Ob diese Funktion die Deutsche Bank nach den vielen, nunmehr offenkundigen Skandalen, deren Anzahl sich fast täglich erhöhen, noch würdig ist, kann der Leser selbst entscheiden.

Nachfolger von Herrn Ackermann wurden die Herren Fitschen und Jain, eine Konstellation mit einer Doppelführung, die in der Vergangenheit schon mehrmals bei der Deutsche Bank gang und gäbe und erfolgreich war, also nichts Ungewöhnliches ist.

Ungewöhnlich daran ist nur, dass der bisherige Hauptverantwortliche für das Investmentbanking, Herr Anju Jain, und damit der Vorsteher der Abteilung, welche der Deutsche Bank die meisten Negativschlagzeilen und eine Flut von Gerichtsprozessen und staatsanwaltliche Ermittlungsverfahren eingebrockt hat und – so wie es aussieht – noch weiter einbrocken wird, diesen Kulturwandel zusammen mit Herrn Fitschen, seit 2001 Konzernvorstand für den Bereich Corporate & Investmentbanking (wohl gemerkt „Investmentbanking"), in der Deutsche Bank voran treiben soll. Große Skepsis ist daher angebracht, zumal Herr Jain – wie er mehrmals in der Presse verlautbaren ließ – am Investmentbanking festhalten, bzw. von anderen Investmentbanken freigegebene Nischen besetzen und jetzt wieder „Gas geben" will. Auch seine aktuellen Reden lassen darüber keinen Zweifel entstehen, dass sein Investmentbanking, so wie es in den letzten 10 Jahren betrieben worden ist, weiterhin der Kern seiner Geschäftspolitik sein wird. Er ist eben ein eingefleischter Investmentbanker mit Haut und Haaren.

Ein Blick auf die Bilanz der Deutsche Bank bestätigt dieses Indiz ganz eindeutig. Per 31.12.2012 nahm deren Bilanzsumme ein Größe von € 2,012 Billionen ein – entspricht nahezu der Staatsverschuldung der Bundesrepublik Deutschland –, davon hatte das Kreditgeschäft nur einen Anteil von € 379 (Vorjahr € 412) Milliarden, welches nur 18,8 % der Bilanzsumme ausmacht. Der Rest entstammt im Wesentlichen aus Finanzgeschäften. Die Deutsche Bank kann somit dem Investmentbanking nicht den Rücken kehren und so, wie sich das Kreditvolumen entwickelt (rückläufige Tendenz!) wird der Anteil des Kreditgeschäftes weiter sukzessive sinken, zumal das ursächliche Kreditgeschäft nicht in die Denke der Investmentbanker passt.

Daran ändert auch die angekündigte Umstrukturierung des Investmentbankings, und damit die Entlassung von 1.900 Stellen in diesem Bereich nichts, womit ein Abbau des Investmentbankings und damit eine risikoreiche Geschäftssparte suggeriert werden soll.

Mitnichten, die Umstrukturierung bedeutet letztlich eine Zusammenlegung von mehreren Bereichen. So will man u. a. das Fondsgeschäft, das Geschäft mit passiv gemanagten Indexfonds und die Beratung reicher Privatkunden in einem Bereich zusammenlegen. Armer reicher Privatkunde. Dieser muss sich in Zukunft hauptsächlich mit Angeboten von strukturierten Finanzprodukten aus der Garküche des Investmentbankings herumschlagen und zeigt auch hier die neue, aber doch alte Richtung dieses Bankhauses an. Während einer Veranstaltung hat dieser Herr Jain sogar bestätigt. O-Ton:" Die Trennung des Geschäfts mit Privatkunden vom Investment-Banking wäre ein enormer Schaden für die deutsche Volkswirtschaft und Gesellschaft" (Handelsblatt 23.1.2013).

Und darüber hinaus werden immer mehr Handelsaktivitäten durch die Computer besser und vor allem schneller erledigt.

Bestes Indiz für den weiteren Ausbau des Investmentbankings ist auch die Berichterstattung über die Neuausrichtung des Bankgeschäftes der Deutsche Bank in Russland (Handelsblatt vom 10.1.2013).

Neuer Leiter der Niederlassung in Moskau, welcher der Vorgänger, ein gewisser Igor Lojewski, die Deutsche Bank – lt. Herrn Fitschen – zu der führenden Investmentbank in Russland (Marktanteil 8,3 %) aufgebaut hat, ist ein gewisser Herr Tepluchin, einer der Gründer der Investmentbank Troika Dialog im Jahr 1991. Herr Tepluchin zählt zudem als Architekt der russischen Gesetzgebung für Anlagefonds.

Kern des Russlandgeschäftes sind lt. Tepluchin das Investment-Banking und Unternehmensfinanzierung, ich ergänze diese Aussage noch mit dem Zusatz > über das Investmentbanking<. Wo ist hier ein Kulturwandel ersichtlich?

Weiterer Anhaltspunkt ist das Festhalten der Deutsche Bank am Handel mit Agrarrohstoffen, da hier die Wahrscheinlichkeitsrechnungen am allerbesten greifen.

Nach einer Studie (?) soll ein solcher Handel nicht verantwortlich sein für den Hunger in der Welt.

Später stellte sich heraus, dass eine Arbeitsgruppe des Instituts zu dem Ergebnis gekommen sei, dass es kaum Belege für die Behauptung gebe, dass Agrarfinanzprodukte für die Preissteigerungen oder erhöhte Preisschwankungen verantwortlich seien (Handelsblatt 22.1.2013).

Hierzu muss man wissen, dass die Banken bei problematischen Fällen, beispielsweise bei Umstrukturierungen oder wie hier beim Thema Agrarfinanzprodukte, interne Arbeitsgruppen einrichten, die sich aus eigenen Angestellten /Fachleuten aus den jeweils betroffenen Fachbereichen zusammensetzen, um das Vorhaben oder das Problemfeld von Mitarbeitern aus der Praxis beleuchtet und beurteilt zu bekommen zwecks Unterstützung der Entscheidungsfindung durch den Vorstand. Diese Form der „Mitarbeiterbeteiligung" kam im Übrigen aus dem Bereich der engagierten Unternehmensberatungsgesellschaften.

Ich hatte das „Vergnügen", an mehreren solchen Arbeitsgruppen der Dresdner Bank, die sich Anfang dieses Jahrtausends in einer (Ver)Umstrukturierungsphase befand (mit dem bekannten Ergebnis) als Teilnehmer zu fungieren, um meine kritischen Beiträge hierbei einbringen zu können. Ich hatte damals schon die diversen Umstrukturierungen der Dresdner Bank auch gegenüber dem damaligen Vorstand heftig kritisiert und die Bank wollte daher (offiziell) meine kritische Meinung zu diesem Vorhaben in einer Arbeitsgruppe gebündelt wissen. Wie sich später dann herausstellte, hatte das nur den Zweck, mich mundtot machen.

Diese Arbeitsgruppen waren an sich sehr kreativ und machten hervorragende Vorschläge, wie man die bevorstehenden Probleme oder Umstrukturierungen lösen könnte. Solchen Arbeitsgruppen standen der jeweiligen Geschäftsleitung nahestehende Assistenten vor, welche das Ergebnis zusammenfassen und der jeweiligen Geschäftsleitung/Vorstand mitteilen sollten.

Bei diesen Zusammenfassungen fiel mir auf, dass diverse Beiträge einfach im Vorfeld schon in der Versenkung verschwanden, d. h. diese Assistenten bereits über eine gewisse Order verfügten, welche Meinung gegenüber dem Vorstand vertretbar ist und welche nicht. Daraus konnte man sehr schnell schließen, dass die Entscheidung schon längst feststand und teilweise Ergebnisse dieser Arbeitsgruppen so lange zurückgegeben wurden – da nicht umsetzbar – bis sie die Meinung des Vorstandes traf. Danach wurde die Arbeitsgruppe aufgelöst und keiner wusste mehr so richtig, wie die Entscheidungen zustande kamen. Man kann so etwas auch eine Sozialisierung der Entscheidungsfindung bezeichnen, nur haben die Mitglieder dieser Arbeitsgruppen nicht das fürstliche Gehalt wie die Vorstände bekommen.

Und so ähnlich wird es vermutlich auch mit der Arbeitsgruppe der Deutsche Bank in Sachen Agrarfinanzprodukte gewesen sein, da bis dato die so genannte Studie keine Veröffentlichung erfahren hat. Interessant wäre die Information, aus welchen Mitarbeitern oder Fachleuten sich diese Arbeitsgruppe zusammengesetzt hat. Sollten darin die Investmentbanker die Mehrheit gehalten haben, erübrigt sich darüber eine weitere Diskussion.

Darüber hinaus ist das Ergebnis dieser Arbeitsgruppe auch nur die halbe Wahrheit und zwar dann, wenn hinter diesem Handel ein Handel **ohne realen Bezug** dieser Ware steht, sondern nur die Spekulation, d. h. per Termin die Ware eingekauft, damit zur Verknappung der Ware und damit zum Preisanstieg beigetragen wird, um sie per Termin ohne Bezug der Ware wieder zu verkaufen.

Das trägt ungemein zur Volatilität der Grundnahrungsmittel bei und verteuert trotz aller Arbeitsgruppen-Studien die Nahrungsmittel. Ähnliches konnte man auch von der Investmentbank Morgan Stanley vernehmen, die das lukrative Geschäft, ich betone das Wort „lukrativ", d.h. den Handel mit Nahrungsmitteln weiter betreiben wird.

Schöner Kulturwandel auf dem Rücken der Ärmsten auf dieser Welt.

Interessant waren einige Tage später die Ausführungen des Alcoa-Chefs Klaus Kleinfeld, welcher sich zur Aluminiumspekulation in der FAZ (26.1.2013) sehr kritisch geäußert hatte.

Nach einem positiven Bericht zur allgemeinen Aluminium-Sparte fand er es weniger erfreulich, wie sich die Spekulanten auf den Rohstoffmärkten verhielten. So habe das Weltmarktvolumen für Aluminium im Jahr 2008 um den Faktor 22 über der echten Nachfrage gelegen. Doch sei dieser Faktor durch die inzwischen sehr viel stärkere Spekulation heute sogar auf 37 gestiegen. Zum simplen Weltmarktpreis bekäme keiner mehr auf der Welt eine Tonne Aluminium. Und das sei durchaus ein Phänomen. Er glaubt aber, dass mit einer Stabilisierung der Weltwirtschaft auch die Volatilitäten zurückgehen. Wenn aber nicht, was dann?

Da haben wir es wieder, die Volatilitäten. Jetzt muss man sich wirklich fragen, warum die Deutsche Bank und eine Reihe von Banken / Investmentbanken glauben, dass durch die Agrarfinanzprodukte und die damit unterstützte Spekulation diese Volatilitäten nicht entstehen und damit die Preise nicht nach oben schrauben. Zur Unterstützung dieser These wurden in einer kampagnenhaften Aktion einige Wissenschaftler aus der Provinzuniversität Halle-Wittenberg in den Kronzeugenstand gerufen. Allein dieser Umstand lässt Skepsis aufbringen, zumal es genügend andere Wissenschaftler gibt, die das Gegenteil behaupten.

Das erinnert mich irgendwie an die These des von der Deutsche Bank angeheuerten Bankenprofessors auf dem Convent des Landes Baden-Württemberg Mitte 2008, wonach die Anleger die strukturierten Finanzprodukte nur hätten vermehrt kaufen müssen zwecks Hebung der Liquidität und damit Beendigung der Finanzkrise.

Grundsätzlich sollte man reine Spekulationen, egal mit welchem Gut, seien es Devisen, Nahrungsmittel, Öl oder sonstige Dinge ohne realen Bezug der Ware schlichtweg verbieten. Warum? Weil diese Spekulationen die Preise einfach nach oben treiben, nur wenige Spekulanten und nur wenige Investmentbanker sich dadurch weiter eine goldene Nase verdienen und das auf den Rücken der Verbraucher, die dann bei einer „Verspekulation" dieser Branche je nach volkswirtschaftlichem Gewicht der Spekulanten auch noch für deren Rettung bezahlen müssen.

Daran wird sich leider nichts ändern. Die Deutsche Bank ist mittlerweile der weltweit größte Devisenhändler und wird „den Teufel tun", daran etwas zu ändern. Je mehr spekuliert wird, umso besser für das eigene Geschäft. Wenn sie dann noch führend im Devisengeschäft mit Finanzdienstleistern, Hedge-Fonds und Versicherern ist, natürlich nur zu Absicherungszwecken – was immer das heißen mag – diese Handelspartner letztlich allesamt Protagonisten des Investmentbankings sind, muss man eher mit einer Forcierung dieser Geschäftssparte rechnen. Gerade im Devisenhandel wird sehr viel Geld verdient. Ein Anruf und ein Gespräch mit einem Kunden, welches zum Abschluss führt, können sehr schnell zu fünf- bis sechsstelligen Provisions-/Zinseinnahmen für die Bank führen.

Spätestens die Bekanntgabe der Nachricht, dass die Deutsche Bank (wie auch andere Banken) wiederum intransparente Kreditverbriefungen in Milliardenhöhe (insgesamt € 7,6 Milliarden), an Hedgefonds zur Entlastung der eigenen Bilanz verkauft hat (Handelsblatt 25.1.2013) muss eigentlich jedem die Augen darüber geöffnet haben, dass in der Deutsche Bank absolut kein Kulturwandel stattgefunden hat. Selbst einige Politiker sehen zwischenzeitlich den so genannten Kulturwandel als PR-Gag an. Herr Flosbach, der finanzpolitische Sprecher der CDU bezeichnete die Ausgabe von Kreditverbriefungen durch die Deutsche Bank insbesondere an Hedgefonds als ein gutes Beispiel dafür, wie Risiken aus dem regulierten Finanzsektor in den unzureichend regulierten Schattenbanksektor ausgelagert werden.

Ganz abgesehen davon, dass damit der Markt von strukturierten und intransparenten Kreditverbriefungen wieder den Markt durchsetzen und irgendwann nach weiteren Verbriefungen wieder in den Wertpapierdepots aller Anleger sowie der Pensionskassen, Versicherungen und Privatpersonen landen werden, so muss sich jeder **Kreditkunde** der Deutsche Bank fragen, ob er die Deutsche Bank als Kredit-Verhandlungspartner oder irgendwann irgendeinen Vertreter eines Hedgefonds haben will.

Diese Kreditverbriefungen wären zwar „nur" eine synthetische (?)Transaktion, bei der nur die Risiken und nicht die zugrundeliegenden Wertpapiere transferiert worden wären. Was passiert aber, wenn es dem Kreditnehmer während der Kreditlaufzeit wirtschaftlich schlecht geht? Hat dann die Deutsche Bank noch Interesse, ihm aus der Patsche zu helfen oder überlässt sie dies dann dem Hedgefonds, der dieses Risiko dann evtl. auch schon wieder weiter abgesichert (gehedgt) und daher auch kein Interesse hat, dem Kreditnehmer zu helfen.

Unterhalb dieses Presseartikels des Handelsblattes befand sich ein diesbezüglich weiterer Bericht über den Verbriefungsmarkt mit der Überschrift „Investorenadresse übersteigt das Angebot". Demnach würden die Banken und Versicherungen wieder einfache Verbriefungen, Hedgefonds dagegen komplexere Produkte kaufen. Der Verbriefungsmarkt würde derzeit auf der Nachfrageseite und bei den Risikoaufschlägen gerade einen ähnlichen Hype wie der Markt für hochverzinsliche Anleihen erleben.

Man kann sich nun wirklich fragen, haben diese Herrschaften überhaupt nichts dazu gelernt? Geht es jetzt wieder so weiter wie Jahre vor der Finanzkrise?

In einem dem Handelsblatt am 14. Dezember 2012 gegebenen Interview im Zusammenhang mit der Großrazzia der Staatsanwaltschaft wegen der Anschuldigungen des Steuerbetrugs beim Handel mit CO_2-Zertifikaten wurden Herr Fitschen folgende Fragen gestellt:

Handelsblatt: Muss zur Glaubwürdigkeit des Kulturwandels jetzt nicht die Aufklärung der Fälle der Vergangenheit schneller und für die Öffentlichkeit nicht erkennbarer funktionieren? Sonst kommen Sie doch aus der Zeitfalle nicht heraus, dass die Fälle der Vergangenheit alle Bemühungen der Gegenwart überschatten und an der Glaubwürdigkeit des Instituts immer weiter nagen?

Jürgen Fitschen: Ja das besorgt uns sehr. Wir werden uns nach diesem Fall aber Gedanken machen, was wir verändern können. Wir können leider nicht sagen: Wir verdoppeln oder verdreifachen die Ressourcen zur Aufklärung, und dann haben wir in einigen Monaten alles hinter uns gebracht. Wir müssen uns darauf konzentrieren, unsere Glaubwürdigkeit in Zukunft weiter auszubauen. Der Kulturwandel ist ein mehrjähriger Prozess. Mich ermutigen die ersten Ergebnisse. Wir müssen mit allen Kollegen dafür sorgen, dass die Bank hier in einem anderen Licht gesehen wird.

Anmerkung des Verfassers:. Mit der Frage wurden klar Möglichkeiten aufgezeigt, wie Glaubwürdigkeit hergestellt werden kann. So wie es aber aussieht, muss sich Herr Fitschen mit seinen Kollegen erst Gedanken machen, was sie verändern können. Allein diese Antwort lässt Fragezeichen zum Kulturwandel aufleuchten.

Weitere Frage:

Handelsblatt: Nennen Sie uns ein Beispiel für den gelebten Kulturwandel.

Jürgen Fitschen: Wir haben eine große Transaktion nicht gemacht, obwohl wir viel Geld hätten verdienen können. Das wäre vor zwölf Monaten noch anders gewesen. Nicht etwa, dass diese Transaktion in der Öffentlichkeit negativ aufgenommen worden wäre. Wir glauben aber, dass wir damit dem langfristigen Interesse des Kunden am besten dienen. Ich bin überzeugt davon: Von solchen Beispielen werden wir noch viel mehr sehen.

Anmerkung des Verfassers: Das ist eine typische Antwort eines Politikers. Nichtssagend! Als würde eine große Transaktion (welche? Es gibt hier so viele Möglichkeiten!!) dieses anscheinende Lippenbekenntnis „Kulturwandel" dokumentieren. Wie viele Transaktionen stehen auf der Akquisitionsliste einer Bank und wie viele verliert eine Bank u. a. aus Konditionsgründen, schlechter Beratung, schlechtem Image usw.

Mit dieser Aussage könnte man den Eindruck bekommen, als bekäme die Deutsche Bank jede Transaktion, die auf dem Markt erscheint und nur die Deutsche Bank könne darüber entscheiden, ob sie sie eingehen will oder nicht.

Kein Wort davon, dass man von den strukturierten Produkten und damit von der massiven Benachteiligung der Anleger Abstand nehmen will, kein Wort davon, dass man vom Handel mit Nahrungsmitteln und der Unterstützung sonstiger fragwürdiger Handelsvolumina Abstand nehmen will. Kein Hinweis darauf, dass der Hochfrequenzhandel und die Wahrscheinlichkeitsrechnungen die normalen Anleger massiv benachteiligen.

Ich war auch etwas enttäuscht von den Fragestellern, u. a. Herrn Gabor Steingart, nichts geringeres als dem Chefredakteur des Handelsblattes, der sich mit solchen Antworten zufrieden gab. Daraus könnte man auch schließen, dass die Elite der Wirtschaftsjournalisten dieses Problem der strukturierten Ausbeutung immer noch nicht wahrgenommen hat.

Herr Steingart hatte dann nur wenige Tage danach in einem Kommentar mit der Überschrift „Freispruch für Herrn Fitschen" das massive Auftreten der

Staatsmacht bei dieser Großrazzia kritisiert und meines Erachtens dabei vergessen, dass die Deutsche Bank das Ermittlungsverfahren, wie sich einige Tage später auch in einem anderen Verfahren in Sachen Kirch herausstellte, jahrelang verzögert und vereitelt hatte – u. a. durch Löschung wichtiger Daten –, so dass der Staatsmacht der Geduldsfaden riss und sich zu diesem massiven Aufgebot entschloss.

In diesem Interview wurde des Weiteren die Frage gestellt, in welchem Vorstandsbereich das fragliche Geschäft mit den CO_2-Zertifikaten damals lag.

Die knappe Antwort lautete: „Das lag damals beim Corporate und Investmentbanking in der Zuständigkeit von Michael Cohrs und Anshu Jain".

Kein Wort davon, dass er selbst, Herr Jürgen Fitschen, Konzernvorstand des Bereichs Corporate & Investmentbanking war und ist und in dieser Funktion auch die Steuererklärung unterzeichnet hatte, angeblich nur vertretungsweise. Auch da sollte man solche wichtigen Dokumente vorher prüfen.

Wo man hinschaut, ein Herumgedrucke um den Kern des Investmentbankings, die hoch effizienten Wahrscheinlichkeitsrechnungen und hohen Ertragsbringer Nr. 1 der Banken, die nicht zum Vorteil der Anleger gereichen. Dies wäre nicht möglich, wenn man nicht in der Lage wäre, die Zukunft immer besser und genauer berechnen zu können mit Hilfe der Mathematik und einer extrem effizienten EDV-Technik zu Gunsten der Banken.

Bei einer Unionsveranstaltung im Deutschen Bundestag vertrat er dann doch tatsächlich die Meinung, dass man nicht nachweisen könne, dass das Handelsgeschäft die Finanzkrise ausgelöst habe.

Jetzt muss man die Frage stellen, welche Produkte denn so eine Bank wie die Deutsche Bank, also eine Investmentbank, die in der Produktion der strukturierten Finanzprodukte ganz oben steht, handelt? Sicherlich nicht mit Äpfeln und Birnen.

Jedem dürfte eigentlich klar sein, dass es gerade die strukturierten Finanzprodukte waren, die die Finanzkrise ausgelöst haben. Und wer hat denn diese toxischen Anlagen unter die Leute gebracht? Natürlich die Handelsabteilung der Banken und deren „Stars", mit an vorderster Front die Handelsabteilungen der Deutsche Bank, wie man aus den Bekenntnissen von Herrn Jain interpretieren kann.

Rauschgift findet nur dann Verbreitung, wenn es Dealer gibt. Ohne Dealer, kein Rauschgiftabsatz und damit Zerstörung eines Sozialwesens, wie es die Engländer mit den Chinesen im 18. Jahrhundert mit dem Verkauf von Opium zwecks Ausbeutung des Landes vollzogen haben.

Es sei auch daran erinnert, dass gerade einige Händler in den Handelsabteilungen aufgrund eines laxen Risikocontrollings mit ihren hoch spekulativen Geschäften einige Großbanken, zuletzt J.P Morgan (geschätzter Verlust US$ 5 Milliarden) arg in die Bredouille gebracht haben. Allein über diese Verfehlungen und Skandale könnte man ein ganzes Buch schreiben.

Aber damit nicht genug, Herr Fitschen setzt dieser skandalösen Behauptung noch eines drauf. Seiner Meinung nach könne die Finanzaufsicht das so regeln, dass niemand schlaflose Nächte haben müsse. Ich glaube, Herr Fitschen ist sich nicht bewusst, wie viele strukturierte Finanzprodukte täglich auf dem Markt erscheinen. Allein bei den Zertifikaten liegt die Tagesproduktion bei 700 bis 1000 unterschiedlichen Produkten mit langen, seitenlangen juristischen Erklärungen. Täglich wären dann mindestens 10.000 Seiten an Produktbeschreibungen zu lesen und juristisch zu werten. Und dann gibt es ja noch die die tägliche hohe Produktion von Fonds, von ETF`s auf weit über 100 unterschiedlichen Indizes (sein Haus produzierte auf über 160 unterschiedliche Indizes entsprechende ETF´s), die ETC`s, die CDS, die ABS-Papiere, die Anleihen auf allen Ebenen und diese ebenfalls mit sehr komplexen und nur für Fachleute zu interpretierenden juristischen Erläuterungen. Das wären dann weiter 10.000 bis 30.000 Seiten, die die Finanzaufsicht täglich zu prüfen und zu werten hätte. Und diese Flut von strukturierten Wertpapieren erhöht sich immer mehr durch die Kreditverbriefungsmöglichkeiten, die mit staatlicher Unterstützung exzessiv voran schreiten. Wie soll das eine Finanzaufsicht bewältigen können? Mittlerweile wird von derzeit über eine Million bestehender strukturierter Finanzprodukten gesprochen. Außerdem verfügt die Finanzaufsicht nicht über die dafür nötige hohe Anzahl von entsprechenden Fachleuten u.a. aufgrund der nicht gerade üppigen Bezahlung. Diese Fachleute wandern eher zu den Investmentbanken ab, um diese Finanzprodukte für sehr viel Geld zu produzieren.

Wenn die Finanzaufsicht allerdings zu dem Ergebnis käme, die strukturierten Finanzprodukte ganz zu verbieten, dann kann man Herrn Fitschen Recht geben in Bezug auf die schlaflosen Nächte.

Die Frage der aufsichtsrechtlichen Überprüfung der Masse an Neuerscheinungen von strukturierten Finanzprodukten habe ich im Übrigen auch der Bundesfinanzministerium (vor der Bundestagswahl 2013) gestellt, die in einer Broschüre „Auf den Punkt gebracht" die verstärkte aufsichtsrechtliche Überprüfung des Finanzmarktes besonders (sich selbst) lobend hervorstellte. Als Antwort wurde ich gebeten, diese Frage der Volumensbewältigung mit dem Aufsichtsamt zu klären, da das Finanzministerium dies anscheinend nicht beantworten konnte. Warum hat man aber dieses Problem nicht vorher berücksichtigt? Als Antwort bleibt nur die Feststellung einer Ahnungslosigkeit der Herren im Finanzministerium, passt aber auch in die Argumentation von Herrn Fitschen.

Vermutlich wird das Verbot der strukturierten Finanzprodukte nicht im Sinne von Herrn Fitschen sein. Mit der Feststellung, dass deutsche Unternehmen für ihre globale Expansion die Begleitung einer global agierenden Bank benötigen, hat er sicherlich nicht Unrecht. Sind aber für diese Begleitung die Dienstleistungen einer Investmentbank notwendig? Natürlich wird er sagen, Devisenhandel, Außenhandelsfinanzierung, Zahlungsverkehr usw. usw. Das gab es aber schon bevor sich die Investmentbanker diese Bereiche unter den Nagel gerissen und die Sparten schlichtweg zu ihren Kernbereichen erklärt haben. Das aber nur zu dem Zweck, ihre strukturierten Produkte mit den klassischen zu vermischen und zu vermatschen, damit sie ihren Bankkunden noch mehr in die Tasche greifen können.

Kurzum, mit der Behauptung hat Herr Fitschen Recht, wenn er Bank mit klassischem Geschäft meint und nicht Investmentbank mit dem synthetischen Finanzprodukten und Option auf Totalschaden für den Kunden.

Die Aktivitäten der Investmentbanken konzentrieren sich auf das Strukturieren und das Vollpumpen der klassischen Bankprodukte mit heißer Luft = Derivate, die wieder gehedgt, verkauft, zusammengeführt und mit unnützen Finanzmischmasch aufgehübscht werden, nur zum Wohle der Handelsabteilungen, die von diesem Kreislauf leben, dem Bankkunden aber viel Geld kosten. Somit geraten diese Megabanken zu ihrer Systemrelevanz und weil sie nicht mehr durchschaut werden können und ein Eigenleben führen, sind sie gefährlich für jede freiheitliche Demokratie. Das hat dann doch auch Herr Schäuble auf dieser Veranstaltung mit seiner Bemerkung, dass eine nächste Krise dieses Ausmaßes unsere Demokratie nicht überleben wird, trefflich festgestellt und unterstrichen.

Herr Fitschen bezeichnete aber die Schlussfolgerung, systemrelevante Banken automatisch als schlecht einzustufen, als dämlich. Allein diese Qualifizierung à la Fitschen lässt schon am Kulturwandel starke Zweifel aufkommen.

Wenn man sich die heutige missliche Situation der Deutsche Bank vor Augen führt, wie

- die Verstrickungen im LIBOR- Skandal (in Richtung EURIBOR wird ebenfalls ermittelt),

- die vielen Prozesse wegen Falschberatungen von Kunden aller Kategorien, auch von vielen Banken wie jüngst von der LBBW, welcher der Deutsche Bank Betrug wegen falscher Angaben zu Hypothekenanleihen vorwirft oder die Auseinandersetzung mit der drittgrößten italienischen Bank Monte dei Paschi di Siena wegen verlustreicher Derivategeschäfte mit der Deutsche Bank

- die Ermittlungen wegen Verdachts des Steuerbetrugs (nicht Steuerhinterziehung) im Handel mit Emissionszertifikaten

- die nicht absehbaren Rechtsrisiken im Prozess mit dem Zusammenbruch des Münchner Medienkonzerns Kirch (für meine Begriffe ein unglaublicher Vorgang von Herrn Breuer) sowie

- dieselben in den Vereinigten Staaten, wo die Deutsche Bank eine der führenden Adressen bei Verbriefung von Immobilienkrediten war und nunmehr zusammen mit Goldman Sachs, Bank of America, JP Morgan und UBS von der staatlichen Behörde Federal Housing Finance Agency (FHFA) auf Schadensersatz von US$ 14 Milliarden verklagt werden, nicht zu vergessen des Weiteren

- die Kläger in den USA (Charles Schwab = amerikanische Direktbank /, die Versicherer Allstate, Mass Mutual Life und Union Central Life > nachzulesen im dritten Quartalsbericht 2012)

bleibt zu befürchten, dass auf dieses Bankhaus Belastungen von vielen vielen Milliarden zukommen werden, nicht gerechnet der Schaden aufgrund des hohen Vertrauensverlustes, der aufgrund des unveränderten hohen Verkaufs von strukturierten Finanzprodukten noch zunehmen wird.

Jedenfalls würden bei einem Kunden der Deutschen Bank – und das kann man auch bei den anderen Banken feststellen – diese vielen negativen Umstände und Anschuldigungen ausreichen, diesem Kunden sofort eine Kreditkündigung auf den Tisch zu legen.

Die Ursachen dieser fast schon Existenz gefährdenden Situation der Deutsche Bank sind nahezu nur dem Investmentbanking dieses Hauses zuzuschreiben, von dem sich die Deutsche Bank einfach nicht mehr lösen kann und will. Dieser Bereich hat in der Vergangenheit 70 % – 80 % der Gesamterträge der Deutschen Bank erwirtschaftet, dieser wurde dann aber größtenteils an die Investmentbanker über Boni jeweils wieder mit den abstrusesten Begründungen ausgeschüttet, anstatt damit die eigene dünne Kapitaldecke von 2,7 % (gerechnet auf die volle Bilanzsumme per 31.12.2012) zu verstärken.

Selbst für das Jahr 2012, welches die Deutsche Bank nach einem IV. Quartalsverlust von € 2,15 Milliarden (nach Bildung diverser Rückstellungen) nach damals ersten Berechnungen nur mit ca. € 700 Mio. Jahresüberschuss abschließen sollte, der dann aber aufgrund einer höheren Risikovorsorge mit Blick auf die Rechtsstreitigkeiten in den USA u. a. mit dem US-Hypothekengiganten Freddie Mae, auf € 291 Mio. zusammenschrumpfte, zahlt die Deutsche Bank an ihre „Leistungsträger" = Investmentbanker, € 3,2 Milliarden Boni aus, welche jedoch nur wenige Prozent der Deutsche Bank-Belegschaft, zwischen 3 % und 5 % ist die Rede, erreicht haben. Außer Tarif bezahlte sonstige Leistungsträger haben von diesen € 3,2 Milliarden nach meinen Informationen kaum etwas gesehen, welches zu Recht zu einem gewissen Unmut innerhalb der Bank geführt hatte. Der Jahresüberschuss geht über die versprochene Dividende vollends drauf, um – wie es schön heißt – die Investoren an der Stange zu halten, wobei nicht vergessen werden darf, dass ein nicht unerheblicher Aktienanteil dem Management = Investmentbanker der Deutsche Bank zugeschrieben werden kann.

Man könnte fast annehmen, dass die Kapitalerhöhung von rd. € 3 Milliarden zur Deckung der Bonizahlungen herangezogen, bzw. benötigt wurde.

Berücksichtigt man dann noch den Umstand, dass diese Bank erst im Herbst 2012 € 125 Milliarden an Vermögenswerten – darunter toxische Papiere und Geschäfte mit Ursprung Investmentbanking, die nicht mehr zum Kerngeschäft (?) gehören – in eine interne Abbaubank (anderes Wort für Bad-Bank) ausgelagert hat und man beim Verkauf dieser Werte die Bank mit zum Teil spürbaren Verlusten rechnet, ganz abgesehen von den noch nicht abgeschlossenen, evtl. sehr teuren Rechtsfällen in den USA und sonst in der Welt, kann man nur die Frage stellen, ob das noch ein seriöses kaufmännisches Handeln ist?

Es befällt einem eher die Befürchtung, dass eine kleine Gruppe von Investmentbankern dieses Institut nach allen Regeln der Kunst ausnimmt (siehe Boni-Zuteilung), bis nichts mehr da ist.

Saldiert man den übergebliebenen Rest des Ertrages mit den auf diese Bank zukommenden Belastungen, hätte somit das Investmentbanking dieser Bank vermutlich kein positives Ergebnis beschert. Ausgleichende Gerechtigkeit?

Künftig soll sich der Bonus in den Vorstandsetagen nicht mehr nur nach ökonomischen Kennziffern orientieren, sondern zusätzlich an der Zufriedenheit von Kunden (neues Modewort) und Mitarbeitern. Sogar die Reputation der Bank und ihrer Führung in der Öffentlichkeit könnten als Vorgaben in die Boni mit einfließen. Jetzt frage ich mich, wie das gemessen werden soll? Wird hier wieder ein Kundenzufriedenheitsindex kreiert mit denselben Manipulationsmöglichkeiten wie bei den anderen Indizes à la Libor und Euribor, bei denen Vertreter dieses Hauses anscheinend an vorderster Front mitgewirkt haben? Vielleicht setzt man darauf auch irgendwelche Derivate und spekuliert damit.

Die Befragung der Mitarbeiter habe ich in der Dresdner Bank oft „erleiden" müssen, die Ergebnisse daraus allerdings nie erfahren, die blieben stets verschlossen.

Die Prüfung dieser Zufriedenheitskategorien soll eine Kommission unter der Führung des ehemaligen BASF-Chefs Jürgen Hambrecht, einem Vollmitglied der Deutschland AG, die bekanntlich die Deutsche Bank unverändert anführt, durchführen. Mitglieder dieser Kommission sind Michael Otto, Aufsichtsratschef der Otto Group, Ex-Bundesfinanzminister Theo Waigel (die Verbundenheit zur Politik lässt grüßen), der Investmentbanker Morris W. Offit, Aufsichtsratsmitglied der AIG (einer der größten Partner der Deutsche Bank im Derivategeschäft / Anmerkung: Wäre die AIG vom amerikanischen Steuerzahler nicht gerettet worden, hätte die Deutsche Bank enorme Bonitätsprobleme bekommen) sowie der Chef des Fondsverwalters Schroders, Michael Dobson, ein waschechter Investmentbanker.

Was soll da bei diesen Sitzungen der Gleichgesinnten nun herauskommen? Und warum übernimmt diese Aufgabe nicht der Aufsichtsrat? Haben die Deutsche Bank- Oberen evtl. bemerkt, dass dieses Gremium dazu überfordert ist? Oder ist es wieder so eine Desinformationsaktion?

Jedenfalls hat die Vertrauensoffensive 6 (neue) Prinzipien geboren, die helfen sollen, die Deutsche Bank wieder ins vertrauensvolle Licht zu rücken. Diese Prinzipien sind

Integrität, Nachhaltige Leistung, Kundenorientierung, Innovation, Disziplin und Partnerschaft

Demnach scheinen diese Prinzipien, die man eigentlich bei einer seriösen Bank grundsätzlich unterstellen muss, in dieser Bank verloren gegangen zu sein. In einer Karikatur im Handelsblatt (25.7.2013) konnte man daraufhin einen vortragenden Manager auf einem Meeting – das Deutsch Bank Emblem thronte darüber – mit den Worten vernehmen: „Was ganz Neues: Alte Tugenden!".

Es ist schon erschreckend, wie sich dieses ehemals so stolze und bewundernswerte Bankhaus so weit zurück besinnen muss.

Irgendwie merkwürdig berührt einem dann doch der Verzicht von Herrn Anju Jain auf ca. € 2 Mio. Boni, die ihm vertraglich für 2012 angeblich zugestanden hätten, um mit seinen Co-Kollegen Fitschen gehaltlich gleichziehen zu können. Sicherlich eine teamorientierte Vorgehensweise, Hut ab Herr Jain.

Lässt man aber die derzeitigen Schwierigkeiten der Deutsche Bank, die ihre Ursache hauptsächlich in dem von Herrn Jain verantworteten Bereich Investmentbanking zu finden sind, Revue passieren, müsste Herrn Jain sein Gehalt eigentlich drastisch gekürzt werden und das auf Jahre hinaus, bzw. er müsste seinen Hut nehmen. Diese investmentbankinduzierten Skandale sind in seinem Bereich entstanden, lassen eine Heerschar von Rechtsanwälten zu Lasten des Ergebnisses der Deutsche Bank zu Millionären werden (tolles Geschäftsmodell) und haben dieser ehemals so hoch angesehenen Bank eine Menge Reputation gekostet. Und das alles ohne Haftungs- und Vermögensrisiken für Herrn Jain. Der bekommt sogar noch etwas für diese von ihm verantworteten Fehlleistungen. Einem mittelständischen Unternehmer hätte das die Existenz gekostet.

Bei dieser Liste von Skandalen muss zudem die Aussage von Herrn Jain im Zusammenhang mit der Libor-Affäre, die ihn von allen Skandalen am meisten krank macht (?), doch sehr wundern.

O-Ton: „Die wichtigste Beziehung, die wir haben, ist die mit unserer Aufsicht, dort war ich heute Nachmittag. Wir müssen die Aufsicht davon überzeugen, dass das, was wir tun, richtig ist, und wir hoffen, dass sie (die Aufsicht) unsere Meinung teilt".

Zum einen müsste eigentlich die wichtigste Beziehung einer Bank die zu den Kunden sein und zum anderen, glaubt Herr Jain wirklich, dass das Handeln seines Bankhauses, welches auf vielen Ebenen anscheinend die Gesetze überdehnt hat und daher weltweit vor Gericht steht, das Richtige ist. Spricht da nicht der Geist eines absolutistischen Herrscher à la Ludwig der XIV, der sich mit dem Ausdruck und Einstellung „L`État c`est moi" (der Staat bin ich) über die damaligen Gesetze einfach hinweg gesetzt hatte.

Glaubt er wirklich, die Bafin davon überzeugen zu können, dass diese fragwürdigen Geschäftspraktiken richtig sind?

Dies alles zusammen genommen bedeutet nicht den Kulturwandel, der der Öffentlichkeit eingetrichtert wird. Vielmehr deuten diese Indizien auf einen Wandel hon zu noch mehr Investmentbanking, zu noch mehr Verbriefungen, zu noch mehr Verkauf von strukturierten Finanzprodukten und weg vom traditionellen Banking. Schaut man sich die aktuellen Wertpapierdepots der

Kunden der Deutsche Bank an, die nur so von strukturierten Finanzprodukten triefen, deren Existenz dann auch noch mit den blumigsten Worten verteidigt wird, kann man an diesen Kulturwandel einfach nicht glauben. Selbst diverse Kommentatoren angesehener Wirtschaftszeitungen bezweifeln dies.

Was will man auch anderes erwarten, wenn der Vorstandsvorsitzende Jain mit Leib und Seele Investmentbanker ist und dieses in der Deutsche Bank maßgeblich aufgebaut und sein Co-Vorstandsvorsitz-Kollege Fitschen das Investmentbanking auch schon seit Jahren mitverantwortet hat. Darüber hinaus ist der Aufsichtsratsvorsitzende Achleitner, ehemaliger Chef des Goldman Sachs Ablegers in Deutschland, ebenfalls Investmentbanker. Vor seiner Rolle als Investmentbank-Aufsichtsratsvorsitzender war Herr Achleitner verantwortlicher Finanzvorstand der Allianz-Gruppe während des Niedergangs der übernommenen und auch von den Investmentbankern geschädigten Dresdner Bank, die damals die Tochter der Allianz war.

Nächstes Beispiel der Sparkassensektor.

Vorab bleibt festzuhalten, dass ich damals schon als so genannter Großbanker die Sparkassen und ihr Selbstverständnis als Bank des „kleinen Mannes", womit der größte Teil unserer Gesellschaft erfasst wird, stets bewundert habe. Insbesondere im Kreditgeschäft spielen die Sparkassen unverändert eine hervorragende Rolle und sind die Stütze des deutschen Mittelstandes. Ähnlich ging es mir mit den Volksbanken, welche mit den Sparkassen einen Banken-Marktanteil von über 60 % einnehmen, somit die eigentliche und maßgebende Kraft in der deutschen Bankenlandschaft darstellen. Zusammen mit den Privatbanken / Geschäftsbanken tragen diese das oft kritisierte und in den ersten Jahren dieses Jahrzehnts von vielen „Wirtschaftsjournalisten" großer Tageszeitungen oft als antiquiert kritisierte Drei-Säulen-Modell. Dieses Drei-Säulen-Modell > Sparkasse>Volksbanken>Geschäfts-/Privatbanken hat jedoch Deutschland vor den Folgen der schwersten Finanzkrise seit dem Zweiten Weltkrieg bewahrt und maßgeblich zur jetzigen starken Stellung Deutschlands in Europa und der Welt beigetragen.

Die Sparkassen genießen beim „kleinen Mann" oder sagen wir beim „Normalbürger" ein sehr hohes Vertrauen und halten dadurch in Deutschland auch den größten Banken-Marktanteil von weit über 40 %.

Diese gewaltige Marktmacht fällt nicht besonders auf, da diese in zahlreichen Einzelgesellschaften, d. h. in selbstständigen Sparkassen mit eigener Bilanzierung organisiert und damit auf die gesamte Bundesrepublik verteilt sind. Allerdings wirkt der Sparkassenverband zusammen mit den Oberinstituten der Sparkassen, den Landesbanken, sehr stark auf die Geschäftspolitik der jeweiligen Sparkassen ein.

Dieser hohe Marktanteil und damit eine hohe Vertriebsstärke ist insbesondere für die Investmentbanken hochinteressant, nicht nur in Bezug auf die hohe Anzahl der Sparkassenkunden, sondern auch mit Blick auf die Sparkassen selbst, welche durchweg über hohe eigene Cash-und Wertpapier-Polster verfügen.

Derzeit gibt es nach zahlreichen Fusionen nur noch rd. 420 Sparkassen mit bundesweiten rd. 14.400 Geschäftsstellen, welche über 240.000 Mitarbeiter beschäftigen. Somit fallen Fehlinvestitionen und Insolvenzen nicht so stark der Öffentlichkeit wie bei den Großbanken auf, bei der sich solche Vorgänge in der Zentrale in Frankfurt konzentrieren.

Dieses Potenzial haben im Übrigen auch meine angelsächsischen „Freunde", die bekannten Unternehmensberatungsgesellschaften erkannt, die auch über die Landesbanken bei den Sparkassen tätig wurden und daraufhin das Bankgeschäft mit den gleichen Bezeichnungen, die mir Jahre vorher schon in der Dresdner Bank geläufig waren, neu organisierten.

Die meisten Sparkassen haben aber nicht die Research- und Analysekapazitäten, wie die Groß- und Investmentbanken. Dieses Wissen wird von deren Landesbanken entweder selbst erstellt (mit fragwürdigem Ausgang > siehe Finanzkrise) oder von den Investmentbanken und Großbanken – je nach dem – bezogen. Auch kreieren sie keine eigenen Finanzprodukte und Derivate, das erledigen die Landesbanken und die Dekabank.

Die Dekabank betrachtet sich als den zentralen Assetmanager der deutschen Sparkassen-Finanzgruppe. Mit dieser Bezeichnung kann man schon sehen, dass man die Sparkassen als Gesamtgruppe und damit sehr mächtige Gruppe innerhalb unserer Gesellschaft sehen muss.

Die Dekabank produziert wie eine Investmentbank eine breite Palette von Aktien-, Renten-, Immobilien- und Mischfonds aller Art. Der Vertrieb dieser Produkte erfolgt hauptsächlich über die Sparkassen und Landesbanken.

Der Dekabank-Konzern verwaltet derzeit (per Ende 2012)

- 518 Wertpapier-Publikumsfonds (Volumen ca. € 90 Mrd.)

- 4 Offene Immobilienfonds (Volumen ca. € 21 Mrd.)

- 468 Wertpapier-Spezialfonds (Volumen ca. € 52 Mrd.), ich vermute, dass diese Spezialfonds Wertpapieranlagen diverser Sparkassen verwalten.

- 11 Offene Immobilien- Spezialfonds (Volumen ca. 1,7 Mrd.)

und nimmt bei den Publikumsfonds derzeit den dritten Platz hinter der DWS/Deutsche Bank-Gruppe und Allianz Asset Management-Gruppe ein. Zudem ist die Dekabank der größte Anbieter von Offenen Immobilienfonds in Deutschland, einer derzeit in den negativen Schlagzeilen befindlichen Anlageklasse.

Man kann somit die Dekabank als einen der größten Anbieter von strukturierten Finanzprodukten bezeichnen. Bei Anleihe- und Aktienemissionen, also Ausgabe von direkten Anlagen, ist mir die Dekabank bisher nicht groß aufgefallen, eher als Vertriebspartner in der zweiten und dritten Reihe.

Sollte der Leser ein Sparkassenkunde sein und zudem Geld anlegen wollen, wird er sicherlich feststellen, dass ihm im Wesentlichen Fonds der Dekabank (= strukturiertes Finanzprodukt) angeboten werden, wie im übrigen dies bei den anderen Banken ebenfalls mit deren hauseigenen Fonds der Fall unverändert sein wird.

Meine Erfahrungen mit Fonds der Dekabank sind nicht positiver Natur. Auch konnte man in der Presse schon mehrmals nachlesen, dass die Deka-Fonds im Konkurrenzvergleich schlecht abschneiden.

Bei einem Mandanten, der Anfang 2000 rd. € 600.000 in diverse Dekafonds angelegt und zum Leidwesen der Sparkasse bis zu meinem Erscheinen in 2007 kaum bewegt hatte, musste ich einen Verlust von rd. € 228.000 feststellen.

Außerdem hatte man diesem Mandanten noch ein Vermögensverwaltungsmandat beim Ableger der Deka in der Schweiz verkauft, welches Hedgefonds- und Private Equity Papiere nebst Aktien-, Renten-, Geldmarkt- und Immobilienfonds, also das gesamte Sammelsurium der strukturierten Finanzprodukte, enthielt. Auch dieses Ergebnis war – wie sollte es auch anders sein – schon nach relativ kurzer Laufzeit negativ.

Der hierfür zuständige Sparkassen-Vorstand bezeichnete ein solches Depot als ein „Ergebnis einer fachmännischen Anforderung an eine Vermögensberatung". Es war eher eine fachmännische Anforderung an das Provisionsergebnis dieser Sparkasse.

Mein Versuch, die Sparkasse dadurch zu einer teilweisen Rückerstattung des Verlustes oder zumindest zu einer Rückvergütung der bis dahin gezahlten saftigen Depotgebühr zu erreichen, brachte mir unsachliche Vorwürfe und persönliche Beleidigungen ein. Normalerweise werden für Fonds aus der eigenen Gruppe keine Depotgebühren verlangt, zumal die vermittelnde Bank einen kräftigen Anteil an den Ausgabeaufschlägen nebst Halteprämien u.ä. erhält. Aber auch selbst dies verweigerte dieser Kundenvorstand, verleugnete sogar, dass die Deka zur Gruppe der Sparkasse gehörte. Das stimmt nicht ganz, da an der Deka-Bank die Sparkassen über ihre Verbände an der Deka-Bank beteiligt sind und an jedem Stadtbus mit einer Werbung der Sparkassen Finanzgruppe dies ganz deutlich wird.

Selbst eine Beschwerde beim damaligen Präsidenten des Sparkassenverbandes, Herrn Heinrich Haasis, ging aus wie das „Hornberger Schießen". Meine Empfehlung war, diese Verlustbringer sofort zu verkaufen, welches dann auch in 2007 geschah.

In der Vergangenheit hat sich die Sparkassengruppe stets als eine Alternative zu den Großbanken verstanden, welches im Kreditbereich sicherlich sehr stark unterstrichen werden kann.

Im Anlagebereich – außer den altbekannten Sparbüchern und Sparbriefen – kann ich das auf keinen Fall sehen. Genau wie die Groß- und Investmentbanken schwimmen diese auf der Welle der strukturierten Finanzprodukte und das schon sehr lange, wie das obige Beispiel gezeigt hat. Auch da haben es die Investmentbanken geschafft, diese fragliche Anlageideologie in die Köpfe der Sparkassenvertreter einzuimpfen. Und dieser Vorgang hält noch immer an, wie sicherlich jeder Sparkassenkunde, der dort Geld anlegen will, bestätigen kann.

Aufgefallen ist mir dies erstmals in 2005, nachdem ich bei einem Mandanten und dessen Deka-Geldmarktfonds feststellen musste, dass der Anteil der CDS- und ABS-Papiere als so genannte „Beimischung zur Erhöhung der Rendite" von Monat zu Monat immer höher wurde.

Bei den hohen Zinssätzen für Anleihen Anfang des Jahrtausends, die weit über den Geldmarktsätzen lagen, warfen die Geldmarktfonds – sogar nach Gebühren für die Fonds – deutlich höhere Renditen ab, als für Festgelder.

Mit dem Rückgang des Zinsniveaus und Auslaufen der hochverzinslichen Anleihen schmolz dieser Vorteil gewaltig zusammen mit der Folge, dass man einen Renditeersatz suchte – auch zur Deckung der Bankgebühren – und fand diese in den oben erwähnten CDS- (Credit Default Swaps = Kreditausfallversicherungen) und ABS Papiere (Asset Backed Securities = über Assets-Vermögenswerte aller Art abgesicherte Kredite), für deren Kauf/Übernahme die Fonds Prämien erhielten und diese somit zur Erhöhung der Renditen beitrugen. Zu dieser Zeit hatten die Banken Mitte des letzten Jahrzehnts auch kaum Kreditausfälle zu beklagen, womit das Risiko dieser Papiere als sehr gering erachtet wurde. Später stellte sich dann in sehr vielen Fällen heraus, dass diese Kreditübernahme-Papiere ein doch nicht unerhebliches Risiko beinhalteten und sogar zu Minus-Renditen bei vielen Geldmarkt- Fonds führten.

Auf diese Erkenntnis wies ich den damaligen Vorstandsvorsitzenden der Dekabank, Herrn Franz Waas, in einem Schreiben darauf hin. Seine Antwort war für mich niederschmetternd. Seiner Meinung nach ist ein solcher Vorgang üblich, übersetzt heißt das, die Übernahme von Kreditrisiken aus undurchsichtigen Mischmasch-Papieren gehört in das Depot von Sparkassenkunden, die von solchen Dingen normalerweise keine Ahnung haben.

Ein weiteres Indiz dafür, dass es im Sparkassensektor im Anlagebereich keinen Kulturwandel gibt, man dafür aber die Kultur sowohl der Investmentbanken übernehmen will, ist der vorgesehene Umbau der Dekabank.

Dieser sieht unter anderem den Einstieg in das **lukrative und ca. € 100 Mrd. schwere Zertifikategeschäft,** mit eigenen Zertifikaten vor, bzw. will man den Landesbanken wegnehmen. Man achte auf das Wort „lukrativ". Alles was für die Bank lukrativ ist, kann für deren Kunden nur zum Nachteil geraten. Eine wundersame Geldvermehrung gibt es auch hier nicht. In diesem Zusammenhang möchte ich auf das Kapitel „Was sind nun strukturierte Finanzprodukte?", in welchem die Funktionsweise der Zertifikate beschrieben wurde, hinweisen.

Mitte Januar 2013 erschien dann in der Presse ein kleiner Hinweis, dass die Deka die ersten Zertifikate auf den Markt gebracht hat.

In diesem Zusammenhang ist ein Auszug aus einem Interview mit Herrn Heinrich Haasis, früherer Präsident des Sparkassen und Giroverbandes und Vorgänger vom jetzigen Präsidenten, Herrn Georg Fahrenschon erwähnenswert, welches er dem Handelsblatt im November 2010 gegeben hatte.

Es ging dabei um den Verkauf von Lehmann Zertifikaten und darum, dass einige Sparkassen diese auch verkauft hatten und auch dafür eingestanden sind. O-Ton:

Hassis: …… das haben die Sparkassen individuell nachgearbeitet und in klaren Fällen auch Ersatz geleistet und sich bei Kunden entschuldigt. Mir macht aber Sorge, dass es jetzt schon wieder Nachfrage nach exotischen Zertifikaten gibt.

Handelsblatt: Sie würden also kein Zertifikat mehr kaufen?

Haasis: Ich habe noch nie eines gekauft.

Diese Aussage eines erfahrenen Bankers ist an sich eindeutig, leider wird sie von der jetzigen Sparkassenorganisation ignoriert.

Erreichen will man diese Neuausrichtung durch einen bereits vorgenommenen Führungswechsel. Neu an der Spitze der Dekabank ist ein Herr Michael Rüdiger. Er kommt von der Credit Suisse, neben der UBS in der Schweiz eine der Banken mit einem hohen Ertragsanteil (ca. 60 %) aus dem Investmentbanking, und hat in Deutschland das Private Banking, Assetmanagement und **Investmentbanking**, ich wiederhole, Investmentbanking, verantwortet, woraus auch hier die Verquickung des Investmentbankings mit dem Vermögensanlagegeschäft deutlich wird.

Ein solcher Mann, der einen großen Teil in seinem Berufsleben dem Investmentbanking gewidmet, es betrieben und gefördert hat, wird doch keineswegs dieses Geschäftsmodell fallen lassen und normales und verständliches Anlagegeschäft betreiben! Er hat ja letztlich nichts anderes gelernt und ist die hohen Erträge aus den strukturierten Finanzprodukten des Investmentbankings gewohnt.

Laut Pressverlautbarungen (Handelsblatt v. 28.11.2012) will Herr Rüdiger auch „verstärkt auf alternative Investments, wie Infrastrukturprogramme (was immer das heißen mag) setzen. Entsprechende Produkte sollen später vielleicht auch Privatkunden angeboten werden".

Unter dem Stichwort alternative Investments wird heutzutage alles Mögliche, insbesondere undurchsichtige und toxische Anlagen angeboten und mit hohen Provisionen für die Banken vertrieben.

Diese Verlautbarungen lassen für die Sparkassenkunden nichts Gutes erwarten. Es werden unverändert und vor allem verstärkt strukturierte Finanzprodukte angeboten werden und wieder werden sich die Kunden auf die vertrauensseligen Verkaufspraktiken der Bankbetreuer verlassen.

Man kann die Sparkassen und die Kunden nur vor solch strukturierten Finanzprodukten warnen. Die Sparkassen laufen Gefahr, ihren immer noch guten Ruf mit diesem Geschäftsgebaren zu verlieren.

Nächstes Beispiel Commerzbank:

Bekanntlich hat die Commerzbank die herunter gewirtschaftete oder besser gesagt kaputt strukturierte Dresdner Bank übernommen und dadurch eine Menge Federn lassen müssen und jetzt u. a. auch noch Investment-Banker, die die hohen Verluste der Dresdner Bank mit verursacht haben, noch mit hohen Boni abfinden müssen (??). Diese Übernahme führte letztlich zu einer Beteiligung des Staates und damit zu deren Rettung.

Insgesamt kann die Ausgangsposition der Commerzbank ab Beginn der Finanzkrise zu einer der ungünstigsten bezeichnet werden. Allerdings scheint sich dieses Bankhaus insbesondere im Kreditgeschäft an die alten Bankertugenden erinnert zu haben und ihren Fokus auf die Zufriedenheit ihrer Kunden auszurichten.

Gemäß dem alten Slogan „Die Bank an Ihrer Seite" ist sie sehr bestrebt, ihr Image entsprechend aufzupolieren, will u. a. im Kreditgeschäft als kompetent und fair wahrgenommen werden und sich als Mittelstandsbank immer mehr profilieren.

Herzstück der hierzu in Gang gesetzten Marketing-Kampagne ist ein 60-sekündiger TV-Spot, in der sich eine Frau während ihres Joggings durch die erwachende Stadt Frankfurt Gedanken über die Finanzwelt macht. Der Text dazu lautet wie folgt:

„Woran liegt es, dass man den Banken nicht mehr vertraut?

Manche Banken sagen das liegt an den Krisen, andere an den Börsen.

Wir haben etwas getan, was für uns bisher vielleicht nicht typisch war, wir haben die Gründe bei uns gesucht und uns gefragt, braucht Deutschland noch eine Bank, die etwa so weiter macht oder brauchen wir eine Bank, die endlich Schluss macht mit neuen Spekulationen aufgrund Nahrungsmittel, eine Bank, die erneuerbare Energien für die Zukunft finanziert, eine Bank die auch kleinen und mittleren Unternehmen Kredite gibt, eine Bank die ihre Berater nicht belohnt, wenn sie möglichst viele Verträge verkaufen, sondern nur erst dann, wenn ihre Kunden zufrieden sind.

Vor uns liegt ein langer Weg, aber auch der beginnt mit dem ersten Schritt.

Commerzbank, die Bank an Ihrer Seite".

Dieser TV-Spot ist meines Erachtens gut gelungen und lässt einen Schuss Ehrlichkeit (und auch Hoffnung) entstehen. Es ist auch ein Eingeständnis der bisher nicht sehr sauberen Arbeit im Anlagegeschäft dieser Bank und der bisherigen Behandlung ihrer Kunden. So weit so gut.

Betrachtet man den Text aber genauer, so entsteht der Eindruck, dass die Imageschäden der Banken entstanden sind durch die Krisen, den Börsen und den Spekulationen mit Nahrungsmitteln. Kein Wort davon, dass die strukturierten Finanzprodukte, die diese Krisen mitunter maßgeblich ausgelöst haben und somit die Börsen ins Trudeln gebracht haben.

Die Finanzkrise ist sicherlich nicht ausgelöst worden durch die sehr verwerflichen Spekulationen mit Nahrungsmitteln, die es schon immer gegeben hat und die Dritte Welt bis heute Hunger und Not beschert haben, bzw. diese durch die Finanzkrise noch verstärkt wurden.

Man könnte mit diesem TV-Spot glauben, die Commerzbank hätte damit den die Finanzkrise auslösenden und mittragenden strukturierten Finanzprodukten abgeschworen und würde nur noch ehrliche Anlageprodukte ihren Kunden anbieten.

Mitnichten.

Im September 2012 nahm ich im Handelsblatt einen Bericht wahr mit der Überschrift „Commerzbank wirbt um große deutsche Investoren – Produktmanager wollen mit ausgeklügelten Fonds punkten –".

Darin wird von erfolgreich untergebrachten Rohstoff- und Aktienfonds, welche den Privatkunden angeboten worden sind, berichtet. Die Investmentbank hätte die Instrumente für diese Fonds geliefert. Nunmehr zielte die Commerzbank auf große institutionelle Investoren, also etwa Versicherer oder Pensionsfonds = wir alle, ab. Diese verlangen aber oft nach ausgefeilten Fondskonstruktionen, um ihre Risiken und Anlagen besser zu „steuern".

Dabei kam ein Herr Christian Machts, übrigens ein Mitglied der Atlantikbrücke e.V., zu Wort." Wir sind nicht nur auf Personen aus, wir nutzen Researchstärken und Handelsstrategien, um sie in Fonds zu verpacken". Die Commerzbank würde auf diesem Feld vor allem Derivate nutzen und dabei die Fähigkeiten ihrer **Investmentbank-Einheit** nutzen (Da haben wir wieder, die Investmentbank)

Geplant wären des Weiteren ein Fonds für den Verkauf von Call-Optionen sowie ein institutioneller Fonds (also für uns alle) für so genannte Managed-Futures-Strategien an den Terminmärkten. Nachdenken wolle Herr Machts außerdem über die Derivate-Nachbildung von Depots mit Firmenanleihen (welche?). Noch weitere Ideen wären in der Schublade.

Wenn das kein Bekenntnis zur Hexenküche des Investmentbankings ist! Aus Mischmasch wird wieder Mischmasch produziert und darauf ein seriöses Etikett geklebt. Anscheinend hat man in der Commerzbank aus der Finanzkrise nichts gelernt und setzt unverändert auf diesen strukturierten Quark. Hintergrund dafür könnte auch der enorme Druck der Commerzbank sein, schnell Geld zu verdienen, um die Verbindlichkeiten ggü. dem deutschen Staat möglichst rasch abzubauen. Ob das der richtige Weg für die Anleger und für die Commerzbank ist, wage ich zu bezweifeln.

Etwas positiv hat mich dann allerdings später die Nachricht gestimmt, dass Herr Machts zum Hedge-Fonds BlackRock als Leiter des Retail-Geschäftes in Deutschland, Österreich und Osteuropa gewechselt ist. Somit nimmt die strukturierte Ausbeutung dort weiter seinen Lauf.

Wieder negativ gestimmt hat mich der aktuelle Einblick in diverse Depots der Commerzbank bei neuen Mandaten, die wiederum gespickt waren mit strukturierten Finanzprodukten aller Art in gemeinsamer Eintracht mit seriösen Wertpapieren. Ist das die neue Strategie, unseriöses mit seriösem zu verpacken?

Nächstes Beispiel Volks-und Raiffeisenbanken:

Die Volks- und Raiffeisenbanken, entstanden aus den Grundsätzen der Selbsthilfe und Selbstverantwortung im Wesentlichen zum Zwecke der Kapitalansammlung und Kreditgewährung an „kleine Leute" mit sekundärem Fokus auf Gewinnerzielung, welches sich aber im Laufe der Zeit auch in Richtung Optimierung des Ertrags verändert hat. Somit genießt diese Banken-Gruppe wie die Sparkassen-Organisation bei ihren Kunden ein sehr hohes Vertrauen und bildet damit auch einen Gegenpol insbesondere zu den privaten Geschäftsbanken mit ihrer primären Ausrichtung auf einen optimalen Ertrag.

Neben dem Sparkassensektor nehmen die Volks- und Raiffeisenbanken (insgesamt rd. 1.200 selbstständige Einheiten) den zweitgrößten Banken- Marktanteil ein (ca. 25 %) und sind vor allem im Kreditgeschäft eine sehr dynamische Gruppe. Ich empfand zu meiner Bankerzeit diese Gruppe als den stärksten Konkurrenten im mittelständisch geprägten Unternehmensfirmenkundengeschäft.

Auf dem Anlage- /Anleihesektor spielt diese Gruppe in der Wirtschaftspresse eine sehr leise Rolle, man findet nur zaghafte Artikel und sie spielt sich nicht so in den Vordergrund wie der Branchenprimus, gehört aber bei genauerer Betrachtung zu einem maßgeblichen Player /Verkäufer auf dem Gebiet der strukturierten Finanzprodukte.

Insgesamt verfügt diese Bankengruppe über rd. 13.350 Filialen / Vertriebsstellen und da kann es einfach nicht ausbleiben, dass die Investmentbank-Branche auch dieses hochinteressante Potenzial in Sachen Vertrieb von Investmentbankprodukten in den Fokus genommen hatte. Auch die angelsächsisch geprägten Unternehmensberatungsgesellschaften haben diese Bankengruppe unter ihre Fittiche genommen und auch hier ihre gleichschaltenden Maßnahmen in Sachen Banken-Struktur vorgeschlagen, welche aber nach meiner Kenntnis nicht in voller Gänze übernommen wurden, was wiederum diese Gruppe auszeichnet.

Wie bei den Sparkassen gibt es auch hier Oberinstitute, nämlich die DZ-Bank und WGZ-Bank, die schon einmal kurz vor einer Fusion standen, diese aber wieder abgeblasen haben. Selbst stellen die Volks- und Raiffeisenbanken keine strukturierten Finanzprodukte her, das erledigt für diese Gruppe die Union Asset Management Holding AG, kurz Union Investment genannt, an der die DZ-Bank und WGZ-Bank mehrheitlich (54,4 %) beteiligt sind, die weiteren Aktionäre sind die BBB-Bank und die Volks- und Raiffeisenbanken über ihre Verbände und Beteiligungsgesellschaften.

Die Union Investment, welche derzeit € 181 Mrd. (Stand 30.6.2012) verwaltet, ist die Investmentgesellschaft dieser mächtigen Bankengruppe, welche über ihre Tochtergesellschaften (per Ende 2012)

- strukturierte Produkte entwickelt wie Aktienfonds, Rentenfonds, Geldmarktfonds, Offene Immobilien Fonds, Mischfonds, Dachfonds und wertgesicherte (?) Fonds, das gesamte Mischmasch der strukturierten Produkte eben,

- derzeit sehr stark forciert Produkte und Dienstleistungen für die private Altersvorsorge anbietet und

- diverse Konzepte für die Vermögensverwaltung erarbeitet und anbietet.

Wenn man die Homepage dieses Instituts öffnet, springen einem sofort solche Angebote, insbesondere für die Altersvorsorge ins Auge und bezeichnet sich dabei als „Riester-Rente Marktführer". Nur dumm, dass die Riester-Rente nicht gerade zu den Anlage-Hits in Sachen private Altersvorsorge gehört und man letztlich bei einem normalen Sparvertrag trotz staatlicher Förderung sogar besser laufen würde.

Als Top-Favorit der privaten Altersvorsorge wird der Fonds UniProfi/4P angeboten, womit man sorglos riestern (?) könne.

Schauen wir uns doch einmal diesen Top-Favoriten an:

In der abgespeckten Darstellung dieses Produktes wird darauf hingewiesen – und beim Weiterlesen mehrmals – dass die **Einzahlungen des Anlegers** und die staatlichen Zulagen zum Beginn der Auszahlphase garantiert seien. Da kann man sich sofort fragen, ob denn nur die Einzahlungen garantiert sind ohne Ertrag? Gibt der Einzahler damit der Bank nicht von Anfang an einen

Freibrief, am Ende der Ansparphase nur sein eingezahltes Geld (zzgl. staatlicher Zulagen?) wieder zurückzubekommen und das nach einer Laufzeit von 20 bis 30 Jahren?

Angelegt werden kann das Geld in den Aktienfonds Uni Global oder in den Rentenfonds UniEuroRenta. Da haben wir sie wieder, die Fonds. Ausgabeaufschläge (5 % bzw. 3 %), Verwaltungsgebühren (+ 1,2 % bzw. 0,6 %), die Renditechancen, hohe Ertragschance, man beachte das Beiwort „chance" usw. Das gesamte Vokabular des Fondsgeschäftes wird hier verwendet und dem Anleger damit eine Anlage-Sicherheit verabreicht.

In den Ausführungen wird dargelegt, dass die Union Investment mit der UniProfi/4P dem Anleger eine „exzellente Renten-Höhe" bietet. Ich frage mich nur, wie sich die Union Investment da so sicher sein kann, da es bisher keiner geschafft hat, bei strukturierten Finanzprodukten das Ende vorauszusagen, das Ende ist bei dieser Art Anlageprodukte völlig offen.

Untermauert wird diese Feststellung der Union Investment mit dem Hinweis auf die Quelle, nämlich dem Institut für Vorsorge und Finanzplanung GmbH.

Geht man auf die Website dieser GmbH, kann man auf der Seite „Über uns" folgendes lesen:

„Das Institut für Vorsorge und Finanzplanung (IVFP) hat sich auf private und betriebliche Altersvorsorge spezialisiert.

Als unabhängiger und inhabergeführte Gesellschaft bewertet es Produkte und Beratungsprozesse im Bereich der Vorsorge, bietet Finanzdienstleistern fachliche Strategieberatung und entwickelt Altersvorsorge-Beratungssoftware ...

Das zentrale Element des IVFP ist die Kombination von Wissenschaft und Praxis. Mit einem Team von Spezialisten bietet das IVFP kompetente Lösungsansätze für Produktgestaltung (= strukturiertes Finanzprodukt), vertriebliche Umsetzung (=wie verkaufe ich diese Finanzprodukte an die Anleger) und Weiterbildung (=wie kann ich diesen Verkauf noch effizienter gestalten).

Ein Mischmasch-Produzent und ein weiterer Mischmasch-Produzent nebst Verkaufsauftrag vereinen sich.

Mit diesen Vorsorgefonds bekommt die Union Investment alle Möglichkeiten der eigenen Gewinnmaximierung in die Hand, das Ende bleibt auch hier, wie bei allen strukturierten Produkten völlig offen. Sicher sind nur die auf Jahrzehnte angelegten dauerhaften Gebühreneinnahmen der Investmentgesellschaft und der vertreibenden Volksbank u.a. über die so genannten Halteprämien.

Dass sich das für die DZ-Bank, als eine der Eigentümerin der Union Invest-Fondsgesellschaft lohnt, hat sich auch in 2012 gezeigt. So verbesserte sich der Provisionsüberschuss vor allem dank der Erfolge dieser Fondsgesellschaft. Wie viel strukturierter Mischmasch ist da wieder an die Anleger verkauft worden. Auch stieg in 2012 der Gewinn aus dem Versicherungsgeschäft (Riester u.ä) dank eines Rekordgewinns der R+V Versicherung um mehr als die Hälfte.

In einem Vortrag eines Vorstandsvorsitzenden einer Volksbank mit dem Thema „Ethik der Banken" vor dem Publikum einer Fachhochschule wurde eine Verbindung der Volksbanken zu den Investmentbanken mit dem Satz „Mit den Investmentbanken haben die Volksbanken gar nichts, aber auch gar nichts zu tun" verleugnet. Ich frage mich nur, warum die Volksbanken dann sehr gerne auf die strukturierten Finanzprodukte dieser in diesem Vortrag verteufelten Investmentbanken zur Verbesserung ihrer Ertragslage zurückgreifen. Wieder so eine Desinformationspolitik.

Barclays Bank

Einen Lichtblick, aber nur einen kleinen, konnte ich in einem mich sehr überraschenden Pressebericht (Handelsblatt vom 18.1.2013), welcher den Kulturwandel der britischen Barclays Bank behandelte, wahrnehmen.

Aufgrund des Libor-Skandals, d. h. die Manipulation des LIBOR-Zinssatzes, an der die Barclays Bank maßgeblich mitgewirkt und die vielen Anlegern viel Vermögen gekostet hatte (die tatsächliche Schadenssumme wird sicherlich nie veröffentlicht werden) musste bekanntlich der alte Vorstandschef Bob Diamond seinen Platz räumen. Sein Nachfolger wurde ein Herr Anthony Jenkins, ein Karriere Banker (lt. Zeitung The Guardian), der seine Karriere hauptsächlich über das Kreditgeschäft und das Kreditkartengeschäft gestaltete.

In einem Brief an seine 140.000 Mitarbeiter äußerte er folgende, sehr selbstkritische Worte:

„Über einen Zeitraum von beinahe 20 Jahren wurde die Bankenbranche zu aggressiv und koppelte sich von den Bedürfnissen von Verbrauchern und Kunden ab. Nie wieder dürfen wir uns in eine Position begeben, in der wir Menschen belohnen, die Geld auf unethische Weise verdienen.

Aber es mag einige geben, die sich mit meinem Prinzip, das Leistung so klar mit der Einhaltung unserer Werte verbindet, nicht wohlfühlen. Meine Botschaft an diese Menschen ist einfach: Die Regeln haben sich geändert, Barclays ist nicht der Platz für Sie. Sie werden sich nicht wohlfühlen, und, um ehrlich zu sein, wir würden uns mit Ihnen auch nicht wohlfühlen".

Diese Worte verlangten einen großen Respekt von mir ab, Mr. Jenkins – dachte ich – könnte eigentlich mein Buch geschrieben haben. Die vorgenannten Herren der erwähnten Banken könnten sich daran ein Beispiel nehmen. Jedenfalls ist es ein klares Eingeständnis der verqueren Machenschaften der Bankbranche der letzten 20 Jahre. Ich erinnere daran, dass in diesen 20 Jahren das jetzige Investmentbanking entstanden ist und es letztlich diese Auswüchse zu verantworten hat.

In dem Pressebericht wurde dann die Frage gestellt, wie denn nun die Werte genau aussehen, an denen der neue Vorstandschef seine Mitarbeiter messen will? Vier Prinzipien (erinnert doch irgendwie an die der Deutsche Bank) wurden dabei von Herrn Jenkins in den Fokus gestellt:

1) Respekt

2) Service

3) Integrität

4) Verantwortung

Was aber ist an diesen Prinzipien wirklich neu? Eigentlich hat man das von jedem Banker bisher vorausgesetzt.

Aber

- anscheinend gab es keinen Respekt vor den Kunden und den Gesetzen der Gesellschaft,

- anscheinend gab es keinen Service für die Kunden (wovon ich aus meiner Treasury Arbeit bei Unternehmens-Mandaten mit Bezug auf britischen Banken ein leidvolles Lied singen kann)

- anscheinend gab es unter den Banken keine integren Banker, sondern nur Verkäufer mit unlauteren Absichten und

- anscheinend gab es bisher verantwortungslose Banker bis in die oberen Spitzen der Banken, die nur an eines gedacht haben, nämlich den eigenen pekuniären Vorteil, egal, ob es für den Anleger schädlich war.

Für mich sind das nur leere Worte, die auch ein Politiker hätte von sich geben können.

Kein Wort davon, dass vom unlauteren Verkauf strukturierter Produkte, basierend auf Wahrscheinlichkeitsrechnungen mit Insidercharakter, und dem Verkauf von komplexen Derivaten Abstand genommen wird usw.

Jeden Geschäftsbereich soll Jenkins bereits unter die Lupe genommen haben und dabei nicht nur auf Renditen, sondern auch auf die Gefahren, welche den guten Ruf der Bank gefährden können, geachtet haben. Anscheinend war bisher der Ruf der Bank nicht so wichtig gemäß dem Sprichwort „Ist erst der Ruf ruiniert, lebt es sich weiter ungeniert".

Das Handelsblatt fragt dann des Weiteren, dass sich an zwei Punkten ablesen lassen wird, wie ernst es Barclays mit dem Kulturwandel wirklich meint:

- Macht das Geldhaus Ernst mit dem Rückzug aus dem umstrittenen Handel mit Agrarrohstoffen und

- gibt die Bank das fragwürdige Geschäft mit der Steueroptimierung auf?

Auch hier kann man sich fragen, ob das die einzigen Punkte sind, die ein solches Haus auf den Weg der Tugend zurückbringen sollen? Hat auch das Handelsblatt die eigentlichen Treiber unserer Probleme, nämlich den strukturierten Mischmasch, nicht erkannt?

Bei der wenige Wochen später vorgestellten neuen Strategie hat Jenkins dann tatsächlich verkündet, dass auf die Spekulation mit Lebensmitteln sowie das umstrittene Geschäft mit den Steuersparmodellen verzichtet werden soll. Somit hofft anscheinend die Bank, sich wieder als vertrauenswürdiges Haus präsentieren zu können.

Als ich dann noch gelesen habe, dass Mr. Jenkins eng mit dem Aufsichtsratsvorsitzenden, Sir David Walker, dessen Karriere im Investmentbanking begründet liegt und der die Geschäftsbereiche Privatkundengeschäft (retail banking) mit dem Investmentbanking verzahnen möchte, hat mich das an Aussagen von Anju Jain und vieler anderer aus dieser Branche wieder auf den Boden der Tatsachen zurückgeworfen.

Die Vorstellung der neuen Strategie im Februar 2012 unterstrich ganz eindeutig meine Analyse. Es wurde ganz klar festgelegt, dass das britische Geldhaus auch künftig Investmentbanking im großen Stil betreiben wird. Barclays wird daher ein mehr oder minder ernsthafter Konkurrent der Deutsche Bank bleiben.

Goldman Sachs (=amerikanisches Bankensystem= Wall Street):

Zu diesem Institut ist schon vieles gesagt worden und stellt letztlich den Prototyp des Investmentbankings dar. Von vielen Skandalen konnte man in den vergangenen Jahren lesen, es gab sogar Anhörungen im US- amerikanischen Senat zur Finanzkrise, an dessen Rad Goldman Sachs gehörig mitgedreht hatte.

Eines muss man den US-amerikanischen Behörden lassen, in Sachen Regulierung und Verfolgung von kriminellen Insidergeschäften sind sie stringenter, als in Europa, verdienen aber auch daran sehr gut bei Betrachtung der hohen Geldbußen. Hier in Europa dümpelt alles vor sich hin.

Allerdings ist die Wall Street, allen voran Goldman Sachs, sehr anpassungsfähig in der Umgehung von neuen Regulierungen, konstatierte der von allen Instituten gefürchtete Staranalyst Mike Mayo schon in 2011.

Spekulieren auf eigene Rechnung (Eigenhandel) verbietet die sogenannte „Volcker-Regel" (Paul Volcker war ehemaliger US- Notenbankenchef). Aufgrund von Recherchen fand Bloomberg heraus, dass Goldman Sachs nicht alle Eigenhandelsabteilungen geschlossen hatte. Eine Einheit soll immer noch Gelder der Bank im Volumen von einer Milliarde anlegen.

Um dies auch legal vornehmen zu können, lege diese Einheit nach den Worten des Goldman Sprechers angeblich „langfristig" an, wobei unter langfristig ein Zeitraum von mehr als 60 Tagen gemeint ist, welches nach der Volcker-Regel prinzipiell erlaubt sein soll.

Die Frage ist jetzt nur, wie man diese „Langfristigkeit" ausfüllt, bzw. noch weiter über Derivate umgeht. Nach den Bilanzregeln bedeutet langfristig länger als ein Jahr, mittelfristig für einen Zeitraum von einem bis 4 Jahre minus einen Tag und langfristig ab vier Jahren Laufzeit.

Daran kann man aber wieder sehen, wie die Wall Street ihre Intelligenz einsetzt, die Regulierungen zu umgehen und wird das wiederum mit Hilfe des unbegrenzten Derivatesammelsuriums und über strukturierte Finanzprodukte auch schaffen.

Resümee:

Betrachtet man die derzeitigen Presseinformationen aller Banken, wird das Investmentbanking in allen Banken mehr oder minder gestärkt. Selbst kleine Privatbanken wie das ehrwürdige Bankhaus Lampe hat jetzt einen Investmentbanker in die Führungsriege berufen zwecks Stärkung des Kapitalmarktgeschäftes mit den mittelständischen Kunden.

Ist das alles ein Kulturwandel der Banken?

Ich glaube, dass derzeit eine gigantische Desinformationskampagne stattfindet und ein Doppelspiel gespielt wird, welche dem Anleger einerseits eine reuige Finanzindustrie vorgaukeln soll, um andererseits mit Hilfe der geheimen Wahrscheinlichkeitsrechnungen, welche kein Banker mit Kulturwandelsabsichten in den Mund genommen hat, um dem Anleger noch weiter und noch mehr sein Geld aus seiner Tasche ziehen zu können.

Es ist eher ein Kulturwandel zu mehr Investmentbanking, zu mehr strukturierten Finanzprodukten und somit zu mehr Spekulationen, zwar nicht auf der Bankenebene sondern immer mehr zur Kundenebene, wodurch die Investmentbanker genauso gut verdienen als bisher. Dabei helfen die niedrigen, von der Politik herunter gedrückten Zinsen fabelhaft, womit der Rendite- Leidensdruck erhöht wird zwecks Umleitung auf die strukturierten Finanzprodukte und deren leere Renditeversprechungen, die alles und nichts enthalten können.

Die Politik, die US-amerikanische Zentralbank (FED) und die Europäische Zentralbank (EZB), welche von einem italienischen Investmentbanker namens Draghi geleitet und stark beeinflusst wird, leistet somit eine Steilvorlage für die konzertierte strukturierte Ausbeutung der Anleger, ja der Bürger, denn nicht nur die Reichen sind davon betroffen, sondern hauptsächlich die Masse der Normalbürger.

Hier findet eine klassische Umverteilung von Vermögen auf nur wenige Personen mit Hilfe der Finanzindustrie statt. Die Schar der Investmentbanker entwickelt sich somit zu einer neuen Adelsschicht, die in der Vergangenheit ihr Vermögen auf der Ausbeutung und dem Leid der ihr Untergebenen aufgebaut hatte, genauso wie es die Investmentbanker derzeit mit ihren strukturierten Finanzprodukten sukzessive vollziehen.

Die hier beispielhaft aufgeführten Banken könnten um sämtliche Namen der europäischen Bankenlandschaft erweitert werden, egal ob es jetzt die UniCredit, deren Homepage nur so von strukturierten Finanzprodukten wimmelt oder „seriöse" Privatbanken sind. Sie alle aufzuführen, würde den Rahmen dieses Buches sprengen. Wo man hinschaut, erobern unverändert die Investmentbanker mit ihren strukturierten Finanzprodukten die Bankenlandschaft und prahlen sogar damit.

Selbst die primär auf das Anlagegeschäft ausgerichtete und bisher honorige Berenberg Bank ließ verlauten, dass sie mit den Investmentbankern das viertbeste Jahresergebnis in ihrer Geschichte eingefahren hat. Beigetragen haben sollen hierzu die Börsengänge und der Aktienhandel, was immer das heißen mag.

Bei einer im Handelsblatt veröffentlichten „Profi-Anlageempfehlung" des Leiters des Private Banking und Asset Management- Bereiches der Berenberg Bank wurden neben den traditionellen Anlageklassen auch alternative Investments **als Beimischung** als interessant herausgestellt, weil sie das Chance-Risiko-Profil (?) eines Portfolios verbessern können. Die gesamte „Profi-Anlageempfehlung" bezog sich dann in diesem Artikel nur auf die alternativen Investments. Es wurde von Risikodiversifikation, Asset-Allokation, Optimierung der Portfoliorendite, Korrelationen, Synergien bei der Risikodiversifikation usw. gesprochen, letztlich das gesamte Investmentbanking – Vokabular herunter geleiert und damit der Anleger auf das gesamte Sammelsurium der Investmentbanking – Produkte eingeschworen.

Hier einige Beispiele:

- Source ETC auf den Index S&P GSCI Industrial Metals Index (wer stellt diesen täglich zusammen?), welches aber eine Inhaberschuldverschreibung sein soll, mit denen Anleger ohne Terminkontrakte oder mittels physischem Erwerbs an der Wertentwicklung von Rohstoffen partizipieren können = Wettschein.

- ETC Xetra-Gold der Deutsche Börse

- Investments in „Catastrophe Bonds", also Anleihen die von Versicherern oder Rückversicherern zur Absicherung von deren Extremrisiken begeben werden. Anmerkung: die Profis, die solche Risiken einschätzen können, wollen sie loswerden. Warum wohl?

- Investments in den BSF European Absolute Return D2 von Blackrock, der auf eine absolute positive Rendite unabhängig von den Marktbewegungen abzielt (?). Anmerkung: dann kann man sich auch eine Bundesanleihe kaufen.

Diese Beispiele zeigen, dass auch die „honorigen" Privatbanken diese fraglichen Anlagen feilbieten und nur zu dem einen Zweck, Provisionen hinter dem Rücken des Anlegers vereinnahmen zu können.

Selbst ein hochrangiges Mitglied der Bundesbank, die Juristin und Vizechefin Sabine Lautenschläger, hauptverantwortlich zuständig für die Aufsicht über Großbanken und ausgewählte Kreditbanken, zuletzt von 2008 bis 2011 Exekutivdirektorin Bankenaufsicht, welche auch als Favoritin für den Chefposten der europäischen Bankenaufsicht gegolten hatte, kritisiert nur die Symptome und nicht die Ursache dieses Strukturierungswahnsinns = strukturierte Ausbeutung.

Kein Geringerer als Herr Anju Jain hat im Zusammenhang mit dem LIBOR-Skandal geäußert, dass man eine Kultur, die sich über Jahrzehnte entwickelt hat (wozu er beigetragen hat), nicht über Nacht geändert werden kann. Frage ist nur, welche Kultur er ändern will?

Die Auswirkung dieses ungesunden Mischmasch-Verkaufs wird sich spätestens beim nächsten Finanzcrash zeigen und vielen Anlegern, die an die Aussagen der Produktverkäufer geglaubt haben oder dem Aberglauben verfallen sind, dass Geld für sie arbeiten muss, die Augen öffnen und zwar brutal.

Der propagierte Kulturwandel ist dann einer, wenn man wieder zu den seriösen Wurzeln des Bankgeschäftes zurückkehrt und die strukturierten Finanzprodukte sogar ganz verbietet und damit der weltweit immensen strukturierten Ausbeutung der Bürger deutliche Grenzen setzt. Damit würden sich auch keine irrwitzigen Verdienstmöglichkeiten einiger weniger Investmentbanker / Händler ergeben und die Boni-Diskussion wäre überflüssig.

Die Rückbesinnung auf ein seriöses Bankgeschäft ist sicherlich ein sehr frommer Wunsch und ich fürchte, nicht mehr durchführbar, dafür sind die Strukturen schon viel zu stark auf Spekulation ausgerichtet und damit der (menschlichen) Gier und Unwissenheit der Menschen eine zu breite Entfaltungsmöglichkeit gegeben.

Mit meiner Einschätzung eines seriösen Bankings scheine ich aber nicht alleine zu stehen. Selbst aus dem Hause Ernst & Young wird konstatiert, dass die Herausforderung für die Banken darin bestehe, ein stabiles und seriöses Kreditgeschäft zu schaffen.

Dem wäre nichts mehr hinzuzufügen.

Kapitel 11

Kernkapital der Banken, ein unseriöses Lockmittel

Die Banken als maßgeblicher Teil der Finanzindustrie, stellen einen sehr wichtigen Baustein in unserer Gesellschaftsstruktur dar. Diese Rolle wurde in den letzten zwei Jahrzehnten sehr stark zum Leidwesen der Anleger gegen sie massiv ausgenutzt und hat zu der mehrmals erwähnten Finanzkrise geführt.

Das fatale an dieser Feststellung ist, dass die Banken das intransparenteste Wirtschaftsgebilde sind, bei welchen sogar die Wirtschaftsprüfer nicht mehr durchblicken. Keiner der die Banken prüfenden Wirtschaftsprüfer hat in den Jahren vor der Finanzkrise vor den Risiken in den Bankbilanzen gewarnt, geschweige denn sie erkannt. Mag sein, dass das saftige Prüfungshonorar hierbei auch mitgeholfen hat und mag sein, dass in diesem Bereich das Oligopol von nur vier Wirtschaftsprüfungsgesellschaften (PWC, KPMG, Ernst & Young, Deloitte Touche) und deren Verquickung mit Beratungsaufträgen diese Entwicklungen auch unterstützt haben. Dennoch kann es einen sehr nervös machen, wenn selbst die Wirtschaftsprüfer der Banken die Krisenanfälligkeit nicht erkannt haben und erkennen. Wie sollen es dann Außenstehende können?

Für diese sind Bilanzen wie die der Deutsche Bank mit 528 Seiten ein Buch mit sieben Siegeln und sogar mich würde es mindestens ein gesamtes Wochenende kosten, um dieses kryptographische Bilanzwerk einigermaßen zu verstehen, geschweige denn die Masse der Seiten lesen zu können.

Dass dann ein solches Haus und viele andere Bankhäuser mit ähnlicher Komplexität auch noch systemgefährdend, bzw. systemrelevant eingestuft werden, ist hoch brisant. Die Gesellschaft gestattet sich somit einen totalen und äußerst gefährlichen Blindflug, insbesondere mit Blick auf die Notwendigkeit, die Bankhäuser mit viel Geld zu retten. Diese werden dann bei angeblichen

Problemen mit Liquidität vollgestopft, obwohl keiner so richtig weiß, wie deren Bilanzen zu interpretieren sind.

Der Grund für diese bilanztechnische Kryptographie geht zurück bis in die 30er Jahre des letzten Jahrhunderts, dem Zusammenbruch der Darmstädter Nationalbank (Danat Bank), der damals zweitgrößten Bank in Deutschland, die 1931 aufgrund des Konkurses ihres Kreditnehmers, der Norddeutschen Wollkämmerei & Kammgarnspinnerei, zahlungsunfähig wurde, damals den ersten Bankenrun (alle wollten auf einmal ihr erspartes Geld zurück) auslöste und das Finanzsystem in Deutschland aufgrund dessen fast zusammenbrechen ließ.

Damit künftig eine Insolvenz einer solch maßgeblichen Bank und der damit zu befürchtende Bankenrun nicht mehr vorkommt, gestattete man den Banken aufgrund ihrer hohen Stellung in einer freiheitlichen Gesellschaft stärker stille Reserven zu legen als bei anderen Unternehmungen, um somit Zusammenbrüche von Kreditnehmern besser auffangen zu können.

Diese Bilanzierungsart wurde dann durch die sich abwechselnden angelsächsischen Buchführungsmethoden und Risikoüberwachungssysteme pervertiert mit der Folge, dass selbst – wie dargelegt – die Wirtschaftsprüfer die Sachverhalte nicht mehr durchblicken.

Selbst der Basler Ausschuss, der 1974 von den Zentralbanken und Bankaufsichtsbehörden der G-10 Staaten mit der Hauptaufgabe, einen Beitrag zur Einführung hoher und möglichst einheitlicher Standards in der Bankenaufsicht zu liefern, gegründet wurde, beklagte die zu großen Unterschiede in der Berechnung des Eigenkapitals, die für Außenstehende und damit auch für den Basler Ausschuss nicht mehr nachvollziehbar wären.

Die Ermittlung der so genannten risikogewichteten Aktiva von Banken (gemeint ist die Festlegung der Vermögensteile ohne Risiko und somit Reduzierung der Bilanzsumme zum Zwecke der Erhöhung der Eigenkapitalquote) und die daraus resultierende Eigenkapitalunterlegung würde unterschiedlich gehandhabt. So ergab eine Fallstudie, welche sich auf 16 Banken – darunter Commerzbank, Deutsche Bank, vier amerikanische Institute und zahlreiche europäische Großbanken – bezog, dass bei einem gleichen Portfolio für eine

Bank die Eigenkapitalunterlegung von € 13.4 Millionen, im höchsten Fall eine von € 34,2 Millionen errechnet wurde.

Die Berichterstattung hierzu im Handelsblatt hat dazu geführt, dass eine Diskussion zur Vereinheitlichung der Risikoberechnung angestoßen wurde. Ausgang offen / ungewiss.

Die nicht einheitlich festgelegte Berechnung der risikogewichteten Aktiva nach Basel III ist insofern ein wichtiger Teil der Bankbilanzierung, da diese bei der Berechnung der „harten" Kernkapitalquote eine sehr große Rolle spielt. Die risikogewichtete Aktiva setzt sich aus angeblich risikolosen Staatsanleihen oder aus risikogewichteten Berechnungsmodellen, womit Aktiva=Vermögenswerte über Derivate abgesichert sein sollen, zusammen. Wie wackelig nunmehr Staatsanleihen sind oder wie „funktionsfähig" diese risikogewichteten Modelle in der letzten Finanzkrise, die kurz vor einem Beinahe-Zusammenbruch des Derivatemarktes stand, gewesen sind, lässt einen völlig unruhig werden.

Mit der Summe der risikogewichteten Aktiva wird die Bilanzsumme reduziert und aus dieser reduzierten Bilanzsumme dann die „harte" Kernkapitalquote errechnet. Man lässt somit einen erheblichen Anteil Bankaktiva unter den Tisch fallen und betrachtet diese Vermögenswerte einfach ohne Risiko.

Der Blick auf die jeweiligen Berechnungen der größten Banken von Deutschland ergibt folgendes Bild:

Analyse Kernkapital / risikoadäquate Aktiva deutsche Banken
per 31.12.2012 – in Mio. € –

A)	B)	C)	D)		E)	F)
Konzern - Bank	Konzern-Bilanzsumme in Mio. EUR	Konzern-Eigenkapital zur Konzern-Bilanzsumme	Eigenkapital-Quote	publizierte Kernkapital-Quote in %	errechnete Konzern Bilanzsumme auf Basis publizierte Kernkapitalquote	Differenz B abzüglich E = Aktiva „ohne Risiko"(??)
Deutsche Bank	2.012.329	54.410	2,70	11,40	477.281	1.535.048
Commerzbank	635.878	27.034	4,25	13,10	206.366	429.512
Unikredit (Hypovereinsbank)	348.300	23.269	6,68	17,40	133.730	214.570
BayernLB	231.918	12.988	5,60	18,40	70.587	161.331
NordLB	225.550	7.700	3,41	10,85	70.968	154.582
LBBW	336.326	20.037	5,96	15,30	130.961	205.365
Hessen LB	199.301	6.817	3,42	11,60	58.767	140.534
HSH Nordbank	130.606	5.272	4,04	12,30	42.862	87.744
DZ-Bank	407.236	12.641	3,10	13,60	92.949	314.287
WGZ	50.729	2.143	4,22	15,10	14.192	36.537
IKB (30.09.2012)	31.090	1.340	4,31	9,40	14.255	16.835
HRE	168.977	6.240	3,69	31,20	20.000	148.977
insgesamt:	**4.778.240**	**179.891**	**3,76**	**13,50**	**1.332.917**	**3.445.323**

Diese Eruierung der risikoadäquaten Aktiva der größten Banken in Deutschland ergibt bei einer zusammengefassten Bilanzsumme von € 4,778 Billionen somit eine risikolose Aktiva (= risikolose Vermögenswerte) in deren Bankbilanzen in Höhe von € 3,445 Billionen, d. h. rd. 72 % der zusammengefassten Bilanzsumme sind somit ohne Risiko.

Das mag glauben wer will, m.E. ist das utopisch. Unterstrichen wird dieser Unsinn mit der Kernkapitalquote von 31,2 % der HRE (Hypo Real Estate), der Pleitebank in Deutschland schlechthin, bei der rd. € 149 Milliarden bei einer Bilanzsumme von rd. € 169 Milliarden ohne Risiko sein sollen. Warum musste sie dann vom Staat übernommen werden?

Hierbei nicht enthalten sind die wichtigen und nicht weg zu denkenden Sparkassen und Volksbanken, welche zusammengefasst eine Bilanzsumme von € 1,856 Billionen (Sparkassen € 1.106 Milliarden / Volksbanken € 750 Milliarden) ergeben. Legt man auch hier die Quote von 72 % der „risikolosen Aktiva zugrunde angesichts ihrer Stellung als Finanziers der Länder und Kommunen, würde dies eine Summe von € 1,336 Billionen ergeben. Rechnet man dann noch die diversen Privatbanken hinzu, muss man festhalten, dass sich in Deutschland die von den Banken errechnete risikolose Aktiva auf

rd. € 5 Billionen

errechnet.

Das ist die Zahl für Deutschland. Übersetzt man diese Summe und die Quote nur auf die Banken der europäischen Union, deren aufaddierte Bilanzsumme in etwa das 3 ½-fache des europäischen Bruttosozialproduktes (US$ 15,39 Billionen, umgerechnet in Euro 12,21 Billionen) ausmachen soll, also rd. € 43 Billionen und legt man auch hier diese utopische Quote einer risikolosen Aktiva von 72 % zugrunde, ergibt das einen Betrag von

rd. 30 Billionen,

welcher einen noch viel unruhiger werden lässt. Was passiert, wenn sich herausstellt, dass diese Werte alles andere als risikolos sind?

Mit dieser „harten" Kernkapitalquote suggerieren die Banken ein hohes Maß an Eigenkapital und damit eine gute Bankbilanz. Sogar bei Kundengesprächen, bei denen sich Banken vor Unternehmensvertretern präsentieren, wird nur von der harten Kernkapitalquote gesprochen, um damit eine gesunde Bilanzrelation vorzugeben, die nicht vorhanden ist. Andererseits nehmen sich dann die Banker heraus, die schwachen und verbesserungsbedürftigen Eigenkapitalverhältnisse des nach Kredit nachfragenden Unternehmens zu monieren. Würde man allerdings den Unternehmen eine ähnliche Bilanzierungsart zugestehen und z. B. sichere Warenbestände oder hohe Cash-Bestände oder ganz sichere Firmenimmobilien von der Bilanzsumme abziehen und bei den Firmen ebenfalls nur die „harte" Kernkapitalquote als Basis der Kreditentscheidung nehmen, würde mancher Vergleich >Bankbilanz versus Unternehmensbilanz< zu Gunsten der Unternehmensbilanz ausgehen.

Langsam scheint sich auch in der Öffentlichkeit eine Diskussion über die Kernkapitalquote in Gang zu setzen. So hat die US Einlagensicherung (FDIC) bei systemrelevanten Banken unter Nichtbeachtung der risikoadäquaten Aktiva folgende Eigenkapitalquoten zur Bilanzsumme errechnet und dieser die Kernkapitalquote gegenüber gestellt (gem. Handelsblatt vom 25.6.2013):

Bank	Eigenkapitalquote zur Bilanzsumme 1)	Kernkapitalquote 2)
Deutsche Bank (3)	1,63 %	15,13 %
Wells Fargo	7,78 %	11,75 %
Bank of China Ltd.	6,53 %	10,54 %
Standard Chartered Bank	5,77 %	13,45 %
HSBC	5,16 %	13,44 %
BBVA	4,04 %	10,77 %
Banco Santander	2,97 %	11,17 %

Société Générale	2,84 %	12,5 %
Morgan Stanley	2,55 %	17,72 %
UBS	2,52 %	21,29 %

Unterhalb dieser Aufzählung waren zu diesen Zahlen folgende Angaben aufgeführt:

1) unterstellt Bilanzierung nach IFRS, Kapital und Bilanz bereinigt um Sonderposten

2) unter Basel 1 für US-Banken und Bank of China, unter Basel 2 für Banco Santander, BBVA und Standard Chartered Bank und unter Basel 2,5 für Deutsche Bank, HSBC, Société Générale und UBS

3) Kapitalerhöhung vom April nachträglich berücksichtigt.

Allein diese Hinweise unterstreichen die Kryptographie und die Individualität der Bankenbilanzierung, kurzum aus diesen Zahlenwerken kann man einfach nicht schlau werden, eine zu positive Bilanzierung kann daher bei den Banken grundsätzlich unterstellt werden. Unterstrichen wird diese Feststellung durch bisherige Schätzungen zum Kapitalbedarf der europäischen Banken, welche zwischen 300 Milliarden und einer Billion Euro schwanken (lt. Handelsblatt v. 18.7.2013).

Nach obiger Darstellung ist die Deutsche Bank von allen internationalen Banken die am schwächsten kapitalisierte systemrelevante Bank, der FDIC-Chef Thomas Hoenig meinte sogar, dass diese „schrecklich unterkapitalisiert" wäre.

Das hat natürlich prompt eine harsche Reaktion von Herrn Fitschen ausgelöst. Es wäre ein „unerhörter Vorgang, wogegen sich die Bank zur Wehr setzen würde", sprach davon, dass eine Institution (gemeint ist die FDIC = US Einlagensicherung) zu solchen Berechnungen nicht legitimiert sei (wer dann?) und offensichtlich ein falsches Bild davon zeichne, wie die Bank Verluste „absorbieren" könne. In der Vergangenheit wies die Deutsche Bank einen Kapitalpuffer aus, der sechsmal so groß wie der schlimmste von der Bank zu erwartende Verlust war. Mittlerweile, so Fitschen, sei dieser Puffer auf das 27-fache angestiegen" (nachzulesen im Handelsblatt vom 26.6.2013).

Interessant wäre hierbei von Herrn Fitschen zu erfahren, woraus sich dieser 27-fache Kapitalpuffer ergibt? Welche intransparente Derivate hier eingesetzt wurden und wer diese Derivate in seinem Depot hat, bzw. wer diese Risiken übernommen hat?

Ein Blick zurück auf bereits erwähnte Fakten relativiert diese Aussagen von Herrn Fitschen doch sehr. Die Finanzaktiva dieses Geldhauses sind durch umfangreiche Derivate abgesichert. Wäre z. B. während der Finanzkrise die AIG vom amerikanischen Staat nicht gerettet worden, wäre der schon damals aufgeblähte Derivatemarkt in sich völlig zusammengebrochen und hätte somit auch der Deutsche Bank eine übergroße Bredouille beschert. Beim nächsten Finanzcrash, der sich leider immer mehr abzeichnet (Frage ist nur wann), wird sich dann zeigen, ob die Kaskade der Derivateabsicherungen hält, was sie versprechen.

Außerdem stehen immer noch im Raum diverse Anschuldigungen in Sachen weiche Bilanzierung von Risiken in erheblicher Größenordnung, die immer wieder aufleben. Darüber hinaus lässt die in diesem Jahr installierte „Abbaubank", in welcher „nicht mehr zum Kerngeschäft gehörende (toxische) Wertpapiere" im „Wert" von € 125 Milliarden ausgelagert wurden, die vergangene Bilanzierung doch sehr skeptisch erscheinen, zumal diese der Bank noch hohe Verluste bringen sollen.

Diese hohe Intransparenz der Bankbilanzen hat mittlerweile auch die Großanleger wie Investment-, Hedge- und Pensionsfonds auf den Plan gebracht und diese fordern daher eine Begrenzung der Beratungsaufträge der Wirtschaftsprüfer und eine Zwangsrotation nach 5 bis max. 15 Jahren bei den Wirtschaftsprüfern einzuführen zum Zwecke der besseren Transparenz. Die Vorschläge der EU-Kommission gehen von einer Zwangsrotation von 6 Jahren aus.

Diese Bilanzkryptographie ist auch der Grund vieler Fondsmanager, Bankaktien zu meiden. Lt. Fondsmanager Charles Montanaro vom Fondshaus

Montanaro sind diese Unternehmen eher undurchsichtig und machen es daher schwer, sie mit einem gewissen Grad an Sicherheit zu bewerten. Ähnliches äußerten auch Vertreter von Allianz Global und der französischen Comgest (lt. Handelsblatt).

Das wird umso dringlicher und befeuert diese Forderungen, nachdem die europäischen Finanzminister jetzt eine Kaskade der Haftungen im Falle eines Bankenzusammenbruchs aufgestellt haben, der wie folgt aussieht:

- Haftung Nr. 1: die Eigentümer, bzw. die Aktionäre einer Bank

- Haftung Nr. 2: die Gläubiger der Bank, die der Bank Fremdkapital zur Verfügung gestellt haben, d. h. Anleihen u.ä. gezeichnet haben.

- Haftung Nr. 3: die großen Einleger, bzw. Sparer mit Einlagen über € 100.000, verschont bleiben sollen nur die Sparer mit Einlagen unter € 100.000 (Anmerkung: was abzuwarten bleibt und irgendwann die Nr. 4 der Haftungskaskade werden wird)

Mit dieser Haftungsreihe will man zwar künftig die Steuerzahler nicht mehr in die Pflicht nehmen, jedoch wird dabei vergessen, dass die hier künftig in die Pflicht zu nehmenden Haftenden auch Steuerzahler sind und zwar die leistungsfähigen.

Jetzt fragt sich daher nur, wie sich künftig das Einlagengeschäft der Banken entwickeln wird, welches notwendig ist zur Refinanzierung des Kreditgeschäftes. Jeder Einleger, der über € 100.000 zur Verfügung hat, wird entweder sein Vermögen auf unterschiedliche Banken verteilen oder es bar in den Tresor legen

oder – das ist meine Vermutung – dadurch in höher verzinsliche und meistens strukturierte Finanzprodukte gelockt werden, welches eine Fortsetzung der Niedrigzinspolitik und der Absicht des italienischen Investmentbankers Draghi wäre, womit man sukzessive den gesamten Finanzschrott auf die Anleger und Bürger verteilen wird.

Insofern werden die Banken früher oder später und sukzessive erhebliche Probleme bei der Refinanzierung bekommen und Bankaktien nebst Bankanleihen werden nur noch der Gegenstand von spitzen Fingern werden. Woher die Banken die Mittel für das Kreditgeschäft bekommen sollen, haben diese Finanzminister nicht beantwortet. Oder steht uns eine konzertierte Aktion in Sachen Banksanierung in der EU bevor?

Betrachtet man das gesetzlich erlaubte Vorgaukeln einer seriösen Kapitalausstattung der Banken über die neue Kreation von „hartem Kernkapital", womit man Sparer in die jeweiligen Häuser und damit in ein nicht kalkulierbares Anlagerisiko zum Zwecke der Sanierung von Banken locken will und die Freizeichnung der Haftung der Bankvorstände durch die Beschlüsse der Finanzminister über die Haftungskaskade, sieht man wiederum ganz klar, wie die Politik in die Hände der Finanzindustrie spielt, beide sich somit jeweils auf das Pferd helfen, bzw. ergänzen.

Die Kreation „hartes Kernkapital" hat man im Wesentlichen den Banken nur zu dem Zweck eines erhöhten Kaufs von Staatsanleihen und damit zur Unterstützung der Ausgabenbedürfnisse der Politik zugestanden und das weltweit. Ich erinnere mich noch an Aussagen ehemaliger Dresdner Bankvorstände, welche die wichtigen Kreditabteilungen und damit das Risikomanagement aus Kostengründen zurückfuhren und das damit begründeten, dass durch den Kauf von Staatsanleihen höhere Margen zu erzielen wären, als im Kreditgeschäft.

Letztlich zeichnet sich hier wieder ein weiteres perfides Spiel der Ausbeutung und Ausplünderung der Bürger ab, die nur dem Staat und den Banken und deren oberste Vertreter zugutekommt.

Eigentlich ist dieses wichtige Feld der Bankbilanzierung unreguliert und jeder kann auf diesem Feld spielen, wie er will. Andererseits verlangen die Banken von ihren Kreditkunden eine äußerst hohe Transparenz bezüglich der aktuellen Unternehmens- / und Einkommensentwicklung, selber können oder wollen sie diese nicht liefern.

Wenn ich für meine Mandanten die Konditionen für Festgelder abfrage und dabei aktuelle Zahlen zum Geschäftsverlauf der Bank in Form einer monatlichen BWA einfordere, begegnet mir breites Unverständnis, wie ich doch nur so etwas fordern könne. Eine Privatbank hat sich sogar geweigert, mir die Bilanz auszuhändigen und diesen fehlenden Einblick und die damit nicht belegte Bonität mit dem mündlichen Hinweis, dass ein Scheich xy in das Bankhaus eingestiegen wäre, versucht zu neutralisieren. Verkehrte Welt!

Jedem ist klar, dass sich das Geschäftsgebaren der Banken verändern muss, selbst die Banken sprechen von einem Kulturwandel, interpretieren diesen aber anders. Die Frage ist nur, wie man aus diesem Teufelskreis heraus kommt?

Der überwiegende Teil der Finanzindustrie hat eines gemeinsam, nämlich die Produktion von Finanzprodukten zur Finanzierung aller möglichen Projekte, zum Abdrücken von Kreditrisiken, welche die ursprünglichen Kreditgeber selbst nicht mehr in ihren Bilanzen haben wollen und verkauft diese auch. Damit sind Betrügereien, insbesondere die des grauen Kapitalmarktes Tür und Tor geöffnet. Auch kann man sich die Frage stellen, ob die strukturierten Finanzprodukte, welche letztlich eine Benachteiligung der Anleger zugunsten der Finanzprodukthersteller zur Folge haben, nicht auch in diesen grauen und sehr fraglichen Kapitalmarkt einordnen kann oder auch muss.

Diese geschilderte Situation auf dem Finanzmarkt ist genauso, als würde man als Kranker zu einem Pharmavertreter gehen und ihn um die richtige Arznei zur Behebung seiner Krankheit bitten. Dass dieser dann natürlich nur das für ihn günstigste dem Kranken verkauft, ist somit verständlich und höchst wahrscheinlich. Ob es dann der Gesundheit dient, bleibt fraglich.

Bei diesem Beispiel ist aber der Unterschied der, dass die Produkte des Pharmavertreters einen umfangreichen Zulassungsprozess durchlaufen, bei den strukturierten Finanzprodukten dies aber immer noch nicht der Fall ist. Die Prüfungen der Bafin beschränken sich nur auf die Einhaltung von Rahmenbedingungen, die Überprüfung des Risikos gehört nicht zu ihren Aufgaben.

Ich hatte vor Jahren in 2005, also vor der Finanzkrise, Herrn Friedhelm Repnik, damaliger Geschäftsführer der landeseigenen Staatlichen Toto-Lotto GmbH Baden Württemberg, gefragt, welche Empfehlungen er Lottogewinnern, die auch damals schon größere achtstellige Gewinne einstreichen konnten, geben würde.

Seine Antwort darauf war für mich damals bezeichnend. Er würde diesen Gewinnern empfehlen, eine Woche Urlaub zu machen und dann alle möglichen Banken abklappern und sich dann das beste Angebot heraus suchen.

Ich war schlichtweg entsetzt und das ließ ich auch Herrn Repnik spüren, bzw. habe ihm dringend von solchen Empfehlungen abgeraten, da mir das Geschäftsgebaren der Banken damals schon bekannt und sehr sauer aufgestoßen war. Außerdem, wie soll ein in Finanzdingen unerfahrener Bürger die für sich beste Anlagemöglichkeit aussuchen. Er kann es ja aufgrund der hohen Komplexität nicht einmal richtig beurteilen.

Es zeigt aber auch, wie ahnungslos die Politiker damals waren. Herr Repnik hatte den Beruf eines Apothekers gelernt und wurde 1988 in den Landtag von Baden-Württemberg gewählt, dem er bis 2006 angehörte und ab 1998 bis 2004 als Sozialminister fungierte. Wie soll ein in der Vermögensanlage nicht ausgebildeter Politiker und Apotheker mit einer ganz anderen Berufsausbildung dies auch anders wissen?

Kapitel 12

Wie soll man anlegen?

Was soll nun ein in Finanzdingen unbedarfter Anleger oder jemand, der unverhofft, sei es über einen Lottogewinn oder Erbschaft oder sonst wie zu viel Geld gekommen ist, mit seinem Geld machen?

Das gilt insbesondere auch für die Fußballspieler der ersten und zweiten Bundesliga, die in jungen Jahren zu immens viel Geld kommen, sich zumeist in den Fängen ihrer in Anlagedingen völlig ahnungslosen Spielervermittler (da meistens früher selbst Fußballer gewesen) und deren „Beziehungen" zur Anlagenvermittlungsbranche befinden und somit regelrecht abgezockt werden. Das Schicksal von Gerd Müller und vieler anderer berühmter und nunmehr in die Jahre gekommener Fußballer ist ein deutlicher Beleg für diese Vermögensverlagerungen. Bei dem hohen Gesamteinkommen der ersten Bundesligaspieler von über einer Milliarde Euro pro Jahr, bzw. von über € 200 Millionen Gesamteinkommen pro Jahr der zweiten Bundesligaspieler kann es keinen wundern.

Wundern kann es einen nur, wenn Fußballspieler laufender oder ehemaliger Natur für die Bankenwerbung eingesetzt werden. So geschehen bei Günter Netzer, der für den dbi-Fonds seine starke Lippe riskiert hatte (mich würde interessieren, wie viel Geld er mit diesem Fonds verloren hat) oder auch Felix Magath, der sein fußballerischer Talent für die Werbung von hoch komplexen Derivaten eingesetzt hatte. Meine briefliche Anfrage, ob er denn wirklich wisse, was hinter diesen Derivaten stecke (ich meinte damit die Wahrscheinlichkeitsrechnungen), wurde mir mit einer sehr unwirschen Antwort, er wisse schon was er tue, beantwortet. Mir scheinen hier Zweifel angebracht zu sein.

Ich vermute, dass die Banken mit diesen Werbeikonen das ahnungslose Klientel der Fußballer im Visier haben nach dem Motto, wenn der erfolgreiche Fußballer das macht, wird es schon richtig sein.

Was kann man gegen diese breit angelegte Ausbeutung der eigenen Vermögenssubstanz unternehmen?

Zuerst sollte jeder Anleger einige Grundsätze überdenken und sich über einige Umstände klar werden.

Grundsätze:

Grundsatz 1:

Ein jeder Anleger sollte zunächst folgende Fragen klären:

- Wie viel benötige ich von meinem Einkommen oder dem gewonnenen Geld für die Deckung meines laufenden Lebensunterhaltes?
- Wie viel davon kann ich langfristig anlegen?

Grundsatz 2:

Nach Festlegung des (langfristigen) Anlagekapitals wären zwei weitere Grundsätze zu klären:

- Soll der Anlagebetrag seriös, also zumindest Kapital erhaltend angelegt werden, d. h. in einer Art und Weise, welche die Rückzahlung des angelegten Geld inkl. Zinsen und daraus erwirtschafteter Erträge mit sehr hoher Wahrscheinlichkeit gewährleistet mit dem Nachteil einer geringeren Rendite (hierbei soll man sich aber durch die permanenten Hinweise, dass das Kapital durch die höhere Inflation aufgefressen wird nicht verrückt machen lassen / kein Zinsniveau bleibt so wie es ist) oder

- bin ich bereit, diesen Anlagebetrag einem Risiko auszusetzen, d. h. in einer Art und Weise. welche die Rückzahlung des angelegten Geldes **nicht** gewährleistet mit dem Vorteil (aber vermutliche geringen Wahrscheinlichkeit) einer evtl. höheren Rendite, und dem Nachteil eines Kapitalverlustes, wobei der Rest dann auch noch der Inflation ausgesetzt ist.

- Ganz wichtig, vertraue ich strukturierten Finanzprodukten oder lege ich grundsätzlich nur in direkte Wertpapiere an.

Oder anders ausgedrückt

- will ich Chancen wahrnehmen und damit (sehr wahrscheinlich hohe) Risiken eingehen oder
- will ich auf die Chancen verzichten und damit auch keine Risiken eingehen

Auf Basis dieser Entscheidungen kann dann eine Vermögensstrategie, zugeschnitten auf die persönliche Risikobereitschaft des Anlegers formuliert werden. Hierbei sollte man den ehernen Grundsatz oder das „finanzphysikalische Gesetz" nicht vergessen, der da lautet: „Je höher die Rendite, desto höher ist das Risiko".

Jetzt gibt es zum Thema seriöse Anlage und Risiko einer Anlage sehr viele und auch gegensätzliche Meinungen. Grundsätzlich gilt, dass derjenige, welcher am Verkauf des Finanzproduktes daran über entsprechende Provisionszahlungen auch verdient, d. h. vom Finanzprodukthersteller dafür bezahlt wird und damit seinen Lebensunterhalt bestreitet, naturgemäß das Risiko seines Anlageproduktes herunter spielen und versuchen wird, es so lächerlich klein wie möglich zu machen, bzw. daraus auch ein seriöses Anlageprodukt zu kreieren.

Diese Vorgehensweise findet man leider sehr häufig bei allen Banken, Volksbanken und Sparkassen, da kann ich erfahrungsgemäß keinen ausnehmen, und bei Vertriebsorganisationen für solche Produkte.

Auch hier gilt grundsätzlich, dass die Finanzprodukte, die am meisten angepriesen oder in den Vordergrund gestellt werden, für den Anpreisenden oder Verkäufer die höchste Provision einbringen. Man muss aber hierzu wissen, dass gerade diese Produkte mit den höchsten Provisionseinnahmen für die Verkäufer die Finanzprodukte mit den höchsten Risiken sind. Die Finanzprodukthersteller = u. a. die Investmentbanken schaffen damit einen erhöhten Vertriebsanreiz.

In einem solchen Fall einer „seriösen" Anlage legte mir ein Mandant ein Angebot eines Finanzvertriebes vor, welcher zwecks Streuung des Vermögens in unterschiedliche Immobilien ein Drittel in gewerbliche Immobilien, das zweite Drittel in wohnwirtschaftliche genutzte Immobilien und das letzte Drittel in eine „solide" Beteiligung an einem Immobilienunternehmen vorgeschlagen hatte.

Bei näherer Betrachtung stellte sich dann heraus, dass sich diese Streuung des Anlagebetrages nur auf ein Gebäude mit über 150 Wohneinheiten in Massenbauweise in Berlin erstreckte. Die gewerblichen Immobilien betrafen einige Geschäfte im Erdgeschoß dieses einen Wohnbunkers, die wohnwirtschaftlichen Immobilien betrafen die Wohnungen darüber und die Unternehmensbeteiligung bezog sich auf eine Immobilienfirma des die Immobilie erstellten Bauträgers, welcher die nicht verkäuflichen Wohneinheiten in den eigenen Bestand nahm. Seriöse Anlage?

Allein dieses Beispiel zeigt, wie komplex die Anlageprodukte geworden sind, letztlich eine entsprechende z. T. umfangreiche Recherchearbeit bedingen, um die bei strukturierten Anlageprodukten dahinter stehende Benachteiligung der Anleger, man könnte es auch Betrugsabsichten nennen, zu vermeiden. Gerade diese Komplexität eröffnet den cleveren Betrügern alle Türen, gegen die sich der nicht informierte Anleger nur durch seriöse Beratungsleistungen Dritter schützen kann.

Grundsatz 3:

Hat der Anleger die objektive Beratung durch eine Bank, eine Versicherungsgesellschaft oder einem ihrer Vertreter oder durch einem Finanzvertrieb verworfen, ist der Anleger am besten damit bedient, einen Anlagefachmann, <u>der kein Interesse am Verkauf irgendwelcher Finanzprodukte hat</u>, zu engagieren, der diese Fragen professionell und objektiv analysieren und beantworten kann.

<u>Ganz wichtige Voraussetzung hierfür ist allerdings, dass der Anleger diesen Fachmann selbst bezahlt und somit dieser nicht durch irgendwelche Vermittlungsprovisionen von seinem objektiven Urteil beeinflusst wird. Dies müsste der Anleger explizit hinterfragen. Eine solche Beratung nennt man Honorarberatung.</u>

Diese in Deutschland noch nicht so gängige Dienstleistung wird von vielen Anlegern als zu teuer empfunden, zumal die Banken diese vermeintlich umsonst liefern. Bei genauer Betrachtung entspricht dieser Vergleich aber auf keinen Fall der Realität. Eine seriöse Honorarberatung ist im Endergebnis deutlich günstiger, als die Beratung und der Verkauf der strukturierten Finanzprodukte über die Finanzindustrie. Ich möchte hier nur an die hohen Gebühren und Provisionen für die strukturierten Finanzprodukte, welche ich in den vorgehenden Kapiteln beschrieben habe, verweisen.

Mit einem Beispiel aus der Praxis kann ich das wie folgt belegen.

Auf Empfehlung eines Mandanten befragte mich ein Kapitalanleger nach meinen Stundensatz für eine Anlageberatung. Er hätte € 100.000 anzulegen und er wüsste nicht wie.

Ich nannte ihm meinen Stundensatz von € 140,-- zzgl. Mehrwertsteuer, worauf das Telefongespräch sein Ende fand. Vermutlich war ihm der Preis zu hoch.

Neugierig geworden, wie er denn angelegt hat, befragte ich ihn einige Wochen später danach. Er antwortete mir dann ganz begeistert, dass er ein ganz tolles Produkt von seiner Bank angeboten bekommen hätte und auf welches er daraufhin zurückgegriffen hatte. Ich bat um Angabe der Wertpapierkenn-Nr. (WKN), die er mir bereitwillig gab.

Meine Recherchen ergaben dann einen Aktienfonds in US$ von J.P. Morgan, welcher beim Kauf mit einem Ausgabeaufschlag von 5 % und einer Managementfee von 2 % p.a. belastet ist. Das bedeutet, dass die Beratung der Bank einen Preis von US$ 5.000 gekostet hat sowie ihm jährlich noch weitere US$ 2.000 kosten wird. Dagegen standen meine € 140,- zzgl. MWST, vielleicht auch etwas mehr. Allerdings hätte er von mir kein so risikoreiches Wertpapier (Währungsrisiko/ Aktienrisiko/ Emittentenrisiko/ Gebührenrisiko/ Fondsrisiko) empfohlen bekommen.

Die Honorarberatung darf aber nicht verwechselt werden mit an Banken vergebene Vermögensverwaltungsmandate, für die der Anleger bis zu 1,5 % seines Vermögens pro Jahr bezahlt und dann feststellen muss, dass dieses Depot evtl. durchsäht ist mit eigenen oder auch fremden Fonds, die selbst schon Vermögensverwaltungen darstellen, oder sonstigen strukturierten Finanzprodukten nur mit dem einen Ziel, der Bank die eigene Refinanzierung zu begünstigen oder noch weitere Ertragsmöglichkeiten außerhalb des Gesichtsfeldes des Anlegers generieren zu können. Solche Mandate sind richtige Goldadern für Banken, allerdings auf dem Risikorücken des Anlegers.

Aber auch hier ist ein wesentliches Kriterium für die Professionalität dieser Beratungsart eine entsprechende Kreditexpertise, die den Honorarberater dazu befähigt, Bilanzen und Gewinn- und Verlustrechnungen lesen zu können. Eine nur auf Produktkenntnisse aufgebaute Expertise und Entwicklungen nach hören und sagen zu beurteilen, wie bei den Bankberatern oder den aus anderen Berufen rekrutierten Vertriebsmannschaften der Finanzproduktvertriebsgesellschaften, reicht hierfür keineswegs aus. Darüber hinaus sollte dieser Fachmann über langjährige, wenn nicht sogar jahrzehntelange Erfahrungen im Finanzbereich einer Bank oder auch aus der Wirtschaft verfügen, viele Krisen erlebt und daraus auch entsprechende Schlüsse gezogen haben.

Junge, gut aussehende, rhetorisch gut bewanderte und schick gekleidete Vertriebsleute in der Uniform der Investmentbanker ohne diese Erfahrungswerte richten hier nur Chaos und Vermögensverluste an.

Die Banken, welche den meisten Anlegern – wie Herr Repnik – als mögliche Beratungspartner einfallen und die Versicherungsgesellschaften sowie die aufdringlichen Finanzvertriebe sind solche Institutionen, denen man keine objektive Beratung unterstellen kann. Entweder vertreiben sie ihre eigenen Finanzprodukte und haben somit großes Interesse an diesem Verkauf oder sie vertreiben die Finanzprodukte Dritter gegen entsprechende Provisionen zur Forcierung des Verkaufs und ihrer Provisionseinnahmen.

Je höher diese Provision ist, umso eher wird ein solcher Berater schwach werden und sogar seine Hand dafür ins Feuer legen oder sogar angeben, dass er dieses Produkte auch seinen Enkeln als Grundstock für deren finanzielle Existenz gekauft hätte usw.

Zwar gibt es zwischenzeitlich auch Banken, welche für ihre Dienstleistungen Honorare, u. a. auch Beteiligungen am Ertrag (nicht aber am Verlust!!!!), verlangen und daher nicht über Provisionen bezahlt werden (wird zumindest nach außen so verkauft). Allerdings habe ich insbesondere bei deren Vermögensverwaltungsmandaten bemerkt, dass die Transaktionen pro Quartal extrem hoch waren (Transaktionsgebühren?) und sich dennoch strukturierte Produkte – als Beimischung (!!??) – eingeschlichen hatten, so dass ich nicht ganz das Gefühl loswerden konnte, dass in deren Hinterkopf doch die damit verbundenen Provisionen dieser Emittenten eine Rolle gespielt haben.

Zur Ehre meiner alten Bankerkollegen möchte ich aber keinesfalls ausschließen, dass es hier immer noch ehrliche, im Interesse des Kunden handelnde Berater gibt. Diese Spezies sind aber sicherlich nur noch vereinzelt vorhanden und dürften es auch äußerst schwer haben, sich dem allgemeinen Vertriebsdruck dieser Institute zu entziehen. Meistens sind es solche Berater, die kurz vor der Pensionierung stehen und sich mit Rückgrat gegen diesen unlauteren Finanzproduktverkauf stemmen. Deren Halbwertszeit ist aber absehbar und sie verschwinden erfahrungsgemäß in irgendwelchen Vorruhestandsvereinbarungen.

Langsam in Mode kommen auch Banken mit einem ethischen Anspruch, d. h. Verkauf von Finanzprodukten und Vermögensberatung auf der Basis von ethischen Grundsätzen, welches eine Benachteiligung der Kunden ausschließen soll. Betrachtet man aber dann deren angebotenes Produktportfolio, stößt man ebenso auf das Sammelsurium von strukturierten Finanzprodukten, d. h. auf Fonds jedoch mit grünem, umweltpolitischem und waffenfreiem Anstrich, die Benachteiligung der Anleger mit hohen und versteckten Kosten bleibt aber unverändert. Und ob dann damit auch dieser ethische Anlageanspruch erfüllt wird, lässt sich bei der Masse der Anlageprodukte in den wesentlichsten Fällen nicht nachvollziehen. Es erinnert einen fatal an die Biobauern, die keine sind.

Eine in Deutschland noch unbekannte, aber sehr dynamisch wachsende Branche, stellen die so genannten Family Offices dar, die insbesondere bei sehr großen Vermögen engagiert werden.

Reichtum ist für viele ein großer Wunschtraum, für andere wiederum ein großer Alptraum. Reichtum produziert eine Menge von Unterlagen, seien es Bankauszüge, Depotauszüge, Schriftverkehr mit den Mietern der vermieteten Wohnungen usw., die gesichtet, auf Risiken überprüft und vor allem abgelegt werden müssen.

Jetzt kann sich jeder Leser einmal fragen, wie viele Unterlagen er im Zusammenhang mit seinem Vermögen wöchentlich bekommt und setzt das in Bezug auf sein geschätztes Vermögen.

Angenommen, sein Gesamtvermögen nimmt eine Größenordnung von € 500.000 ein, aufgeteilt in eine Eigentumswohnung (Wert € 300.000) und Wertpapiere und Kontoguthaben (€ 200.000). Dieses schon ansehnliche Vermögen wird den Vermögensinhaber pro Woche mit eingehender Sichtung und ordentlicher Ablage mindestens eine Stunde seiner Freizeit kosten, sollten die Wertpapiere von der Bank auf eine Vielzahl von strukturierten Finanzprodukten aufgeteilt – wie das jetzt aus „Diversifikationsgründen" (anderes Wort für deren erhöhtes „Ertragsaufkommen") üblich ist – und im Jahr mehrmals verkauft werden, könnten aus der einen Stunde sehr schnell zwei werden, zumal die Banken es sehr lieben, Unterlagen zu produzieren, die in ihrem Aufbau komplex sind und zu allererst eine Runde des Studiums zwecks Erfassung der Grundstruktur dieser Unterlagen bedürfen, damit man sie versteht.

Aber bleiben wir bei dieser einen Stunde als Parameter für die folgenden Ausführungen.

Hat der Vermögensinhaber nunmehr ein Vermögen von € 1 Mio., würden es etwa 1 ½ bis 2 Stunden pro Woche für diese Verwaltungsarbeit sein (pro Jahr etwa 75 Stunden), bei € 10 Mio. wären es dann etwa 8 bis 10 Stunden pro Woche (rd. 400 Stunden pro Jahr), bei € 50 Mio. dann etwa 30 bis 40 Stunden (rd. 1.560 Stunden pro Jahr), bei € 100 Mio. kämen wir dann schon auf 50 bis 60 Stunden pro Woche.

Quotal kann man die aufgebrachte Zeit hierfür an der Höhe des Vermögens nicht hochrechnen, da es abhängig ist von der komplexen oder nicht komplexen Aufteilung des Vermögens.

Die Aufzählung dieses Arbeitsaufwandes zeigt aber, dass große Vermögen nicht einfach so nebenbei vom Vermögensinhaber selbst beaufsichtigt werden können, besonders dann, wenn seine berufliche Ausbildung nur sehr wenig mit den komplexen Finanzanlagegeschäften in Berührung kam.

In solchen Fällen werden dann professionelle Family Offices (FO) engagiert, welche solche großen Vermögen von ganzen Familie betreuen und verwalten und sich um die vielen Belange rund um das Vermögen kümmern. Diese sind im Wesentlichen:

- Kontrolle/Beaufsichtigung der mit dem Vermögen betrauten Fachleute wie

- Vermögensverwalter und deren verwaltete Depots, d. h. das FO überwacht deren Aktionen/Transaktionen und die Einhaltung der formulierten/vorgegebenen Anlagestrategie, hinterfragt die Anlageentscheidungen und versucht, die Geschäfte dieser Vermögensverwalter aus dem Gesichtsfeld des Anlegers zu unterbinden sowie

- Kontrolle / Beaufsichtigung der Bankberater und die ihnen anvertrauten Wertpapierdepots, damit auch dort die formulierte Anlagestrategie eingehalten wird.

- Gleichzeitig werden die Entwicklungen der Investments laufend überprüft, um bei entsprechenden Bewegungen nach oben oder nach unten flexibel reagieren zu können.

- Das FO kümmert sich um das Immobilienvermögen mit allen Problemen von der Hausverwaltung (Kontrolle der Hausverwalter) bis zur Suche nach neuen Mietern und zeichnet verantwortlich für die umfangreichen Vor- und Nacharbeiten bei Kauf- und Verkauf von Immobilien.

- Werden Immobilien oder Firmenbeteiligungen gekauft, macht es manchmal Sinn, hierfür einen Kredit aufzunehmen. Auch für dieses Prozedere und dem dahinter stehenden sehr zeitaufwändigem Formalismus mit den Banken zeichnet ein FO verantwortlich.

Die hier aufgezeigten Tätigkeiten sind nur ein kleiner Abriss der sehr umfangreichen Arbeiten eines FO`s und können somit die Vermögensbetreuung aller Familienmitglieder umfassen. Allein jeder der hier aufgezeigten Stichpunkte kann für sich genommen schon einen riesigen Arbeitsaufwand bedeuten.

Grundsätzlich bleibt aber festzuhalten, dass ein Family Office über langjährige Expertisen in verschiedenen Bereichen der Vermögensanlage verfügen muss und zwar wie folgt:

- Im Kreditgeschäft und in der Analyse von Bilanzen inklusive Gewinn und Verlustrechnungen, da der Vermögensinhaber wie öfters dargelegt, stets als Kreditgeber auftritt.

- Im wichtigen Beteiligungsbereich, um evtl. zu übernehmende Firmen und deren Chancen und Risiken auch beurteilen zu können.

- Im Wertpapiergeschäft sind umfangreiche Finanzproduktkenntnissen nicht wegzudenkende Pflicht, um deren Risiken auch beurteilen zu können.

- Im Immobiliengeschäft und damit im Grundbuchrecht, um auch die vertraglichen Bestimmungen und deren Auswirkungen beim Kauf oder Verkauf von Immobilien ermessen zu können,

- Die Strukturen der Banken, deren Verkaufsgepflogenheiten sowie deren Denke, Nöte und Verhaltensweisen sollten auf jeden Fall geläufig sein, um die Vorstellungen des Vermögensinhabers auch durchsetzen zu können.

- In rechtlichen Dingen sollten zumindest Grundkenntnisse vorhanden sein, um den richtigen Weg für tiefer gehende Problemfälle und damit den richtigen professionellen Juristen einschalten zu können.

- Dies gilt auch für das Steuerrecht, um auch hier den richtigen Weg für den üblicherweise dem Vermögensinhaber und dem Family Office zur Seite stehenden Steuerberater einschlagen zu können.

- Wichtig sind auch breit angelegte Kenntnisse im Buchhaltungswesen.

- Es muss ein hoher Ordnungssinn für die Ablage der umfangreichen Unterlagen vorhanden sein, damit diese jederzeit schnell greifbar zur Verfügung stehen.

Ganz wichtig hierbei ist eine integre und ehrliche Persönlichkeit mit Rückgrat des Family Officers, damit dieser auch vom Vermögensinhaber akzeptiert wird und seine Analysen somit Gewicht bekommen.

Kurzum, ein Family Office sollte in allen Gebieten über ein breites Fachwissen verfügen, um auch mit den notwendigen Fachleuten im juristischen und steuerlichen Bereich zumindest in den Grundzügen mitreden zu können.

Letztlich kann man ein Family Office als persönlichen Sekretär mit einer entsprechenden Finanzlogistik aus Finanzfachleuten des Vermögensinhabers oder als Revisor seines Vermögens betrachten. Die Basis dieser Arbeit ist ein hohes Vertrauensverhältnis zwischen Vermögensinhaber und Family Office, das zu erhalten täglich eine enorme Leistung bedeutet und jeden Tag durch entsprechend positive Ergebnisse verdient werden muss. Einmal ein risikoreiches und dann verlustträchtiges Anlagegeschäft empfohlen und das Family Office kann seinen Hut nehmen.

Man muss daher davon ausgehen, dass ein seriöses und seine Arbeit sehr ernst zu nehmendes Family Office das Vermögen seiner Mandanten wie sein eigenes betrachtet und das primäre Ziel haben muss, dieses in seiner Größe und Wertigkeit zumindest zu erhalten.

Bei den Family Offices gibt es drei unterschiedliche Arten, nämlich das Single Family Office, das Multi Family Office und das Multi Family Office mit Bankhintergrund, d. h. der Gesellschafter dieses Family Offices ist eine Bank.

Single Family Office:

Diese Form eines Family Office betreut nur eine Familie und deren Vermögen. Diese trifft man bei sehr großen Vermögen im zehn- und elfstelligen + x- Bereich an und setzt sich dann meistens aus mehreren Finanzfachleuten aus unterschiedlichen Fachrichtungen zusammen. Aber auch bei achtstelligen Vermögen findet man diese häufig, und zudem nur mit einer Person besetzt.

Die Mitglieder eines Single Family Office haben somit nur einen Arbeitgeber, geraten damit in ein Angestellten- und Abhängigkeitsverhältnis zum Vermögensinhaber und seinen Launen. Je nach Persönlichkeit, Freundschaften und Egomanien des Vermögensinhabers wird sein Family Office es kaum wagen, dieser Mischung aus Wünschen und Ansprüchen, insbesondere aus „Freundschaftsbeziehungen", zu widersprechen und ihm daher eher seinen Launen und seinen Beziehungsgeflechten entgegenkommen wollen, bzw. seine Analysen diesem Niveau eher anpassen, als losgelöst vom subjektiven Mischmasch objektiv und sachlich zu argumentieren.

Weiteres Negativum dieser Form des FO ist die Entstehung von fachlichen Scheuklappen in allen Vermögensbereichen. Nehmen wir hierfür als Beispiel die Bankkonditionen für Zahlungsverkehr, Depot- und die Transaktionsgebühren.

Anfangs werden diese bei einem guten Family Office den Marktgegebenheiten auf ein gewisses Niveau angepasst. Nach einer gewissen Zeit schießen sich dann alle vom Family Office beschäftigten Banken auf dieses Niveau ein und bieten dann nur noch auf diesem Niveau die künftigen Konditionen an. Ob das aber das für den Vermögensinhaber optimale Niveau ist, welches sich ständig ändert und die Banken sukzessive ihrer Ertragsschwelle annähern lassen, wird das Single Family Office so gut wie nie erfahren, da es wenige Vergleichsmöglichkeiten hat.

Ebenso kann man davon ausgehen, dass diesem Family Office nur die Vermögenswerte empfohlen werden, die den Vorstellungen und Wünschen des Vermögensinhabers entsprechen. Hat er eine Vorliebe für Immobilien, wird er alle möglichen Immobilien mit der von ihm gewünschten Charakteristika angeboten bekommen, seien Sie noch so schädlich für den Vermögenserhalt und das Vermögenswachstum. Dies kann man letztlich für alle Anlageklassen unterstellen, je nach Vorstellung des Vermögensinhabers.

Es fehlt somit das wichtige Regulativ einer gewichtigen Meinung zur Vermeidung von Klumpenrisiken und risikoreichen Anlageklassen.

Die weitere und sehr wichtige Frage ist hierbei auch, welche Expertise dieses Single Family Offices aufweisen kann, bzw. ob diese den oben aufgeführten Parametern entsprechen.

Erfahrungsgemäß rekrutieren sie sich aus den Buchhaltungen des Unternehmens des Vermögensinhabers, waren dort langjährig in maßgeblicher Stellung tätig und genießen somit das Vertrauen des Vermögensinhabers und kennen auch seine Launen. Ob diese Buchhaltungsexpertise aber ausreicht, das umfangreiche Vermögen zu betreuen und die Risiken daraus zu erkennen, muss sehr in Frage gestellt werden.

Anderes Beispiel. Oft kommen diese Mitglieder eines Single Family Office auch aus der Wertpapierabteilung der Bank, bei der Vermögensinhaber bisher eines seiner Depots unterhalten hatte, welches dieser betreut und ihm evtl. auch gute und ertragreiche Empfehlungen einbrachte. Dieser Wertpapierfachmann, meistens kurz vor dem Ruhestand stehend und daher über eine hohe Erfahrung im Wertpapiergeschäft verfügend, stirbt aber so langsam aus. Meistens sind dies auch Personen, die sich aufgrund ihres Rückgrates noch gegen die Anlagerestriktionen der Banken wehren konnten.

Diese Family Officer sind sicherlich bei Vermögensinhabern nur mit Wertpapiergeschäft gut aufgehoben. Solche „nur Wertpapiervermögen" gibt es aber in den seltensten Fällen, da jeder Vermögensinhaber gut beraten ist, in verschiedene Anlageklassen zu investieren. Dieser Family Officer wäre daher gut beraten, die fehlende Expertise im Kredit- und Beteiligungsgeschäft hinzuzunehmen, da ansonsten nur eine suboptimale Betreuung und Wertentwicklung des Vermögens stattfinden wird.

Bei den jüngeren Wertpapierberatern ist aber Vorsicht geboten, da diese nur über ein über oberflächliche Flyer eingetrichtertes Produktwissen verfügen und den Empfehlungen der Banken folgten, welche in den letzten Jahren alles andere als sicher und ertragreich waren. Diese Berater kann man damit an den Ertragsansprüchen der Banken als verbrannt bezeichnen. Für diese Form einer umfassenden Vermögensverwaltung sind sie daher nur schlecht geeignet, zumal diesen das Wissen aus den anderen Bereichen fehlt.

Multi Family Office:

Im Gegensatz zu einem Single Family Office werden hier mehrere Familien oder einzelne Vermögensinhaber betreut. Das Multi Family Office kommt daher mit mehreren Banken und deren Konditions- und Anlagegepflogenheiten bei unterschiedlichen Mandanten mit unterschiedlichen Vermögenszusammensetzungen in Berührung, erhält somit ein weit größeres Datenbild zu allen Konditionen und Anlagealternativen als ein Single Family Office.

Hier werden in der Regel mehrere Finanzfachleute aus unterschiedlichen Fachrichtungen beschäftigt und deren Expertisen gebündelt den Mandanten angeboten. Aufgrund des hohen Arbeitsanfalls ist eine solche Logistik letztlich unumgänglich und eine Grundbedingungen für eine professionelle Family Office Dienstleistung, bzw. lässt ein Einzelkämpferdasein und damit eine beschränkte Expertise einfach nicht zu.

Ein weiterer und damit sehr wesentlicher Vorteil dieser Konstellation ist die nicht gegebene Abhängigkeit von einem Mandanten oder von einer Familie und damit von seiner/deren Meinung und seinen/deren Launen. Es gewährleistet daher mit großer Wahrscheinlichkeit eine hohe Unabhängigkeit nicht nur auf der Einkommensseite des Family Office, sondern auch in Bezug auf eine sachliche und objektive Analyse und Meinung zu allen Themen rund um das Vermögen.

Multi Familiy Office mit Bankhintergrund:

Die Banken haben in den letzten Jahren diese Dienstleistung zunehmend in ihr Programm aufgenommen. Die Mitglieder solcher „Bank Family Offices" setzen sich im Wesentlichen aus Wertpapierfachleuten aus den Reihen der Bank zusammen, die – wie bei allen Wertpapierfachleuten – meistens über keine Krediterfahrung verfügen und auch in der Vergangenheit hauptsächlich im Wertpapiervertrieb der Bank tätig waren. Bei Problemfällen wenden sich die Mitglieder solcher Einheiten an die vorhandene Logistik der Bank (Rechtsabteilung / Steuerabteilung /Kreditabteilung usw.). Eine Vermischung von Informationen einerseits und Bankinteressen andererseits kann somit nicht ausbleiben, trotz aller Beschwörungen der Vertreter dieser Bank Family Offices.

Aus meinen bisherigen Erfahrungen mit solchen Abteilungen kann ich daher nur den Schluss ziehen, dass diese im Wesentlichen den Zweck verfolgen, als weitere Vertriebseinheit der eigenen Bankprodukte zu fungieren und das dann noch gegen eine hohe Gebühr.

Jeder Vermögensinhaber muss sich bei einem solchen Bank Family Office aber klar sein, dass es immer an die Gesellschafterin, somit an die dahinter stehende Bank, berichten muss. Welche Informationen an diese weitergegeben werden, kann ein heikles Thema werden, insbesondere dann, wenn das Unternehmen des Vermögensinhabers bei dieser Bank in einem Kreditverhältnis steht und es aufgrund konjunktureller Entwicklungen mit einer Umsatz- und Ertragsdelle zu kämpfen hat.

Außerdem erwartet die dahinterstehende Bank natürlich entsprechende Erträge und auch Vertriebserfolge, so dass eine hohe Wahrscheinlichkeit dafür besteht, dass die Ertragsmaximierung nicht im Interesse des Vermögensinhabers liegt.

In einem Family Office spielen oft auch sehr persönliche Dinge eine Rolle, die tiefergehend und deutlicher sind, als sie von Bankern wahrgenommen werden sollen. Mit der Abhängigkeit des Bank Family Offices zur sie tragenden Bank kann man somit nie sicher sein, dass solche persönlichen Daten in den Räumlichkeiten dieser Einheit verbleiben und nicht für andere Dinge wie Kreditrisikominimierung beim Unternehmen des Vermögensinhabers oder bei Unternehmensübernahmen missbraucht werden.

Somit muss sich jeder Vermögensinhaber fragen, ob er einer Bank seine intimsten finanziellen Dinge offenbaren, bzw. das Vertrauen, welches für die Arbeit eines professionellen Family Office notwendig ist, seiner Bank schenken möchte.

Ich würde davon in Kenntnis des Informationsflusses in einer Bank dringend davor abraten.

Fazit:

Bei einem Vergleich zu allen drei Arten eines Family Offices bietet das unabhängige Multi Family Office die besten und größten Vorteile für einen Vermögensinhaber, sein Vermögen optimal zu betreuen. Hierbei sollte er aber peinlichst darauf achten, wem dieses Family gehört, bzw. wie sich die Gesellschafter dieses Family Office zusammensetzen und dass diese unabhängig und nicht durch irgendwelche anderen Mandanten beeinflusst oder gesteuert werden.

Wenn das alles zutrifft, kann ein Vermögensinhaber mit hoher Wahrscheinlichkeit davon ausgehen, dass die Beratung aus solchen Einheiten einen größtmöglichen seriösen und objektiven Charakter hat, den man auch nutzen sollte.

Vermögensverwaltungen:

Die herkömmlichen Vermögensverwaltungen beschränken sich nur auf das Kaufen und Verkaufen von Wertpapieren aller Art, je nach Vereinbarung und Festlegung der Vermögensstrategie. Die Betreuung von Immobilien und anderen Vermögensteilen gehört nicht zum Aufgabengebiet einer Vermögensverwaltung, das ist wiederum die Aufgabe eines Family Office, welches die Arbeit der Vermögensverwaltungen mitunter überwacht und manchmal auch von diesen nicht gern gesehen werden, da dies meistens eine Reduzierung des eigenen Ertrags oder der erweiterten Ertragsmöglichkeiten bedeutet.

Solche Überprüfungen sind leider notwendig, da die Damen und Herren dieser Vermögensverwaltungen gerne die vereinbarte Strategie verlassen und ab- und zu doch Wertpapiere einfließen lassen, die mehr der eigenen Ertragsmaximierung gelten.

Bei den Vermögensverwaltungen muss man auch hier zwei wesentliche Arten unterscheiden, nämlich die Vermögensverwaltungen der Banken und die unabhängigen, keinem Finanzinstitut angeschlossenen Vermögensverwaltungen, die meistens in Form einer Sozietät, also mit mehreren Partnern, geführt werden.

Vermögensverwaltungen der Banken:

Vorab muss man schon jetzt ganz klar festhalten, dass diese Einheiten nur ein Ziel haben, nämlich den Ertrag für die Bank zu maximieren, die Refinanzierung der Bank auf unterschiedlichste Weise zu sichern und die strukturierten Finanzprodukte und damit die Risikoverlagerungen / Verbriefungen forciert in den Markt zu bringen. Und wenn möglich dieses Depot so oft wie möglich zu drehen, d. h. die einmal gekauften Wertpapiere innerhalb eines Jahres weitestgehend zu verkaufen, um sie durch andere zu ersetzen. Ziel dieser Vorgehensweise ist die vermehrte Generierung der dahinterstehenden Provisionen und die außerhalb des Gesichtsfeldes des Vermögensinhabers bestehenden Geschäftsmöglichkeiten zu maximieren.

Betrachtet man solche aktuellen Depots, fällt einem sofort auf, dass die Grundarten der Wertpapiere im Wesentlichen als Aktien, Anleihen und Liquidität bezeichnet sind. Allerdings weist keines der mir bisher vorgelegten Depots von Mandanten die Klassifizierung nach strukturierten Finanzprodukten, d. h. Aufteilung in Fonds oder Zertifikate aus.

Als ich einen Vertreter dieser Vertriebseinheit darauf ansprach, wollte er mich dahingehend belehren, dass nach seiner Definition ein Fonds kein strukturiertes Finanzprodukt ist (??). Es wäre ein Sondervermögen! Aha habe ich mir gedacht, und wer stellt solche Fonds zusammen? Ist die Zusammenstellung solcher Fonds nach allen möglichen Branchen, Ländern, Währungen, Aktien- oder Anleihegattungen oder ganz schlimm nach weiteren Fonds und Dachfonds und deren Selektierung, verbunden mit einer Reihe von „Absicherungsderivaten", die nur den Ertrag der die Fondsgesellschaft tragenden Bank erhöhen usw. keine Strukturierung?

Aus der Aussage dieses Bankers kann man auch schon erkennen, wie stark diese Vertriebseinheiten in die Ideologie des Investmentbankings verhaftet sind und entweder aus Pragmatismus oder aus Unwissenheit nicht mehr diesen strukturierten Mischmasch wahrnehmen oder – und das scheint mir am wahrscheinlichsten – von Ihrer Bank in Unkenntnis darüber gehalten werden, was nach Verkauf dieses strukturierten Mischmasch die Zentrale im Hintergrund damit betreibt.

Weiteres Merkmal dieser Vermögensverwaltungsmandate ist die hohe Anzahl von Wertpapieren. Im Durchschnitt werden pro Wertpapier € 30.000 bis € 50.000 investiert. Je nach Höhe des angelegten Betrages ergeben sich dadurch eine hohe Anzahl von unterschiedlichsten Wertpapieren, welche sich zudem noch je nach Interpretation der vereinbarten Vermögensstrategie meistens zur Hälfte + x in strukturierte Finanzprodukte der unterschiedlichsten Kategorien zusammensetzen. Beliebt sind immer mehr Zertifikate der individuellsten Ausprägung und Fonds auf die unterschiedlichsten Indizes.

Bei einem anzulegenden Betrag von € 1 Mio. hätte man es mit etwa 20 bis 30 unterschiedliche Wertpapieren zu tun, bei 2 Mio. wären es dann schon 40 bis 60.

Die Halbwertszeit dieser einmal im Depot befindlichen Wertpapiere beträgt erfahrungsgemäß nur einige Monate, um durch andere, teilweise in ihrer Art kaum unterschiedliche Wertpapiere wieder ersetzt zu werden. Und so weiter und so weiter.

Dies als Nichtfinanzmann zu überprüfen ist schier unmöglich, zumal die Berichterstattung über diese Transaktionen alles andere als transparent ist. Die Aufstellungen zum jeweiligen Stichtag geben je nach Bank nicht einmal die Entwicklung des entsprechenden Papiers wieder, d. h. es fehlt das Kaufdatum und evtl. auch der Währungskurs, der Zuwachs oder das Defizit fehlen oder die aufgelaufenen Stückzinsen bei investierten Anleihen.

Auch sind die zwischenzeitlich veräußerten Wertpapiere und deren Erträge oder Verluste nur über die zahlreichen Transaktionen, falls eine Liste über die erfolgten Transaktionen mitgeliefert wird, eruierbar.

Die monatlichen oder vierteljährlichen Depotaufstellungen gleichen somit manchmal einem riesengroßen Zahlenfriedhof, welchen die meisten Anleger dann einfach ablegen nach dem Motto, der ausgewiesene Zuwachs wird schon stimmen.

In meinem Family Office werden diese Zahlen in ein eigenes System eingepflegt, um gerade diese Defizite in der Berichterstattung der Bank-Vermögensverwaltungen erkennen zu können. Und nicht wenig fragen wir uns dann, wie die Bank zu dieser von ihr ausgewiesenen Performance kam. Nachfragen ergeben dann, dass es sich hier um eine brutto ausgewiesene Performance handelt, d. h. ohne Berücksichtigung der von der Bank-Vermögensverwaltung vereinnahmten saftigen Verwaltungsgebühr, so dass bei dem derzeit niedrigen Zinsniveau nicht selten ein Ergebnis von plus minus Null zum Ausweis kommt.

Dies wird umso bedenklicher, wenn man den Freibrief über den Vermögensverwaltungsvertrag in Bezug auf die Erlaubnis durch den Vermögensinhaber, dass dieser der Vermögensverwaltung auch noch die Vereinnahmung von Provisionen durch die Finanzprodukthersteller beim Kauf solcher Finanzprodukte erlaubt. In den Beratungsprotokollen finden sich dann je nachdem solche Beträge, welche ganz schnell den Verdacht aufkommen lassen, dass dies evtl. der Grund für die das häufige Drehen dieser Depots ist.

Zwecks Vermeidung von irgendwelchen prozessualen Akten kann ich jeden Leser oder Anleger die Frage stellen, ob ein solches Handeln als seriös bezeichnet werden kann. Hier wird nicht das Interesse des Vermögensanlegers in den Vordergrund gestellt, sondern nur die Gewinnmaximierung der Bank auf dem Risikorücken des Anlegers.

Unabhängige Vermögensverwaltungen:

Der Vorteil dieser Art von Vermögensverwaltung ist die Unabhängigkeit und der meist gute Ruf, den es tagtäglich zu verteidigen gilt. Meistens kann man hier eine eigene Meinung, nicht gefärbt von irgendwelchen Bankstrategen, unterstellen, es sei denn, diese Vermögensverwaltungsgesellschaft hat zu enge Kontakte zu gewissen Banken, ist von dieser mit Blick auf Kundenakquisition abhängig und nutzt zu sehr die Logistik dieser Bank in Bezug auf Analyse.

Das findet man oft bei Einmann-Vermögensverwaltungsgesellschaften, die bei einer Bank gelernt, dort die meiste Zeit ihres Berufslebens verbracht und sich danach selbstständig gemacht haben.

Daher gilt es auch hier Vorsicht walten zu lassen, alle kochen nur mit Wasser, brauchen aber etwas davon, um nicht zu verdursten.

Bei meinen neu übernommenen Mandaten habe ich mir stets den Spaß gemacht, die Performance der bereits engagierten Vermögensverwaltungsgesellschaften mit der Performance einer 10 jährigen Bundesanleihe zu vergleichen.

Hat z. B. mein Mandant vor 8 Jahren der xy-Vermögensverwaltungsgesellschaft einen Betrag – sagen wir mal – von € 5 Mio. gegeben, verglich ich die Entwicklung dieses Mandates mit der Entwicklung einer 10 jährigen Bundesanleihe, die ich dann fiktiv ab dem Tag des Eingangs der € 5 Mio. bei der Vermögensverwaltung zu dem dann gültigen Zinssatz (Umlaufrendite für 10 jährige Bundesanleihen) verzinst habe (über excel leicht darstellbar)

Das Ergebnis war bisher niederschmetternd. Die Bundesanleihe war bei weitem der Testsieger.

Versicherungsgesellschaften:

Man muss davon ausgehen, dass die Versicherungsvertreter vom Vermögensanlagegeschäft noch weniger bewandert sind als die Vermögensanlageberater der Banken, da deren Ausbildung eine andere ist. Erfahrungsgemäß stützen sich die Versicherungsvertreter nur auf vorformulierte Produktbeschreibungen und ziehen bei Argumentationsproblemen sehr schnell einen Produktmanager der Zentrale hinzu, der dann meistens auch dasselbe von sich gibt und ebenfalls nicht weiterhelfen kann. Ich kenne aber auch Versicherungsvertreter, die das erkannt haben und lieber einen externen Fachmann hinzuziehen, da sie ihre Kernkompetenzen im Sachversicherungsbereich sehen und nicht in der Vermögensverwaltung.

Andererseits sollte ein Family Office bei nicht vorhandener Expertise in Versicherungsangelegenheiten ebenso einen Versicherungsfachmann hinzuziehen, da auch dieses Geschäft zwischenzeitlich hoch komplex geworden ist.

Die früheren Kapitallebensversicherungen waren aufgrund ihrer Steuerfreiheit sehr interessant. Diese Steuerfreiheit wurde bekanntlich gekippt und als Äquivalent gab man den Versicherungen die private Altersvorsorge an die Hand. Anders ausgedrückt: früher haben die Versicherungen in diesem Bereich ihre Gewinne zu Lasten des Staates gemacht, heute machen sie diese Gewinne zu Lasten der Vorsorger / Versicherungsnehmer. Nicht umsonst geht das Schlagwort um: „Beim Riestervertrag zahlt man € 20,-- ein und bekommt € 13,-- wieder zurück". Die Überfrachtung mit Gebühren und Provisionen bei allen Vorsorgeprodukten hat solche Sprüche entstehen lassen und lässt den Altersvorsorgegedanken immer mehr ins Abseits gleiten.

Beliebt ist bei den Versicherungsvertretern der Verkauf von Fondsgebundenen Lebensversicherungen, die in etwa die Ergebnisse bringen „sollen", wie damals die steuerfreien Kapitallebensversicherungen. Letztlich sind diese aber nichts anderes als Investmentfonds mit allen Risiken – wie beschrieben – und einer aufgesetzten Risikolebensversicherung. Es kann somit nicht ausgeschlossen werden, dass man am Ende der Laufzeit mehr eingezahlt hat, als man von der Versicherung wieder zurückbekommt.

Entsprechende Erfahrungswerte musste ich bei meinen Mandaten in den letzten Jahren leider mehrmals machen. Allerdings wurden meine warnenden Hinweise immer mit Verweis auf die hohen Überschüsse am Ende der Laufzeit abgetan. Wie aber diese am Ende der Laufzeit aussehen, kann und will keine Versicherungsgesellschaft garantieren.

Somit wird erst erst am Ende der Laufzeit, die 12 bis etwa 40 Jahre dauern kann, offensichtlich, ob sich die bei Abschluss des Versicherungsvertrages gemachten Versprechungen bewahrheiten.

In den letzten Jahren habe ich bei meinen Mandaten keine diesbezüglich guten Erfahrungen gemacht. Die Berechnung der Überschüsse und der Anteil des Versicherungsnehmers daran sind für einen Normalanleger sowieso nicht nachvollziehbar.

Die Versicherungen sollten sich m.E. auf das Gebiet der Sachversicherungen zurückziehen. Da haben diese ihre beste Expertise.

Kapitel 13

Fazit

Weltweit findet eine gigantische und äußerst clevere Ausbeutung von uns allen statt. Es ist eine leise und stetig fortschreitende Ausplünderung unserer Gesellschaft.

Die Komplexität der strukturierten Finanzprodukte im Anlagebereich, die selbst die vertreibenden Banker und sonstige Finanzproduktvertreiber nicht mehr verstehen, benachteiligen alle Anleger und nicht nur reiche Leute, wie von einigen politischen Parteien immer wieder kolportiert, sondern sparende Bürger, Rentner aber auch Versicherungen und Pensionskassen, somit die breite Masse unserer Gesellschaft und damit ganz massiv unsere Lebensvorsorge. Begünstigt wird dagegen nur eine kleine Gruppe von Investmentbankern und Finanzstrukturierern mit Hilfe der Wahrscheinlichkeitsrechnungen, welche sich unermesslichen Reichtum ansammeln, bzw. bereits angesammelt haben und sich auf den Spielwiesen des Jet Sets ein schönes Leben machen.

Die Investmentbanken kann man mit den Glasperlenhändlern in den damaligen europäischen Kolonien vergleichen, die für diesen wertlosen aber schönen Tand wertvolle Waren wie z. B. Gold, Elfenbein und wichtige Rohstoffe eingetauscht hatten. Dieses Glasperlenspiel beherrschen diese Investmentbanken derzeit ganz hervorragend, aber nur zum Nutzen sehr weniger und zum Schaden sehr vieler.

Wir haben es hier mit ungleichen Geschäftspartnern zu tun. Auf der Produktionsseite der strukturierten Finanzprodukte befinden sich hoch intelligente, mathematisch äußerst begabte Investmentbanker, welche von sehr versierten Juristen und Steuerexperten unterstützt werden und auf der anderen Seite den normalen Bürger, zu denen ich auch den die Finanzprodukte vertreibenden Banker zählen möchte, mit ganz anderen Professionen und Interessen, welche diese Komplexität einfach nicht verstehen können. Dieses ungleiche Spiel kann daher nur zugunsten der Investmentbanker und deren Logistik ausgehen.

Trotz Finanzkrise hat sich daran nichts geändert. Der Eigenhandel der Banken und damit die hoch spekulativen Finanzgeschäfte sollen zwar unterbunden werden, erste Anzeichen deuten aber darauf hin, dass diese Regeln schon wieder umgangen werden und sich dieses hoch spekulative Geschäft zudem immer mehr auf die Kunden direkt verlagert. Zwar sollen insbesondere in Deutschland mehrseitige und mit umfangreichen Klauseln vollgepackte Beratungsbögen, die vom Kunden unterzeichnet werden müssen, dies verhindern. In den wenigsten Fällen werden diese aber von den Unterzeichnern mit ganz anderen Berufsqualifikationen auch aufgrund einer wiederum unverständlich strukturierten und in sich widersprechenden Terminologie verstanden. Somit erhalten alle Finanzproduktvertreiber letztlich einen Freibrief zum Verkauf ihres strukturierten Finanzproduktmischmasch und damit gleichzeitig eine juristische „Enthaftung" ihrer Verantwortung. Auch moralisch?

Die Erfolgsberichte von Banken mit Bad Banks, die von der Presse auch noch hochgelobt werden, unterstreichen die Befürchtung, dass die toxischen Wertpapiere wieder unvermindert in den Anlagekreislauf zurückfinden und daher vielen Anlegern, bzw. uns allen viel Geld kosten werden.

In der Berichterstattung des Handelsblattes vom 9. Juli 2013 wurden unter der Überschrift „Der Abbau der Bad Banks geht voran" folgende Daten veröffentlicht:

Konzern Bad Bank	Volumen am Start	1.Quartal 2013	Konzern Bilanzsumme 1. Quartal 2013
Commerzbank Non-Core Assets	177 Mrd. €	159 Mrd. €	647 Mrd. €
Deutsche Bank Non-Core-Operations Unit	125 Mrd. €	91 Mrd. €	2.103 Mrd. €
HSH Nordbank Restructuring Unit	103 Mrd. €	52 Mrd. €	125 Mrd. €
Bayern-LB Non Core Unit	80 Mrd. €	29 Mrd. €	278 Mrd. €
LBBW Kreditersatzgeschäft	95 Mrd. €	22 Mrd. €	323 Mrd. €
insgesamt:	**580 Mrd. €**	**353 Mrd. €**	**3.476 Mrd. €**
	Differenz:	**227 Mrd. €**	**abgebaut**

Die Zahlen des Anfangsvolumens von 580 Mrd. € an sich sind schon grausam, dass man davon aber wieder € 227 Mrd. „auf dem Markt allokiert" hat, ist noch grausamer. Man kann sich somit ausmalen, dass damit hart erarbeitetes Vermögen und die Altersversorgung vieler Menschen irgendwann im Nirwana verschwunden sein wird.

Das erst sehr späte Erwachen unserer Politiker (war es eines?) oder der Versuch, die Finanzmärkte zu zähmen, geht am Kern immer noch vorbei, die Maßnahmen gehen ins Leere und setzen dieser Ausbeutung kaum Grenzen, befeuert sie sogar noch mehr (u. a. Kreditverbriefungen), trotz aller möglichen Beteuerungen. Die hoch angesehene staatliche KfW, deren Geschäftsvolumen bereits zu 40 % im Derivatebereich liegen soll, spielt dabei eine große Rolle. Damit kuriert man unprofessionell (oder auch bewusst?) nur an den Symptomen herum, anstatt das Übel an den Wurzeln zu packen. Eine sehr strenge Regulierung der strukturierten Finanzprodukte und des Derivatemarktes bis hin zu Verboten ist unumgänglich. Rauschmittel oder schädliche Medikamente und Nahrungsmittel werden schließlich auch unter Verbot gestellt.

Mit dieser dringend notwendigen Regulierung, und damit meine ich das Verbot solcher strukturierten Finanzanlageprodukte, würde man den Markt für die komplexen und mit hohem Risiko behafteten strukturierten Finanzprodukte und Kreditverbriefungen austrocknen und der Blick würde sich wieder auf direkte Anlagen und in ihrem Risiko zu überprüfende Vermögensanlagen konzentrieren. Ein solches Verbot und damit die deutliche Unterstreichung des hohen Risikos bei allen strukturierten Finanzprodukten, insbesondere bei den vielen Wettscheinen mit „seriösem" Namen, wäre ein wichtiger Teil zur Lösung der Finanzkrise. Die Finanzindustrie muss einfach wieder zu ehrlichen und direkten und damit überprüfbaren Anlagemöglichkeiten zurückfinden, denn nur so kann sie das verloren gegangene Vertrauen zurück gewinnen.

Allerdings darf eine solche Regulierung nicht auf der Anlageseite halt machen, sondern müsste den Banken auch auf der Kreditseite, dem ureigenen Bankgeschäft, die verloren gegangenen Ertragsmöglichkeiten wieder zurückgeben. Kreditvergabe ist ein Geschäft mit mehr oder minder hohen Risiken, nur tragen die seit Jahren erodierenden Kreditmargen dieser Notwendigkeit nicht mehr die dringend notwendige Rechnung. Für Kredite mit 10 jähriger Laufzeit sind derzeit Margen von 1 % bis 1,5 %, teilweise auch darunter, fast schon üblich, womit aber nicht die Kosten eines Bankbetriebes sowie eine erforderliche Risikovorsorge gedeckt werden können. Somit sind alle Banken, und damit meine ich auch die Sparkassen und Volksbanken, dazu gezwungen, das Provisionsgeschäft mit den strukturierten Finanzprodukten massiv auszudehnen zwecks Erhöhung ihrer Erträge. Dies ist ein reiner und Besorgnis erregender Überlebenskampf, man beachte nur die jeweiligen Provisionsergebnisse aller Banken, die im Vergleich zum erwirtschafteten Gewinn deutlich höher sind.

Zu einer solchen Regulierung des Kreditgeschäftes müsste ein einheitliches Ratingsystem, vor allem ein überprüfbares Ratingsystem die Grundlage einer neuen Kreditvergabe werden. Momentan hat jedes Bankinstitut sein eigenes

Ratingsystem mit unterschiedlicher Qualität, Pflege und Eigentümern, letztlich eine Art „Blackbox".

Mit dem Ergebnis eines solchen einheitlichen und (leider) auch staatlich zu überprüfenden Ratingsystems müssten dann die Margen für Kredite so angepasst werden, dass die Provisionserträge aus dem Verkauf strukturierter Finanzanlageprodukte nicht mehr den Überlebenszweck darstellen.

Das nach Bonität der Kreditnehmer strukturierte Kreditvergabesystem der KfW könnte die weitere Ergänzung eines solchen Kreditvergabeprozesses darstellen.

Dies kann jedoch nur gelingen, wenn von Seiten des Staates – wieder einmal leider – diese Marschrichtung vorgegeben wird, bzw. werden muss. Die Banken selbst werden das sicherlich nicht wollen, wie der Blick auf die Websites und Empfehlungslisten der Banken, die nur so von strukturierten Finanzprodukten strotzen, dies zeigt. Meines Erachtens wollen die Banken das auch nicht, unternehmen sogar alle Anstrengungen, ihr Angebot von strukturierten Finanzprodukten zu erhöhen, da ihnen diese Produkte und damit dieses Geschäftsgebaren sehr viel Geld in die Kasse spülen, welches den Bürgern wiederum fehlt, bzw. letztlich genommen wird.

Vergleichbar ist dies mit der Energiewende. Die Stromkonzerne hätten trotz der hohen Gefahren der Atomenergie nie und niemals auf diese Form der Energieerzeugung verzichtet, wäre dies nach dem schrecklichen Ereignissen in Fukushima nicht von staatlicher Seite vorgeschrieben worden.

Mit einer solcher Regulierung = Verbot von strukturieren Finanzprodukten und eines regulierten Kreditvergabeprozesses würde meines Erachtens ein richtiger Weg zu einer Stabilisierung unserer Gesellschaft beschritten werden. Eine wiederholte Finanzkrise mit dem Ausmaß wie in 2008/2009 würde nach den Worten des Bundesfinanzministers (Stand Juli 2013) Dr. Wolfgang Schäuble unsere Demokratie nicht mehr überleben.

Eine risikolose und seriöse Vermögensanlage ist künftig damit grundsätzlich aber nicht vorprogrammiert. Dafür ist diese Welt gerade im Finanzbereich zu kompliziert und zu menschlich von der Gier geprägt. Dafür sorgt aber auch die Presse mit reißerisch aufgemachten Schlagzeilen wie

„ Die Deutschen sparen sich arm"

usw., welche zwar der Auflagenerhöhung eventuell dienlich sein kann, aber von vielen als Aufforderung verstanden wird, den mit hohem Risiko behafteten Finanzmischmasch zu kaufen. Die Presse hat auch vor der Finanzkrise ähnlich populistische Kommentare verlauten lassen und damit ebenfalls zu diesem Fiasko beigetragen, wovon sie jetzt nichts mehr wissen will.

Jeder Mensch mit gesundem Menschenverstand hätte aber dann die Möglichkeit, das Risiko seiner Anlage deutlich besser zu überblicken, bzw. von Fachleuten überblicken zu lassen und müsste sich nicht mit hochkomplexen mathematischen Formeln den Kopf zerbrechen, die er letztlich dann sowieso nicht versteht, und die vertreibenden Banker sowieso nicht.

Epilog:

Die Banken haben sich in den letzten 15 bis 20 Jahren von einer hoch seriösen Branche zu einer Ausbeutungsbranche, zu Glasperlenhändlern entwickelt. Die Entwicklung zu diesem Status habe ich hautnah miterlebt und hat mich insbesondere in meiner jetzigen Beratungsfunktion sehr oft zur Weißglut gebracht.

Mit Geschäftsfreunden habe ich diese Situation sehr oft diskutiert und daraus noch weitere Glutherde bezogen, bis mich einer der Diskutanten auf die Idee brachte, hierüber ein Buch zu schreiben, zumal mein Gedankengut bisher noch nicht den Sachbuchmarkt befruchtet hat und auch völlig konträr zur gängigen Anlagedenke steht.

Ich habe mich lange mit diesem Gedanken herum geschlagen, letztlich dann im Frühjahr 2012 damit begonnen und bald gemerkt, dass man an einem solchen Buch ewig schreiben könne, da man täglich aus der Wirtschaftspresse weiteren Stoff hierfür beziehen kann. Dieses Buch steht daher auf dem Stand per Juli 2013. Ich bin sicher, dass zu späteren Zeitpunkten hier aufgeführte Daten sich sicherlich überholt haben werden.

Die Idee zu diesem Buch impfte mir schließlich der CFO der Butlers-Gruppe, Herr Joerg Funke ein, bei dem ich mich an dieser Stelle für diese Impfaktion sehr bedanken möchte.

Leserbriefe

Frankfurter Allgemeine Zeitung, 31.12.2005, Nr. 305, S.10

Briefe an die Herausgeber

Banken als Wettbüros

Zum Quartalsergebnis der Deutschen Bank (F.A.Z. vom 29. Oktober und 28. Dezember): Die Zahlen der Deutschen Bank sind von der absoluten Größe und den Zuwachsraten her beeindruckend, allerdings nicht, wie sie zustande kamen. Die Deutsche Bank, und damit alle Banken mit ähnlich guten Ergebnissen, hat es geschafft, sich aus dem honorablen und Risiko tragenden Geschäft, dem Kreditgeschäft, weitgehend zurückzuziehen, um es durch das sogenannte Kapitalmarktgeschäft und den Eigenhandel zu ersetzen, welche gemäß Ihrer Berichterstattung zu 70 Prozent zum Ergebnis der Deutschen Bank beigetragen haben.

Was ist nun aber dieses Kapitalmarktgeschäft? Gehen Sie einmal an den Bankschalter der Deutschen Bank oder irgendeiner anderen Bank und fragen Sie nach Kapitalanlagemöglichkeiten, dann werden Sie mit diesem Kapitalmarktgeschäft in voller Breite konfrontiert. Man wird Ihnen nämlich im Wesentlichen nur noch Fonds und Zertifikate mit den ausgefeiltesten Strukturen mit hohem „Risikopotential" und „tollen Gewinnchancen" anbieten, deren „fact sheets" einen Umfang von 20 bis 40 DIN-A4-Seiten haben und die kein Mensch durchliest und nur die wenigsten verstehen. Ich bezeichne diese Papiere als reine Wettscheine, die dem Kunden das volle Risiko überlassen, der Bank aber von Anfang an saftige Provisionen garantieren. Damit mutieren die Banken sukzessive zu reinen Spielbanken. Sie wissen ja, die Spielbank gewinnt immer! Früher bekam man für das Geld, welches man der Bank brachte, Zinsen. Heute muss man in Form von Ausgabeaufschlägen, Management Fees und noch zahlreichen anderen Provisionsarten dafür bezahlen und erhält dafür lediglich Renditeversprechen, die aber meistens nicht eingehalten werden. Verkehrte Welt! In diesem Zusammenhang wundert es mich jedes Mal, dass der Eigenhandel der Banken so wunderbar floriert.

Elmar Emde, Gengenbach

Frankfurter Allgemeine Zeitung, 15.09.2006, Nr. 215, S. 23
Briefe an die Herausgeber

Kein gesunder Wettbewerb

Zu „Deutschlands Banken fallen zurück" (F.A.Z.-Wirtschaft vom 2. September): Wie ich aus vielen Ihrer Kommentare entnehme, bedeutet für Sie die Konsolidierung der Banken die Schaffung großer „paneuropäischer Banken", das heißt Zusammenschluss diverser Banken zu nur noch wenigen und Aufgabe der „Drei-Säulen-Struktur", welche dann mit „ihrer schieren Größe" Vorteile bei den niedrigen Abwicklungskosten (das heißt weiter Abbau von Arbeitsplätzen) und eine bessere Streuung der Risiken (wie soll das denn gehen?) mit sich bringt. Bei dieser sehr fragwürdigen Feststellung bleibt für mich offen, welchen Nutzen solche „paneuropäischen Banken" oder eine Bankenlandschaft mit nur noch wenigen Anbietern für den Bankkunden haben. Im obigen Kommentar wird zwar ein solcher nutzen, zum Beispiel eine höhere Verzinsung von Spareinlagen, angedeutet, doch wie sieht die Praxis aus?

Die sehr oft von Ihnen als Beispiel aufgeführte Deutsche Bank ist in Deutschland eine sehr gut verdienende Bank, welche ihre Erträge zu zirka 80 Prozent aus dem Ausland bezieht, diese aber hauptsächlich aus dem sogenannten kapitalmarktnahen Geschäft und dem Eigenhandel. Hat sie aber deswegen ihre Konditionen gegenüber ihren Kunden verbessert? Nein, eben nicht. Aus meiner täglichen Arbeit (Family Office beziehungsweise Treasury Service für mittelständische Unternehmen) muss ich leider – und dies sehr oft – das Gegenteil feststellen. Paneuropäische Banken bedeuten einen sehr großen Einschnitt in ein Staatsgefüge wie die Soziale Marktwirtschaft aufgrund der sich aufbauenden zentral gelenkten monopolistischen Strukturen und somit Konzentration der Macht auf nur noch wenige Personen, womit die Gefahr der negativen Auswirkungen von Fehlentscheidungen sehr stark wächst. Es findet damit kein gesunder Wettbewerb mehr statt, der Verbraucher- und Datenschutz kann somit als nicht mehr vorhanden angesehen werden, und es wird unpersönlich und vor allem sehr teuer für die Bankkunden. Für jeden Banker ist die Konkurrenz Teufelszeug beziehungsweise eine monopolistische Struktur der Traum schlechthin, da man dadurch den Kunden die höheren Preise dann diktieren kann. Bestes Beispiel für eine solche negative Entwicklung sind die nur noch wenigen Energieversorger (und Ölgesellschaften) in der BRD, welche den deutschen Markt unter sich aufgeteilt haben und somit auch die (Gas)Preise diktieren können.

Der „Drei-Säulen-Struktur" haben wir es zu verdanken, dass für die Bankkunden die Bankdienstleistungen noch bezahlbar bleiben. Beispiele in anderen europäischen Ländern mit nur wenigen Anbietern (zum Beispiel Großbritannien) belegen dies eindeutig. Darüber hinaus ist für die Banken eine breite und bunte Bankenlandschaft selbst viel gesünder, da eine solche Bankenstruktur eine in sich selbst kontrollierende Struktur ist und die menschliche Großmannssucht damit eingegrenzt wird. Die Vergangenheit hat doch gezeigt, dass die schiere Größe einer Bank zu unkontrollierten Geschäftsentwicklungen und zu enorm großen Klumpenrisiken geführt hat mit zum Teil erheblichen Belastungen für die gesamte Volkswirtschaft.

OB mit großen Wirtschaftseinheiten die europäische Wirtschaft gestärkt wird, bezweifle ich in Kenntnis der bisherigen deutschen Erfolge, welche die Basis im föderalistischen System Deutschlands hatten. Leider wird diese Basis aus fragwürdigen Effizienz- und Kosteneinsparungsgründen immer mehr zugunsten einer zentral geführten und unpersönlichen Wirtschaftsstruktur aufgeweicht. Was uns diese schon eingesetzte zentrale Wirtschaftsstruktur bisher gebracht hat, kann man jeden Arbeitstag morgens und abends an den riesigen Staus rund um die Metropolen Deutschlands feststellen. Aus Kosten- und Fusionsgründen werden zwischenzeitlich schon Arbeitsplätze sehr stark zentralisiert mit der Folge, dass wertvolle Arbeitskraft in den Staus massiv verschwendet wird. Das ist volkswirtschaftlich ein absolutes Desaster.

Elmar Emde, Gengenbach

Briefe an die Herausgeber
Frankfurter Allgemeine Zeitung, 24.02.2007, Nr. 47, S. 17

Fragwürdige Finanzprodukte

Zum Artikel „Zertifkate-Fonds gehen auf Kundenfang" (F.A.Z. vom 30. Januar): Wie Sie richtig darlegen, ist der Zertifikatemarkt mit 140 000 Produkten mit 500 verschiedenen Basiswerten sehr unübersichtlich geworden. Fügt man dann noch hinzu, dass pro Tag 700 neue Derivate entstehen, ist dieses „Anlagegeschäft" selbst für die Finanzexperten intransparent und in seinen Risiken nicht mehr überschaubar. In all den vielen Veröffentlichungen zum Thema Derivate, Fonds und Zertifikate ist aber kaum die Frage aufgetaucht, wo diese Produkte ihren Ursprung haben. Sicherlich spielen die Banken hierbei eine maßgebliche Rolle, jedoch sind sie nur Makler, Händler und Vermittler von Geschäften. Im Wesentlichen sind sie nicht die Initiatoren solcher Geschäfte und Produkte, sondern letztlich die Auftragnehmer von Kunden, die über riesige Portfolios verfügen und denen über die Art der Liquiditätszuflüsse und die vorgegebenen Rahmenbedingungen, diese Liquiditätszuflüsse stets anlegen zu müssen, Risiken entstehen. Es handelt sich hierbei um Kurs-, Zins-, Währungs-, Bonitäts- und Preisrisiken (zum Beispiel Ölpreis), welche diese Großkunden abgesichert haben wollen.

Aufgrund hoher finanzmathematischer Kapazitäten verfügen diese über Wahrscheinlichkeitsrechnungen und Simulationen, wovon viele Anleger nur träumen können. Hat nun eine solche Wahrscheinlichkeitsrechnung ein gewisses Risiko xy Prozent ergeben, wird die Bank beauftragt, ein entsprechendes Finanzprodukt zu produzieren, womit dieses Risiko dann abgedeckt werden kann, verbunden mit dem Vertriebsauftrag, dieses erkannte Risiko den Anlegern als Chance, Beimischung (Frage: Fügen Sie einem Glas mit klarem Wasser schmutziges Wasser als Beimischung bei?) oder Gewinnmaximierung zu verkaufen. Somit verdient die Bank doppelt. Zum einen an der Erstellung des Finanzproduktes und zum anderen am Vertrieb desselben, und das ohne Risiko, welches wie so oft beim Anleger verbleibt. Insofern geht dieser bei solchen Anlageprodukten ein hohes Risiko ein, da die Wettpartner ungleich sind und letztlich der normale Anleger dabei immer der Dumme sein wird, ähnlich wie bei einer Spielbank.

Die Aufmachung dieser Produkte wird immer komplizierter, teilweise muss man eng bedruckte 20 bis 40 DIN-A4-Seiten mehrmals durchlesen, um den Sinn und das Risiko dieser „Finanzprodukte" erkennen zu können. Ich habe schon Verkaufsprospekte lesen müssen, die einen Umfang von 158 Seiten hatten und in denen die Risiken dermaßen kompliziert versteckt waren, dass ein Normalbürger die darin steckenden Risiken einfach nicht erfassen kann. Zusammengefasst bedeutet das, dass man heute ein ausgebildeter Kaufmann und Wertpapierspezialist sein muss, um die Risiken der heute auf breiter Basis angebotenen Finanzprodukte analysieren zu können. Dies kann der Normalbürger nicht leisten. Der größte Teil der angebotenen Finanzprodukte sind Schrott, werden aber von den seriösen Instituten als seriöse langfristige Anlage verkauft. Damit werden im schlimmsten Fall für die Altersvorsorge zurückgelegte Mittel an obskure Finanzprodukte verschleudert. Obwohl in den umfangreichen Verkaufsprospekten mehr oder minder, meistens aber sehr versteckt, der Hinweis, dass man mit diesem Finanzprodukt einen Totalschaden erleiden kann, aufgeführt ist, wird erfahrungsgemäß dieser Hinweis nicht wahrgenommen. Mein Vorschlag wäre daher (wie bei den Zigaretten), folgenden fett gedruckten und nicht übersehbaren Hinweis am Anfang des Verkaufsprospektes anzubringen: Dieses Finanzprodukt gefährdet Ihre Vermögenssubstanz.

Elmar Emde, Gengenbach

book-on-demand ... Die Chance für neue Autoren!

Besuchen Sie uns im Internet unter www.book-on-demand.de
und unter www.facebook.com/bookondemand